PHYSIS

PHYSIS

Herausgegeben von

Gerald Hartung (Wuppertal)
Nicole C. Karafyllis (Braunschweig)
Kristian Köchy (Kassel)
Konrad Ott (Kiel)
Gregor Schiemann (Wuppertal)

Band 5

Die Reihe PHYSIS bietet eine neue Plattform für den fächerübergreifenden Diskurs zur Natur. Die klassischen Felder und Protagonisten der Naturphilosophie sind ebenso angesprochen wie aktuelle Themen und Positionen zum Natur-Kultur- oder zum Natur-Technik-Verhältnis in Kulturwissenschaften und Technosciences. Fragen zum richtigen Umgang mit der Natur – sowohl im Sinne einer grundlegenden Positionsbestimmung der Umweltethik als auch im Sinne anwendungsorientierter Fragefelder etwa im Nachhaltigkeitsdiskurs – treffen auf Bestimmungen zur Rolle der philosophischen Naturtheorie im Kontext von Naturwissenschaft und Wissenschaftstheorie. Nicht zuletzt gehören auch naturästhetische Positionen, die Debatten um Chancen und Grenzen des Naturalismus, die anthropologische Suche nach der Natur, die wir selbst sind, oder die Erörterung der Natur als Restbestand innerhalb einer umfassend technologisch und industriell gestalteten Zivilisation zu den möglichen Themenfeldern der Reihe.

Klaus Feldmann, Nils Höppner (Hg.)

Wie über Natur reden?

Philosophische Zugänge
zum Naturverständnis
im 21. Jahrhundert

Verlag Karl Alber Freiburg / München

Klaus Feldmann, Nils Höppner (ed.)

How to talk about nature?

Philosophical approaches to understanding nature in the 21st century

Along the question »How to talk about nature?«, this anthology explores and brings together the many and varied efforts of orientation towards a contemporary understanding of nature. In their contributions, the authors combine philosophical reflection and technical analysis, philological study and mathematical investigation, pedagogical-didactic ideas, aesthetic perspectives and natural ethical points of reference, cultural theory and diagnosis of time – and make visible the multilingualism of an expanded discourse on philosophy of nature. Thus, the volume unites the objective examination of novel methodological approaches to the phenomenon and concept of nature.

The editors:

Dr. Klaus Feldmann is Academic Counsellor at the Department of Philosophy at the University of Wuppertal.

Nils Höppner is a research assistant in the field of philosophy didactics and philosophy of education at the Westphalian Wilhelms University of Münster.

Klaus Feldmann, Nils Höppner (Hg.)

Wie über Natur reden?

Philosophische Zugänge zum Naturverständnis im 21. Jahrhundert

Im Ausgang und entlang der Frage *Wie über Natur reden?* werden in diesem Sammelband die vielgestaltigen Orientierungsbemühungen um ein zeitgemäßes Verständnis von Natur erkundet und zusammengeführt. In ihren Beiträgen verknüpfen die Autorinnen und Autoren philosophische Reflexion und Technikanalyse, philologische Studie und mathematische Untersuchung, pädagogisch-didaktische Leitideen, ästhetische Perspektiven und naturethische Bezugspunkte, Kulturtheorie und Zeitdiagnose – und machen die Mehrsprachigkeit eines erweiterten naturphilosophischen Diskurses sichtbar. Der Band vereint somit die sachliche Auseinandersetzung mit neuartigen methodischen Zugängen zum Phänomen und Begriff der Natur.

Die Herausgeber:

Dr. Klaus Feldmann ist Akademischer Studienrat am Philosophischen Seminar der Bergischen Universität Wuppertal.

Nils Höppner ist Wissenschaftlicher Mitarbeiter im Bereich der Philosophiedidaktik und Bildungsphilosophie an der Westfälischen Wilhelms-Universität Münster.

Gedruckt mit freundlicher Unterstützung der
Bergischen Universität Wuppertal

Originalausgabe

© VERLAG KARL ALBER
in der Verlag Herder GmbH, Freiburg / München 2020
Alle Rechte vorbehalten
www.verlag-alber.de

Satz: SatzWeise, Bad Wünnenberg
Herstellung: CPI books GmbH, Leck

Printed in Germany

ISBN 978-3-495-49170-6

Inhalt

Nils Höppner & Klaus Feldmann
Wie über Natur reden – Einleitung 11

I. Gegenwärtige und zukünftige Naturverständnisse

Armin Grunwald
Das Reden über Natur im Lichte technischen Denkens 25

Magnus Schlette
Aktivierende Anrede, reflektierende Einrede. Über Ansinnen
und Problematisierung des künftigen Naturverständnisses –
am Beispiel eines Kommentars zur Papstenzyklika *Laudato Si* . . 38

Gerald Hartung
In welcher Welt wollten wir leben? Aspekte einer Philosophie
der menschlichen Umwelt 57

Uta Eser
Natur aus praktischer Perspektive:
Vom Reden, (Mit-)Fühlen und Handeln 75

II. Ästhetisch-poetische Perspektiven

Gregor Schiemann
»Tausendfaltige Naturen« Zur Struktur und Aktualität der
Vielgestaltigkeit der Naturdeutungen in Novalis' »Die Lehrlinge
zu Sais« 91

Inhalt

Jens Birkmeyer
Betreten verboten! Elemente einer philosophischen
Kritik der Mondbenutzung 107

III. Bildungsphilosophisch-didaktische Zugänge

Arne Dittmer & Ulrich Gebhard
In der Sprache zeigen sich unsere Beziehungen zur Natur.
Eine naturpädagogische Perspektive 127

Reinhard Schulz
Über die Grenzen einer Vermittlung verschiedener
Dimensionen des Redens über die Natur 143

Klaus Feldmann
Welche Bedeutung hat *Natur* für uns? – Philosophisch-ethische
und ethikdidaktische Überlegungen zum Begriff Natur 160

Klaus Draken
Wie über Natur reden? – Von der Selbstverständlichkeit zur
Fragwürdigkeit des Naturbegriffs aus philosophiedidaktischer
Perspektive 174

IV. Unausgeschöpfte Potentiale und Ressourcen

Markus Bohlmann
Kritik der Natur als Ideal.
Zum Sprechen über die Natur in unserer Gegenwart und zur
Gegenwart des Naturbegriffs des Deutschen Idealismus 197

Christian Thein
Genealogische Anmerkungen über die kritischen Theorien zur
Genese des Naturproblems in der Frühen Neuzeit 217

Heike Koenig
Der Begriff und die Tragödie der (zweiten) Natur 239

Angaben zu den Autorinnen, Autoren und Herausgebern . . . 257

Nils Höppner & Klaus Feldmann

Wie über Natur reden
Einleitung

»Sie bleibt ein Problem.« Zu dieser Diagnose gelangt Hegel in seinen naturphilosophischen Ausführungen, es ist seine vorläufige Antwort auf die Frage »Was ist die Natur?«[1] Obgleich Hegel mit seiner anknüpfenden geistphilosophischen Auseinandersetzung, in der er die Natur als »Idee in der Form des Andersseins«[2] ausweist, in Anbetracht der ökologischen Herausforderungen des 21. Jahrhunderts, der Einsicht in die Geschichtlichkeit und Pluralität von Naturverständnissen, sowie im Hinblick auf die veränderten Theorieanforderungen naturphilosophischer Forschung keine zeitgemäße Antwortoption mehr bereitstellt, lässt sich sagen: Mit seiner Diagnose trifft er einen Nerv. Durch den Verweis auf gegenwärtige Herausforderungen und Forschungsbedingungen wird ja nicht widerlegt, sondern vielmehr bekräftigt: *Natur* bleibt ein Problem[3].

Nun kommt bei der Frage, was die Natur sei, schnell die Neigung auf zu sagen, dass nicht nur die Vielzahl landläufig verbreiteter und lebensweltlich wirksamer Naturverständnisse, sondern ebenso die Spezialisierung und Ausdifferenzierung wissenschaftlicher Forschungsbereiche jedwede Hoffnungen enttäuschen müssen, eine erschöpfende, eindeutige Antwort formulieren zu können. Dieses Frage-Antwort-Paar erscheint demnach unzeitgemäß und sachlich unbestimmt. Birgt die Frage also selbst nicht vielleicht schon eine Reihe von Schwierigkeiten, die mit ihr zu lösen beansprucht werden?

---

[1] G. W. F. Hegel, Enzyklopädie der philosophischen Wissenschaften im Grundrisse, 1830, Teil 2, Die Naturphilosophie, mit d. mündl. Zusätzen, *Werke, Bd. 9*, Frankfurt am Main 1986, hier: S. 12.
[2] Ebd., § 247.
[3] Dieser Problemaufriss über Hegel ist auch unternommen worden in: N. Höppner, »Rezension zu ›Kirchhoff, Thomas et al (Hg.): Naturphilosophie. Ein Lehr- und Studienbuch, Tübingen 2017, 368 Seiten‹«, in: G. Hartung, M. Herrgen (Hrsg.), Interdisziplinäre Anthropologie, Jahrbuch 5/2017: Lebensspanne 2.0, Wiesbaden 2018, S. 241–248.

Die Einschätzung, dass die Frage, was die Natur sei, im Grunde selbst missverständlich formuliert ist, liegt vor dem Hintergrund der sprach- und sinnkritischen Umorientierung in der Philosophie des letzten Jahrhunderts nahe. Es ist wiederholt darauf aufmerksam gemacht worden, dass die seit den platonischen Dialogen virulenten Fragen der Form »Was-ist-X?« sehr unkonkret und unbestimmt sind. Sie (ver)führen zu ontologischen Verkürzungen und Missverständnissen[4]. Das wäre in diesem Zusammenhang etwa der Fall, wenn diese Frage als Frage danach verstanden wird, zu welchem Bereich von Gegenständen oder zu welcher Art von Entitäten *die* Natur gehört[5]. Es liegt dementsprechend nahe, diese Frage in eine sprachphilosophisch aufgeklärte Gestalt zu überführen und sie in Formen der *Bezugnahme* auszudrücken. Zu fragen ist demnach: Was ist unter dem Begriff [Natur] zu verstehen? Oder auch: Was bedeutet der Begriff [Natur]?

Mit derartigen Formulierungen wird nicht zum Ausdruck gebracht, dass etwa ontologische Aspekte überhaupt nicht von Belang sind. Es soll vielmehr deutlich gemacht werden, dass mit der Art und Weise, wie die Frage »Was ist die Natur?« sprachlich formuliert ist, der philosophische Zugang von vornherein verengt ist. Als sachlich und methodisch unangemessen wird erachtet, ontologische (oder ontologisch formulierte) Zusammenhänge ›direkt‹ oder ›unmittelbar‹ zu problematisieren[6]. Das heißt freilich nicht, dass der Gegenstand naturphilosophischer Studien einzig und allein die Sprache bzw. die Gestalt sprachlicher Formulierungen ist. Sprachphilosophisch aufgeklärt und sprachkritisch sind naturphilosophische Studien vielmehr insofern, als sie Sprache als Medium und Form der Bezugnahme in ihre Untersuchung miteinbeziehen. Sie reflektieren immer auch auf den sprachlichen Zugang, die spezifische Perspektive bzw. die *Redeweise*.

Mit der titelgebenden Leitfrage dieses Sammelbandes ›Wie über Natur reden?‹ wollen wir uns diesen Anforderungen stellen und die genannten Ansprüche weiterverfolgen. Mit dieser Fragestellung soll in einem *erweiterten* Sinne an jenem sinnkritischen Leitgedanken,

---

[4] Vgl. exemplarisch O. R. Scholz, »Was heißt es, einen Begriff zu besitzen? – Verstehen, Fähigkeiten und die Ontologie des Geistes«, in: D. Hommen, Ch. Kann, T. Osswald (Hrsg.), *Concepts and Categorization*, Münster 2016, S. 79–94, hier S. 82 f.

[5] Vgl. Ebd.

[6] Vgl. grundlegend hierzu etwa G. Keil, »Sprache«, in: E. Martens, H. Schnädelbach (Hrsg.), *Philosophie. Ein Grundkurs*, Bd. II, Reinbek bei Hamburg 1998, S. 549–605.

die sprachliche Bezugnahme selbst zu reflektieren, festgehalten werden, ohne aber das Missverständnis zu provozieren, Naturphilosophie in Sprachphilosophie auflösen zu können – oder wollen. Die Komplexität der zeitgenössischen Herausforderungen sowie Pluralität der bisweilen widersprüchlichen Orientierungsbemühungen um ein zeitgemäßes Verständnis von Natur erfordert, so die leitende Annahme, der wir mit diesem Band nachgehen wollen, eine Erweiterung des naturphilosophischen Denkens. In Anbetracht der genannten Aspekte drängt sich freilich die Vermutung auf, dass wir diese Erweiterung in erster Linie darin sehen, die materialen und praktischen Bedingungen, die historischen und sozialen Voraussetzungen von Naturverständnissen und Redeweisen herauszuarbeiten und in die Reflexion mit einzubeziehen. Besteht eine zeitgemäße naturphilosophische Forschung mithin darin, die Berücksichtigung der Gebrauchsbedingungen von Begriffen in die Begriffsanalyse aufzunehmen? Aber: Genügt das? *Wie* lässt sich denn angemessen in philosophischer Perspektive nach Natur fragen, über Natur reden, ein Zugang bahnen – im 21. Jahrhundert?

Mit dem vorliegenden Sammelband schließen wir an einschlägige Forschungsprogramme, Untersuchungen und Reflexionsleistungen an, in und mit denen das naturphilosophische Denken begrifflich, methodisch, ja interdisziplinär in den letzten Jahren erweitert worden ist[7]. Wir verstehen diesen Sammelband mithin als Beitrag zu einem disziplinübergreifenden und -integrativen Diskurs zum Phänomenkomplex und zu Begriffen der Natur. Die Erweiterung naturphiloso-

---

[7] Hierzu zählen u.a. die bisher erschienenen Bände in der Reihe *PHYSIS*, Hrsg. v. G. Hartung, N. C. Karafyllis, K. Köchy, K. Ott, G. Schiemann. Band 1: G. Hartung, K. Köchy, Jan C. Schmidt, G. Hofmeister (Hrsg.), *Naturphilosophie als Grundlage der Naturethik, Zur Aktualität von Hans Jonas*, Freiburg 2014; Band 2: N. Naeve, *Naturteleologie bei Aristoteles, Leibniz, Kant und Hegel, Eine historisch-systematische Untersuchung*, Freiburg 2013; Band 3: G. Hartung, Th. Kirchhoff (Hrsg.), *Welche Natur brauchen wir? Analyse einer anthropologischen Grundproblematik des 21. Jahrhunderts*, Freiburg 2014; Band 4: Th. Kirchhoff, *»Kulturelle Ökosystemdienstleistungen«, Eine begriffliche und methodische Kritik*, Freiburg 2018. Hierzu zählen ferner Th. Kirchhoff, N. C. Karafyllis (Hrsg.), *Naturphilosophie, Ein Lehr- und Studienbuch*, 2. aktual. Aufl., Tübingen 2020; sowie Forum und Beiträge auf www.naturphilosophie.org, (10.08.2020). Einschlägige Beiträge zu einem zeitgemäßen Verständnis naturphilosophischen Denkens finden sich auch in: K. Köchy (Hrsg.), *Umwelt-Handeln. Zum Zusammenhang von Naturphilosophie und Umweltethik*, Freiburg 2006; Ch. Kummer (Hrsg.), *Was ist Naturphilosophie und was kann sie leisten?*, Freiburg 2009.

phischen Denkens ist in mehrfacher Hinsicht geboten. Diese »Forderung, dass ein philosophisches Nachdenken über Natur heute nur im Horizont interdisziplinärer Forschung gerechtfertigt sein kann«[8], ergibt sich nicht nur aus der Einsicht in die gegenwärtigen und bevorstehenden Problemzusammenhänge, in denen Rolle und Funktion, Zuständigkeit und Verantwortung, sowie Ansprüche und Bedürfnisse des Menschen gegenüber der natürlichen Umwelt zur Disposition stehen – wie etwa im Hinblick auf die anthropogenen Veränderungen der Ökosysteme, der Biodiversität und des Klimas, oder hinsichtlich der Bodendegradation, des Landschaftsverbrauchs und der industriellen Inanspruchnahme von Rohstoffen. Notwendig ist eine Erweiterung des naturphilosophischen Denkens überdies auch in Anbetracht der vielgestaltigen Formen und Modi menschlicher Naturverhältnisse (etwa: leibliche, ästhetische, experimentelle), der Pluralität der Naturverständnisse (etwa: Wildnis, Landschaft, Schöpfung) oder der Präsenz von ›Naturbegegnungen‹ in lebensweltlichen und alltäglichen Denk- und Handlungszusammenhängen (etwa: Ernährung, Gentechnik, Wildnis-Sehnsucht)[9].

Dass derartige Motive und Bezugspunkte u. E. in den naturphilosophischen Reflexionsraum einbezogen werden sollten, macht deutlich, dass die disziplinübergreifende Arbeit der naturphilosophischen Forschung nicht in wissenschaftstheoretischen und methodologischen Grundsatzfragen aufgeht. Die differenzierte Reflexion auf Status, Funktion und Naturbegriff(e) der Erfahrungs- und Naturwissenschaften markiert gewiss insofern einen zentralen Bereich naturphilosophischer Forschung, als sie »inhaltliche bzw. materiale Voraussetzungen und Gehalte erfahrungswissenschaftlicher Theorien und ihres übergreifenden Zusammenhangs«[10] untersucht. Es ist mithin noch nicht alles gesagt, wenn lediglich gesagt wird, dass mit den Naturwissenschaften noch nicht alles gesagt ist. Zu dem umfangrei-

---

[8] G. Hartung, Th. Kirchhoff, »Welche Natur brauchen wir? Anthropologische Dimensionen des Umgangs mit Natur«, in: Dies. (Hrsg.), *Welche Natur brauchen wir? Analyse einer anthropologischen Grundproblematik des 21. Jahrhunderts*, Freiburg 2014, S. 11–34, hier S. 13.
[9] Vgl. hierzu die Sektionen und zugehörigen Unterkapitel in: Th. Kirchhoff, N. C. Karafyllis (Hrsg.), *Naturphilosophie, Ein Lehr- und Studienbuch*, 2. aktual. Aufl., Tübingen 2020.
[10] G. Schiemann, »Gegenwärtige Strömungen der Naturphilosophie«, in: Th. Kirchhoff, N. C. Karafyllis (Hrsg.), *Naturphilosophie, Ein Lehr- und Studienbuch*, 2. aktual. Aufl., Tübingen 2020.

chen Untersuchungsprofil der Naturphilosophie, das sollte schon deutlich geworden sein, zählen im Hinblick auf die Explikation und Bestimmung von Naturbegriffen ferner u. a. naturästhetische Fragestellungen, lebensweltliche und lebenspraktische Herausforderungen, sowie umwelt-, leib- und medizinethische und moralische Problemzusammenhänge.[11]

Der Mehrsprachigkeit und Vielstimmigkeit eines erweiterten naturphilosophischen Denkens sollen Ausdruck und Geltung verliehen werden, indem erkenntnistheoretische, kulturtheoretische, philosophiedidaktische und pädagogische, ethische, naturwissenschaftliche, literarisch-ästhetische und praxiserprobte Ansätze entlang der zentralen Frage- und Problemstellung zusammengebracht werden – ohne eine Geschlossenheit durch methodische oder kategoriale Verbindlichkeiten zu erzwingen. *Wie*? Das ist Teil jener Frage, der die Autorinnen und Autoren in ihren Beiträgen nachzugehen suchen. Sie verknüpfen hierzu philosophische Reflexion und Techniktheorie, philologische Studie und pädagogisch-didaktische Erkundung, Medientheorie und Sprachkritik, Redehandlungstheorie und Formanalyse, ästhetische Untersuchung und Zeitdiagnose, Kulturtheorie und ethische Reflexion. Aufeinander bezogen werden dabei philosophische Begriffsanalyse, aspekt- und bereichsspezifische Phänomenerkundung und die selbstbezügliche Vergegenwärtig jener vielgestaltigen Redeweisen über, von und mit Natur. Der Band vereint somit die sachliche Auseinandersetzung mit neuartigen methodischen Zugängen zum Phänomen und Begriff der Natur. Mit den Beiträgen und Antworten auf die titelgebende Fragestellung wird daher gleichsam auch eine Selbstverständigung naturphilosophischen Denkens selbst anvisiert. Die Frage »Wie über Natur reden?« berührt immer auch Fragen nach Status, Rolle und Funktion der Naturphilosophie.

In der ersten Sektion (I.) erörtern die Autorinnen und Autoren die Frage nach der Rede über Natur in Anbetracht der gegenwärtigen und zukünftigen Herausforderungen menschlichen Denkens und Handelns.

Der klassischen Annahme einer Gegenüberstellung von Natur und Technik tritt *Armin Grunwald* mit seinem Beitrag »Das Reden über Natur im Lichte technischen Denkens« mit seiner These entgegen, dass Naturbegriff und Naturverständnisse (auch) mit dem technischen Denken und dem technischen Fortschritt zusammenhän-

---

[11] Ebd.

gen. Diesen Grundgedanken begründet und veranschaulicht er unter Bezug auf die Entwicklungen und Krisen innerhalb des Anthropozäns und den damit einhergehenden Diskussionen über Umwelt und Nachhaltigkeit anhand von sechs einschlägigen Reflexionshinsichten zum Naturbegriff (etwa *Natur als Wildnis, Natur als Ressource*).

In seinem Beitrag »Aktivierende Anrede, reflektierende Einrede. Über Ansinnen und Problematisierung des künftigen Naturverständnisses – am Beispiel eines Kommentars zur Papstenzyklika Laudato Si« deutet *Magnus Schlette* die Frage nach einem für das 21. Jahrhundert angemessenen Naturverständnis als elementare Gestaltungsaufgabe, Handlungsformen und Einstellungen gemäß einer zunehmend labilen natürlichen Umwelt zu verändern. In der ›aktivierenden Anrede‹ entdeckt Schlette eine vielgestaltige Ausdrucks- und Mittelungsform, derartige Naturverständnisse zu antizipieren und vermitteln. Am Beispiel der Umwelt-Enzyklika des Papstes Franziskus diskutiert er die Möglichkeiten und Grenzen dieser Ausdrucksform aus der Perspektive der Philosophie, insofern ihr die Rolle der ›reflektierenden Einrede‹ zukommt.

In Anbetracht der theoretischen und praktischen Anforderungen an ein zeitgemäßes, verantwortungsbewusstes Umwelthandeln optiert *Gerald Hartung* in seinem Beitrag »In welcher Welt wollten wir leben? Aspekte einer Philosophie der menschlichen Umwelt« dafür, die Frage nach dem Menschen zu erweitern und als Frage nach der Mensch-Umwelt-Beziehung zu reformulieren. Diese Neuorientierung gilt, wie er im Ausgang einer begriffsgeschichtlichen Rekonstruktion unter Bezug auf Hans Jonas' naturphilosophische Ausführungen zur Umweltbezogenheit des Organismus darlegt, dem Anspruch, ein integratives Konzept der Mensch-Umwelt-Beziehung zu konturieren.

Uta Eser stellt mit ihrem Beitrag »Warum über Natur reden? Eine Annäherung in Fragen« die theoretischen und praktischen Implikationen der titelgebenden Frage des Sammelbandes heraus. Als einheitsstiftenden Leitfaden der vielgestaltigen Redeweisen über und mit Natur weist sie dabei die praktische Frage nach den Konsequenzen dieser Redeweisen für das menschliche Handeln aus. Die Berücksichtigung dieser Mehrsprachigkeit und Vielstimmigkeit macht zugleich, wie Eser im Anschluss an Martin Buber betont, ersichtlich, dass die Rede über Natur immer auch Bezugspunkt und Medium der kollektiven wie individuellen Selbstverständigung ist.

In der zweiten Sektion (II.) werden die Bedingungen und Möglichkeiten einer ästhetisch-poetischen Bezugnahme auf Natur sichtbar gemacht.

Gregor Schiemann perspektiviert in seinem gleichsam naturphilosophischen wie philologischen Beitrag »›Tausendfaltige Naturen‹« die »Struktur und Aktualität der Vielgestaltigkeit der Naturdeutungen in Novalis' ›Die Lehrlinge zu Sais‹«. In Auseinandersetzung mit einschlägigen literaturwissenschaftlichen Interpretationsangeboten zielt er darauf ab, diejenigen Lesarten zu widerlegen, die die gegensätzlichen Verständnisweisen von Natur innerhalb des Werkes systematisch in Synthesen aufzuheben suchen. Vor diesem Hintergrund beantwortet er schließlich die Frage nach der Rolle und Relevanz bestimmter Naturauffassungen im Zuge der fortgeschrittenen Technisierung des Naturumgangs.

In seinem Beitrag »Betreten verboten! Elemente einer philosophischen Kritik der Mondbenutzung« plädiert *Jens Birkmeyer* für eine ästhetisch-poetisch erweiterte naturphilosophische Perspektive auf den Mond. In scharfer Abgrenzung zu jedweden Formen einer szientistischen Verobjektivierung, technischen Instrumentalisierung und planetaren Kolonialisierung, stellt er (im Anschluss an Überlegungen von Hans Blumenberg, Georg Seeßlen und Walter Benjamin) den Status dieses Himmelskörpers als Bestandteil der schützenswerten Natursphäre, sowie seine Bedeutsamkeit als Bezugspunkt menschlicher Erfahrung, Imagination und Selbstverständigung heraus.

In der dritten Sektion (III.) werden bildungsphilosophische und didaktische Zugänge zu einem zeitgemäßen Naturverständnis dargestellt und diskutiert, in die mitunter auch ethische Aspekte des Umgangs mit Natur einbezogen werden.

Arne Dittmer und *Ulrich Gebhard* entwickeln in ihrem Aufsatz »In der Sprache zeigen sich unsere Beziehungen zur Natur. Eine naturpädagogische Perspektive« Ansatzpunkte für einen pädagogischen Umgang mit Natur im Schulunterricht. Grundlegend ist für sie die pädagogisch-didaktische Leitidee der *Zweisprachigkeit*, womit sie ein Wechselspiel von subjektivierenden und objektivierenden Zugängen meinen. Ersteren liegt das Verständnis von Natur als symbolischer Verfasstheit zugrunde, welche im Modus ästhetischer Erfahrung als sinnkonstitutiv anzusehen sind, zweitere sind von theoretisch-naturwissenschaftlichen Analysen gekennzeichnet, die in objektivierender Weise Naturphänomene und -gesetze beschreiben. Nach Dittmer und Gebhard kommt beiden Ebenen notwendig Raum und Geltung im schulischen Unterricht zu, was die Autoren abschließend im Rückgriff auf Baumerts Modi der Weltbegegnung in Form von naturpädagogischen Antinomien verdeutlichen.

Reinhard Schulz arbeitet mit seinem Beitrag »Über die Grenzen einer Vermittlung verschiedener Dimensionen des Redens über die Natur« im Ausgang von Gegenwartsbewegungen wie »Fridays for Future« die Dominanz naturwissenschaftlicher Rede von Natur in der Gegenwartsgesellschaft heraus. Um sein Konzept und Ziel eines erweiterten naturwissenschaftlichen Schulunterrichts zu plausibilisieren, beschreibt Schulz das menschliche Naturverhältnis als vom Leiblichen, vom Wahrnehmen und vom Gedanklichen wechselseitig bestimmt. Dieses Naturverständnis begründet er philosophisch, indem er auf Kants Überlegungen zur Rede der ästhetischen Dimension der Natur in der *Kritik der Urteilskraft* rekurriert, um schließlich philosophiedidaktisch einen Unterricht als Integration eines vielstimmigen Nachdenkens über Natur zu fordern.

Klaus Draken geht in seinem Aufsatz »Wie über Natur reden? – Von der Selbstverständlichkeit zur Fragwürdigkeit des Naturbegriffs aus philosophiedidaktischer Perspektive« von einem gegenwärtig problematisch gewordenen Naturbegriff aus, um die didaktische Frage der Vermittlung von naturphilosophischen und -ethischen Fragen im schulischen Philosophieunterricht zu entfalten. Draken analysiert die Vorgaben des Themenbereichs *Natur* für den Philosophieunterricht anhand der Lehrpläne in Nordrhein-Westfalen. Im Ausgang von den drei grundlegenden Prinzipien des Fachunterrichts, der Lebenswelt-, Problem- und Kompetenzorientierung entwirft Draken verschiedene Zugänge zu diesem Unterrichtsthema.

Klaus Feldmann geht in seinem philosophie- und ethikdidaktischen Beitrag »Welche Bedeutung hat Natur für uns? – Philosophisch-ethische und ethikdidaktische Überlegungen zum Begriff Natur« der Frage einer sinnvollen Rede von Natur nach und sieht diese in einer Verschränkung eines theoretisch-analytischen und eines ästhetischen Naturverständnisses. In einem weiteren Schritt bezieht er dies auf die naturethische Differenz von Anthropozentrismus und Physiozentrismus und entwickelt auf der Basis ethikdidaktische Zugangsweisen für den Philosophie- und Ethikunterricht.

In der vierten Sektion (IV.) stellen die Autorin und die Autoren die Potentiale und Ressourcen ›klassischer‹ Antwortoptionen der philosophischen Tradition im Hinblick auf die Frage nach einer zeitgemäßen Rede über Natur heraus

Markus Bohlmanns Beitrag »Kritik der Natur als Ideal. Zum Sprechen über die Natur in unserer Gegenwart und zur Gegenwart des Naturbegriffs des Deutschen Idealismus« verdeutlicht in metaphorischer Weise – in Analogie zu Nietzsches Rede vom Tode Gottes – den Tod der Natur. Im Ausgang von dieser Gegenwartsdiagnose erörtert Bohlmann mit Rückgriff auf die idealistische Tradition (Hegel, Fichte und Schelling) die geistige Komponente des Naturbegriffs, Natur in Formen des eigenen Geistes zu sehen. Die Konsequenz dieser Betrachtung besteht in einer spezifischen Form der Rückwirkung der Natur auf unsere eigene Natur, nämlich darin, dass wir nur das als schützenswert an Natur erachten, was wir an uns selbst schätzen.

In systematischer Absicht analysiert *Christian Thein* in seinem Beitrag »Genealogische Anmerkungen über die kritischen Theorien zur Genese des Naturproblems in der Frühen Neuzeit« die ›Dialektik der Aufklärung‹ von Adorno/Horkheimer, Foucaults ›Die Ordnung der Dinge‹ und Habermas' ›Auch eine Geschichte der Philosophie‹ als drei Untersuchungsvarianten, die den Anspruch einer historisch gerichteten Rekonstruktion in kritischer Theorieperspektive verfolgen. Mit Blick auf den in allen drei Werken eröffneten, aber mit jeweils spezifischer Akzentsetzung entwickelten Rückbezug auf Francis Bacon arbeitet er heraus, wie die »Frage nach der Möglichkeit des Sprechens über Natur als Problemhorizont der philosophischen Moderne überhaupt entstehen konnte«.

Heike Koenig diskutiert in ihrem Beitrag »Der Begriff und die Tragödie der (zweiten) Natur« die Spannungslage, in der sich der Mensch befindet, nämlich einerseits der Natur und ihren Ausformungen ausgeliefert zu sein, und andererseits sich in Form der Kultur eine zweite für ihn sinngebende Natur zu schaffen. Mit Blumenberg und Simmel verdeutlicht Koenig die Brisanz dieses Unterfangens: Gestaltet der Mensch jene *zweite Natur* als seine ›eigentliche‹ Welt, droht eine tragische Verselbständigung und Verabsolutierung dieser geistigen Welt, so dass Natur selbst lediglich als instrumentelle und formale Bezugsgröße erhalten bleibe. Einen philosophischen Ausweg sieht Koenig in dem Ansatz von John Dewey, der das Verhältnis von Natur und Kultur mit seinem Erfahrungsbegriff als eine kontinuierliche und unabschließbare Vermittlungsbeziehung konzipiere und somit den vermeintlichen Dualismus von Natur und Kultur auflöse.

Alle Beiträge des Bandes wurden vor dem Ausbruch der weltweiten Covid-19-Pandemie verfasst. Zwar sind die vorliegenden

Überlegungen u. E. trotz dieses beispiellosen Ereignisses nach wie vor von aktueller und grundlegender Relevanz, zugleich wirft es in der Frage nach Natur und ihrer Bedeutung für uns viele neue Perspektiven auf, denen wir mit dieser Veröffentlichung nicht mehr nachgehen konnten.

Der Band ist im Kontext verschiedener Projekt- und Forschungsanliegen an der Bergischen Universität Wuppertal erwachsen: Grundlage war das von 2015 bis 2018 laufende, interdisziplinäre und von der Robert-Bosch-Stiftung geförderte Projekt zum forschungs- und projektbasiertem Lernen mit dem Thema *Welche Natur brauchen wir für ein gutes Leben? Zur Bedeutung von Natur im 21. Jahrhundert.* Im Rahmen des Projektes haben Schülerinnen und Schüler von verschiedenen Gymnasien in Wuppertal und Studierende der Bergischen Universität Wuppertal in Seminaren, Workshops und Exkursionen mit Wissenschaftlern und Experten naturphilosophische Frage- und Problemstellungen erfasst, reflektiert, verortet und diskutiert. Einige der Beiträge sind aus diesem Arbeitskontext erwachsen. Zugleich war das Projekt Bestandteil eines lehrerbildenden Begleitvorhabens, in dem das Ziel verfolgt worden ist, die Chancen der gemeinsamen Arbeit von Studierenden und Schülerinnen und Schülern für die Lehrerbildung im Bereich der Philosophiedidaktik zu erforschen. Dieses Metaforschungsprojekt war ein Teilprojekt an der Bergischen Universität Wuppertal, welches in das vom BMBF finanzierte Gesamtprojekt zur *Kohärenz in der Lehrerbildung* (KoLbi) eingebunden war. Wir danken der Robert-Bosch-Stiftung für die finanzielle Unterstützung des Naturprojektes, dem BMBF für die Finanzierung des Begleitprojektes und der Bergischen Universität Wuppertal für die Übernahme der Druckkosten des Bandes.

Abschließend danken wir allen, die an den Projekten mitgearbeitet haben, namentlich seien hier stellvertretend genannt: die Lehrerinnen an den beteiligten Gymnasien, Frau Mirca Szigat und Frau Eva Arnoldt, die Mitarbeiterinnen und Mitarbeiter der Projekte Frau Lena Schmidt, Frau Christina Schlunken und Herr Firat Yildirim. Schließlich danken wir Herrn Prof. Dr. Gerald Hartung, der maßgeblich an der Entstehung und Entwicklung der Projekte und der vorliegenden Veröffentlichung beteiligt war, an allen Prozessen mitgearbeitet und sie zu jeder Zeit kritisch-konstruktiv begleitet hat.

Münster/Wuppertal im August 2020
Nils Höppner & Klaus Feldmann

Literatur

Gerald Hartung, Kristian Köchy, Jan C. Schmidt, Georg Hofmeister (Hrsg.), *Naturphilosophie als Grundlage der Naturethik, Zur Aktualität von Hans Jonas*, Freiburg 2014.

Gerald Hartung, Thomas Kirchhoff, »Welche Natur brauchen wir? Anthropologische Dimensionen des Umgangs mit Natur«, in: Dies. (Hrsg.), *Welche Natur brauchen wir? Analyse einer anthropologischen Grundproblematik des 21. Jahrhunderts*, Freiburg 2014, S. 11–34.

Gerald Hartung, Thomas Kirchhoff (Hrsg.), *Welche Natur brauchen wir? Analyse einer anthropologischen Grundproblematik des 21. Jahrhunderts*, Freiburg 2014.

Georg Wilhelm Friedrich Hegel, Enzyklopädie der philosophischen Wissenschaften im Grundrisse, 1830, Teil 2, Die Naturphilosophie, mit d. mündl. Zusätzen, *Werke*, Bd. 9, Frankfurt am Main 1986.

Nils Höppner, »Rezension zu ›Kirchhoff, Thomas et al (Hg.): Naturphilosophie. Ein Lehr- und Studienbuch, Tübingen 2017, 368 Seiten‹«, in: Gerald Hartung, Matthias Herrgen (Hrsg.), *Interdisziplinäre Anthropologie, Jahrbuch 5/2017: Lebensspanne 2.0*, Wiesbaden 2018, S. 241–248.

Geert Keil, »Sprache«, in: Ekkehard Martens, Herbert Schnädelbach (Hrsg.), *Philosophie. Ein Grundkurs*, Bd. II, Reinbek bei Hamburg 1998, S. 549–605.

Thomas Kirchhoff, »*Kulturelle Ökosystemdienstleistungen*«, *Eine begriffliche und methodische Kritik*, Freiburg 2018.

Thomas Kirchhoff, Nicole Karafyllis et al. (Hrsg.), *Naturphilosophie, Ein Lehr- und Studienbuch*, 2. aktual. Aufl., Tübingen 2020.

Kristian Köchy (Hrsg.), *Umwelt-Handeln. Zum Zusammenhang von Naturphilosophie und Umweltethik*, Freiburg 2006.

Christian Kummer (Hrsg.), *Was ist Naturphilosophie und was kann sie leisten?*, Freiburg 2009.

Nico Naeve, *Naturteleologie bei Aristoteles, Leibniz, Kant und Hegel, Eine historisch-systematische Untersuchung*, Freiburg 2013.

Gregor Schiemann, »Gegenwärtige Strömungen der Naturphilosophie«, in: Thomas Kirchhoff, Nicole Karafyllis et al. (Hrsg.), *Naturphilosophie, Ein Lehr- und Studienbuch*, 2. aktual. Aufl., Tübingen 2020.

Oliver R. Scholz, »Was heißt es, einen Begriff zu besitzen? – Verstehen, Fähigkeiten und die Ontologie des Geistes«, in: David Hommen, Christoph Kann, Tanja Osswald (Hrsg.), *Concepts and Categorization*, Münster 2016, S. 79–94.

www.naturphilosophie.org (10.8.2020)

I. Gegenwärtige und zukünftige Naturverständnisse

Armin Grunwald

Das Reden über Natur im Lichte technischen Denkens

1. Natur und Technik – zur Fragestellung

Natur und Technik werden in der geistesgeschichtlichen Tradition und in der öffentlichen Wahrnehmung häufig als Gegensätze gedacht. Natur, insbesondere Leben als das ›von selbst‹ Wachsende[1], und Technik als das nach menschlichen Zwecken Gemachte, erscheinen vielfach als kategorial verschieden. Pate steht die auf Aristoteles zurückgehende Abgrenzung des Technischen als Reich der menschengemachten Mittel *(techne)*, genauer der hergestellten Artefakte, gegenüber dem Reich der Natur[2]. Die These von der *Technik als Gegennatur*[3] verschärft diese klassische Gegenüberstellung.

Ich möchte in diesem Beitrag die These vertreten, dass Naturbilder, Naturbegriff und Naturverständnisse (auch) mit Technik, dem technischen Denken und dem technischen Fortschritt zusammenhängen, dass also Technik- und Naturverständnis nicht einfach nur kategorial verschieden, sondern auch aufeinander bezogen sind. Diese Bezogenheit wird bereits dadurch deutlich, dass sowohl Technik- als auch Naturbegriff *Reflexionsbegriffe* sind[4]. Sie sortieren nicht einfach natürliche Objekte in den einen Container und technische Objekte in einen anderen. Vielmehr thematisieren sie bestimmte *Eigenschaften an diesen Objekten*. Die Frage ist nicht »Was ist Technik?« oder »Was ist Natur?«, sondern es ist zu fragen, was als »das Technische« respektive »das Natürliche« an bestimmten Handlungsvollzügen oder Gegenständen thematisiert wird, und warum

---

[1] N. Karafyllis, »Biofakte – Grundlagen, Probleme, Perspektiven«, in: *Erwägen Wissen Ethik* 17/4, 2006, S. 547–558.

[2] P. Janich, »Die Struktur technischer Innovationen«, in: D. Hartmann, P. Janich (Hrsg.), *Die kulturalistische Wende*. Frankfurt 1998, S. 129–177.

[3] G. Ropohl, *Technologische Aufklärung. Beiträge zur Technikphilosophie*. Frankfurt/M 1991. S. 51 ff.

[4] P. Janich, *Logisch-pragmatische Propädeutik*, Weilerswist 2000.

und wozu dies erfolgt. Dieses Begriffsverständnis ermöglicht z. B. zu fragen, was das Natürliche und was das Technische an einem französischen Barockgarten oder an einem hochgezüchteten Rennpferd als Biofakt[5] ist.

Die Nutzung von Reflexionsbegriffen wie Technik oder Natur im generischen Singular reflektiert Technik bzw. Natur in *bestimmten Hinsichten* und unter *bestimmten Intentionen*[6]. Als Reflexionshinsichten in der Verwendung des Technikbegriffs wurden z. B. in der Technikphilosophie vorgeschlagen: Berechenbarkeit, quantitative Erfassbarkeit, Funktionalität nach dem Kausalprinzip, die Herstellung von Erwartbarkeiten und dadurch ermöglichte Absicherung von Handlungen[7] oder die Regelhaftigkeit technischer Verfahren und der Funktionsweise technischer Artefakte.[8]

Die aktuelle Diskussion über die Charakterisierung der Gegenwart als *Anthropozän*[9] verbindet Natur und Technik in bestimmter Weise. Damit der Mensch in die planetare Machtposition kommen konnte, die er heute nach der Anthropozän-These innehat, bedurfte es des technischen Fortschritts. Dieser Fortschritt und die Nutzung seiner Produkte in Wirtschaft und Konsum wiederum transformieren Natur bzw. die natürliche Umwelt. Daher wird im Folgenden meine Frage sein, wie das technische Denken und der technische Fortschritt bzw. auch seine Krisenerscheinungen das Reden über Natur beeinflussen.

2. Naturbilder im technischen Fortschritt

In diesem Abschnitt sollen Reflexionshinsichten zum Naturbegriff eröffnet und illustriert werden, die mit dem technischen Fortschritt und seinen Folgen sowie Grenzen zusammenhängen. Sie beruhen vor allem auf Beobachtungen in den Debatten zur Umwelt und Nachhaltigkeit.

---

[5] Karafyllis, *Biofakte*, 2006.
[6] C. Hubig, *Die Kunst des Möglichen I. Grundlinien einer dialektischen Philosophie der Technik*, Bielefeld 2007.
[7] C. Hubig, *Kunst des Möglichen*, 2007.
[8] A. Grunwald, Y. Julliard, »Technik als Reflexionsbegriff – Überlegungen zur semantischen Struktur des Redens über Technik«, in: *Philosophia naturalis*, Jg. 42, 2005, S. 127–157.
[9] P. J. Crutzen, *Earth System Science in the Anthropocene*, Berlin 2006

2.1 Natur als Ressource

Seit den Anfängen der neuzeitlichen Wissenschaft und Technik wird Natur als Ressource für menschliches Handeln und technische Nutzung thematisiert. Bereits Francis Bacon und David Hume haben im Zuge der aufklärerischen Emanzipation des Menschen von den Zwängen und Begrenzungen der Natur einer Verfügbarmachung von und Kontrolle über die Natur das Wort geredet.[10] Die Stärkung der Autonomie des Menschen geht in dieser Traditionslinie einher mit der Unterwerfung der Natur. Sie wird gesehen als Ressource, also bloßes Material für die Nutzung durch Menschen, eine Nutzung, die in der Regel technikvermittelt erfolgt. Diese Ressourceneigenschaft bezieht sich auf die verfügbare Fläche, die etwa für Landwirtschaft oder Besiedlung in Besitz genommen wird, auf die Biodiversität, wenn als Hauptargument für ihren Schutz geltend gemacht wird, dass in dem Genpool noch viele Optionen für spätere Nutzungen vermutet werden, für die Rohstoffe, die wir der Erde entnehmen, um sie entweder in Form von Energie oder als Materialien zum Bauen oder in anderen Funktionen in technischen Systemen zu verwenden. Das bestimmende Element in dieser Geschichte ist die Zurückdrängung des Unverfügbaren. Das, was menschlichem Zugriff entzogen war, was als unbeeinflussbare Natur akzeptiert werden musste, wird zum Gegenstand technischer Beeinflussung oder Gestaltung.

Aus einer vorgestellten Beobachterperspektive lässt sich der Ressourcenblick auf Natur wie folgt illustrieren: Menschen entnehmen der Natur Rohstoffe verschiedenster Art, formen sie zum Einsatz in technischen Zusammenhängen um und geben sie nach erfolgtem Einsatz als Abfallstoffe an die Natur zurück, insofern sie nicht »re-zykliert« werden. Danach kann die Wechselwirkung des Menschen mit der Natur als riesiger Metabolismus vorgestellt werden, in dem aus Rohstoffen letztlich Abfallstoffe werden; in einem Prozess, in dem für Menschen die Mehrwerte erzeugt werden, derentwegen der ganze Prozess stattfindet, also in Richtung Wohlstand, Gesundheit, Lebensqualität und Sicherheit.

Ein Teil der Nachhaltigkeitsbewegung fügt sich in dieses Ressourcendenken nahtlos ein. In den so genannten ökologischen Managementregeln der Nachhaltigkeit[11] zum Umgang mit erneuerbaren

---

[10] L. Schäfer, *Das Bacon-Projekt*, Frankfurt/M. 1993
[11] J. Kopfmüller, V. Brandl, J. Jörissen, M. Paetau, G. Banse, R. Coenen, A. Grunwald,

und nicht erneuerbaren Ressourcen geht es ausschließlich darum, die vor allem ökonomische Nutzung der Natur als Ressource so zu organisieren, dass diese auf Dauer funktionieren könne, so etwa bereits in den Ideen des sächsischen Beamten Carl von Carlowitz im Jahre 1713. Hier geht es um die Vermeidung einer Erschöpfung der Ressource Natur durch rücksichtslose Bewirtschaftung und übereilten Verbrauch sowie um die Erarbeitung dauerhaft zukunftsfähiger Nutzungsformen. Auch in über das Ökonomische hinausgehenden Anforderungen im Rahmen der Nachhaltigkeit, etwa kulturelle Funktionen der Natur, z. B. ihre Nutzung für ästhetische Erfahrung, spirituell-kontemplative und religiöse Formen zu erhalten,[12] wird Natur letztlich als Ressource für menschliche Nutzung thematisiert.

2.2 Natur als Begrenzung

In der Perspektive auf Natur als Ressource für menschliche Nutzung war lange Zeit unausgesprochene Prämisse, dass die Natur sowohl als Reservoir für Rohstoffe wie auch in Bezug auf ihre Aufnahmekapazität für Abfallstoffe und Emissionen unerschöpflich sei. Diese Vorstellung ist im Zeitalter Globaler Umweltveränderungen und des Anthropozäns nicht mehr haltbar. Entsprechend ist einer der Ausgangspunkte der Nachhaltigkeitsdebatte die Erkenntnis der Endlichkeit der Ressourcen auf der Erde mit ihren Folgen für die zukünftige, insbesondere wirtschaftliche Entwicklung. Die Endlichkeit der Ressourcen und die Begrenzung der Aufnahmefähigkeit der Umwelt in Bezug auf anthropogene Emissionen kollidieren zwangsläufig mit einem grenzenlosen Wachstum, so eine der Gründungsschriften in den Debatten zur nachhaltigen Entwicklung.[13] Damit verschiebt sich das Naturbild von einem unendlichen Ressourcenreservoir hin zu einer die weitere menschliche Expansion begrenzenden Größe, von einem Füllhorn hin zu einem knapper werdenden Gut.

Physikalisch erscheint diese Feststellung trivial. Selbstverständlich ist die Menge der Ressourcen endlich, ob nun Erdöl, Trinkwasser,

---

Nachhaltige Entwicklung integrativ betrachtet. Konstitutive Elemente, Regeln, Indikatoren, Berlin 2001.
[12] Ebd.
[13] D. Meadows, P. Milling, E. Zahn, *Die Grenzen des Wachstums. Bericht des Club of Rome zur Lage der Menschheit*, Reinbek bei Hamburg 1973.

Seltene Erden oder Biodiversität betreffend. Dies folgt allein aus der physikalischen Endlichkeit des Planeten Erde. Die Begriffe planetarer Grenzen, Tragekapazität der Erde und ökologischer Fußabdruck des Menschen beziehen sich auf die Endlichkeit der Natur. Erst dadurch gerät Natur in den Rang eines Schutzgutes, während ihr als unerschöpflicher Ressourcenvorrat mit unendlicher Verfügbarkeit kein Wert zugesprochen wurde.

Diese Verschiebung hat so weitreichende Konnotationen, dass es vielfach schwerfällt, die Natur als Begrenzung zu akzeptieren. Zu wirkmächtig scheint der von Hume und Bacon aber auch anderen in die Welt gesetzte Expansionsdrang des Menschen zu sein, als dass man sich von der Natur Grenzen setzen lassen will. Entsprechend wird die Diagnose der Endlichkeit prominent in Zweifel gezogen:

»Despite frequent assertions starting in the 1970s of fundamental »limits to growth«, there is still remarkably little evidence that human population and economic expansion will outstrip the capacity to grow food or procure critical material resources in the foreseeable future. To the degree to which there are fixed physical boundaries to human consumption, they are so theoretical as to be functionally irrelevant.«[14]

Damit wird die Existenz physikalisch bedingter und damit vermeintlich objektiver Grenzen des Wachstums bestritten. Ähnlich verweist Sloterdijk darauf, dass das Wissen über die wirklichen Ressourcen der Erde unsicher ist, und weckt Hoffnungen auf ein »mehr« jenseits der Endlichkeit:

»Wir wissen noch nicht, welche Entwicklungen möglich werden, wenn Geosphäre und Biosphäre durch Technosphäre und Noosphäre weiterentwickelt werden. Es ist nicht a priori ausgeschlossen, dass hierdurch Effekte auftreten, die einer Multiplikation der Erde gleichkommen. […] Bisher hat noch niemand bestimmt, was der Erdkörper vermag.«[15]

Daraus wird geschlossen, dass man statt über Grenzen des Wachstums über das Wachstum der Grenzen sprechen solle.[16] Die Unsicherheit des gegenwärtigen Wissens über die wirklichen Ressourcen der Erde wird so gedeutet, dass man von einer Unendlichkeit der Ressour-

---

[14] The Breakthrough Institute (Hrsg.), *An Ecomodernist Manifesto*, 2015. S. 9f.
[15] P. Sloterdijk, »Wie groß ist ›groß‹? – Wirklich nur eine Erde?«, in: *Böll. Thema*, Heft 2/2011, S. 16.
[16] R. Fücks, Das Wachstum der Grenzen. In: Böll. Thema, Heft 2/2011, S. 4–6.

cen ausgehen dürfe, solange keine belastbaren Aussagen über ihre Endlichkeit vorliegen.

Die Prämisse hinter diesen Überlegungen ist die Annahme, dass der technische Fortschritt es möglich machen wird, die physikalische Endlichkeit der Natur mit ihrer unendlichen Nutzbarkeit zu vereinbaren. Die Reichweitenregel der Nachhaltigkeit besagt:[17] *Die Reichweite der nachgewiesenen nicht erneuerbaren Ressourcen ist über die Zeit zu erhalten.* Sie scheint paradox, denn jede Nutzung macht den weiter verfügbaren Vorrat kleiner. Sie funktioniert nur, wenn der technische Fortschritt eine so erhebliche Effizienzsteigerung des Verbrauchs dieser Ressource in der Zukunft ermöglicht, so dass die durch den Verbrauch zwangsläufig erfolgende Abnahme des Bestandes sich nicht negativ auf die zeitliche Reichweite des Restbestandes auswirkt. Es wird hier also eine bestimmte Mindestgeschwindigkeit des technischen Fortschritts vorausgesetzt. Die Endlichkeit der Natur wird transzendiert in eine durch den technischen Fortschritt ermöglichte Unendlichkeit. Durch diesen Kunstgriff verschiebt sich der Füllhorn-Gedanke einer unerschöpflichen Natur auf die als unerschöpflich vorgestellten Möglichkeiten des technischen Fortschritts.

2.3 Natur als Wildnis

In vielen Zeiten und Kulturen der Menschheitsgeschichte galt Wildnis, etwa in Form schwer zugänglicher alpiner Berglandschaften, als Bedrohung, das unberechenbare Wilde als gefährlich in Gegenüberstellung zum Gezähmten und Bewirtschafteten. Mit dem technischen Fortschritt, insbesondere dem vielfach diagnostizierten Ende der Natur im Sinne der Aristotelischen Definition, kehren sich die Verhältnisse um. Wildnis als idealer, sprich von Menschen nicht kontaminierter Naturzustand wird zum Schutzgut. Das reicht hin bis zu politischen Entscheidungen, dass der Anteil der Wildnis an der Gesamtfläche Deutschlands gesteigert werden soll, etwa indem Wälder sich selbst überlassen werden und zu diesem Zweck bestimmte Regionen unter ein komplettes Bewirtschaftungsverbot gestellt werden.

Auf diese Weise wird, paradox, die Wildnis selbst zu einem Kulturprojekt. Unberührte Natur wird in Fernseh-Dokumentationen gezeigt, Rucksacktouristen bemühen sich, abseits der ausgetretenen

---

[17] J. Kopfmüller et al., *Nachhaltige Entwicklung integrativ betrachtet*, 2001 S. 227 f.

Wege in abgelegenen Regionen Naturerfahrung zu sammeln. Abgesehen davon, dass dadurch deren Unberührtheit verletzt wird, zeigt sich hier eine Sehnsucht nach dem extremen Gegenmodell zur hoch technisierten Gesellschaft, wie sich dies in der amerikanischen ›wilderness‹-Bewegung bereits im 19. Jahrhundert gezeigt und zur Gründung der ersten Nationalparks geführt hat.

Die Wertschätzung der Wildnis gegenüber zeigt sich auch im ökomodernen Ansatz der Nachhaltigkeit[18]. Selbstverständlich gibt es keine Rückkehr zur Wildnis. Jedoch versuchen die Autoren, den technischen Fortschritt so einzusetzen und zu beschleunigen, dass wieder mehr Wildnis möglich wird.

»Intensifying many human activities – particularly farming, energy extraction, forestry, and settlement – so that they use less land and interfere less with the natural world is the key to decoupling human development from environmental impacts«[19]

Durch technischen Fortschritt soll der Naturverbrauch – besonders oft wird auf den Flächenbedarf hingewiesen – drastisch verringert werden. Eine wachsende Weltbevölkerung soll auf immer weniger Fläche und unter Nutzung von immer weniger Rohstoffen weiterwachsenden Wohlstand realisieren, durch hochintensive Technologien. Der Rückzug des Menschen in Hightech-Reservate würde die Wiederinbesitznahme von großen Flächen durch die Wildnis erlauben. Die Überlegungen konsequent zu Ende gedacht, würde zu einer Zweiteilung des Planeten Erde führen: Ein möglichst kleiner Teil der Erdoberfläche würde vom Menschen genutzt, in hoch verdichteten Siedlungen mit hoch intensiver Landwirtschaft bzw. synthetischer Nahrungsmittelproduktion – ein anderer und möglichst großer Teil wäre die von menschlicher Nutzung freigestellte und sich weitgehend selbst überlassene Natur. Das ›gute Anthropozän‹ wie es im Manifest als Ziel genannt wird, bestünde im Nebeneinander einer blühenden technischen Zivilisation der Menschen in synthetischen, von der Natur weitgehend abgekoppelten Welten und großen, der Wildnis zurückgegebenen Teilen der Erdoberfläche[20].

---

[18] The Breakthrough Institute (Hrsg.), *An Ecomodernist Manifesto*, 2015.
[19] Ebd., S. 7.
[20] A. Grunwald, »Zurück zur Natur oder Fortführung des Bacon-Projekts? Der Ökomodernismus und seine Voraussetzungen«, in: Ders. (Hrsg.), *Nachhaltigkeit verstehen. Arbeiten an der Bedeutung nachhaltiger Entwicklung.* München 2016, S. 139–164.

2.4 Natur als Garten

Die ökologische Krise ist eine Krise gesellschaftlicher Naturverhältnisse und der Mensch/Natur-Beziehung.[21] Das traditionelle westliche Ausbeutungsverhältnis, in dem der natürlichen Umwelt bloß die Rolle als Ressource für die Steigerung des Wohlstands und als Senke für dessen Abfälle zugeschrieben wurde (s. oben)[22], erscheint vielen nicht mehr fortführbar. Unter dem Gedanken der Nachhaltigkeit[23] sind in den letzten Jahrzehnten Ansätze entwickelt und teils auch erprobt und umgesetzt werden, Mensch und natürliche Umwelt zu »versöhnen« und »Wege zum Frieden mit der Natur«[24] zu finden. Umweltverträgliches Wirtschaften, naturnahe Technologien, ökologischer Landbau, Dezentralisierung und Kreislaufdenken sind zentrale konzeptionelle Merkmale dieser Versöhnung.

Das sich dahinter entwickelnde Naturbild ist das des Gartens, in dem der Mensch als *homo hortensis*, als Gärtner auftritt. Diese Perspektive stellt Mensch und Technik nicht außerhalb der Natur wie in Wildnisvorstellungen, sondern mitten in sie hinein. Die Perspektive ist anthropozentrisch, denn dem Menschen kommt die Verantwortung für seinen Garten zu. Natur in diesem Sinne ist eine gepflegte und genutzte, aber nicht ausgebeutete Natur. Zur Verantwortung des Gärtners gehört auch die langfristig ausgelegte Sorge um den Garten, also etwa die Sorge um den Erhalt der Bodenfruchtbarkeit und den Wasserhaushalt, damit die Sorge für einen nachhaltigen Bestand des Gartens mit Folgen für die Art und Weise der Nutzung. Diese Vorstellung scheint vielen geeignet, der krassen Entgegensetzung von Technik und Natur, oder im *Urban Gardening* auch von Stadt und Land,[25] vermittelnde Elemente entgegen zu setzen. Ihr Ideal ist so etwas wie eine dezentralisierte Kulturlandschaft mit Siedlungen, aber auch mit nicht genutzten Einsprengseln. Oder in romantischer Ver-

---

[21] E. Becker, T. Jahn (Hrsg.), *Soziale Ökologie. Grundzüge einer Wissenschaft von den gesellschaftlichen Naturverhältnissen*, Frankfurt/New York 2006.
[22] L. Schäfer, *Das Bacon-Projekt*, Frankfurt/M. 1993.
[23] A. Grunwald, J. Kopfmüller, *Nachhaltigkeit*. Frankfurt 2012.
[24] K. Meyer-Abich, *Wege zum Frieden mit der Natur: Praktische Naturphilosophie für die Umweltpolitik*, München 1984.
[25] A. Schwarz, »Kulturland in der Stadt: Städtisches Gärtnern«, in: Karsten Berr, Hans Friesen (Hrsg.), *Stadt und Land. Zwischen Status quo und utopischem Ideal*, Münster 2016, S. 181–196.

klärung auch der Öko-Bauernhof, extensiv bewirtschaftet, mit Energieversorgung aus den Erneuerbaren und sanft eingebettet in diese Kulturlandschaft.

Es geht hier also um Natur als Raum für eine friedliche Ko-Existenz von Menschen, anderen Lebewesen und Ökosystemen, sogar um eine Symbiose zwischen Mensch und Natur. Denn beide sind aufeinander angewiesen: der Mensch braucht die Erträge aus seinem Garten, der Garten braucht den Menschen, weil er ansonsten ›verwildern‹ würde – was gleichzeitig die krasse Entgegensetzung zum Wildnisbild der Natur (s. oben) illustriert.

2.5 Natur als Vorbild

Die Bionik möchte von der Natur für technische Problemlösungen, Erfindungen und Innovationen lernen.[26] Die im Zuge der Evolution entstandenen Prozesse und Strukturen werden als Antworten auf bestimmte Anforderungen in der belebten Natur interpretiert, aus dem natürlichen Zusammenhang in Form von Prozess- oder Strukturwissen abstrahiert und als technische Lösungsideen in der Bewältigung von Problemen eingesetzt. Statt der Natur etwas Technisches (als Gegennatur)[27] entgegenzusetzen, das ihr, zumindest dem Leben kategorial fremd ist, soll Technik an natürlichen Grundsätzen ausgerichtet werden und auf diese Weise zur Überwindung des Gegensatzes zwischen Natur und Technik beitragen, etwa im Sinne der Allianztechnik.[28] Das ›Versprechen‹ der Bionik[29] besteht darin, von bionisch ausgerichteter Technik gerade aufgrund der Ausrichtung an natürlichen Prinzipien eine besondere Risikoarmut, Naturangepasstheit bzw. Nachhaltigkeit zu erwarten:

---

[26] W. Nachtigall, *Bionik: Grundlagen und Beispiele für Ingenieure und Naturwissenschaftler*. 2. Auflage. Berlin et al. 2002; A. von Gleich, C. Pade, U. Petschow, E. Pissarskoi, *Bionik. Aktuelle Trends und zukünftige Potentiale*, Bremen 2007.
[27] G. Ropohl, *Technologische Aufklärung. Beiträge zur Technikphilosophie*. Frankfurt/M 1991.
[28] E. Bloch, *Das Prinzip Hoffnung*, Werkausgabe, Bd. 5, Frankfurt/ Main (1938–47) 1985.
[29] A. von Gleich et al., *Aktuelle Trends und zukünftige Potentiale*, Bremen 2007.

»Bionik betreiben bedeutet Lernen von den Konstruktionen, Verfahren und Entwicklungsprinzipien der Natur für eine positivere Vernetzung von Mensch, Umwelt und Technik[30].
Der normative Gehalt der Bionik bezieht sein Versprechen auf bessere, ökologischere, angepasstere Lösungen aus dem Hinweis auf die evolutionäre (Jahrmillionen währende) Optimierung und Erprobtheit der biologischen Vorbilder.«[31]

Bionik übt in diesem Sinne in der Öffentlichkeit vielfach eine große Faszination aus. Bionische Lösungen faszinieren vielfach auch Menschen, die sich ansonsten nicht unbedingt als ›technikbegeistert‹ bezeichnen würden. In bionischen Problemlösungen wird gemäß dem genannten Leitbild die Faszination an der Natur, insbesondere an den Eigenschaften des Lebens, mit der Faszination an Hochtechnologie verbunden. Das Staunen über ›technische Hochleistungen‹ von Organismen, über die unendlich erscheinende Vielfalt in der Natur, über die Komplexität vieler Naturvorgänge und über die Originalität bzw. Genialität sowie die ›Eleganz‹ vieler Lösungen sind hierbei wesentliche Elemente.

Allerdings hat der Blick auf die Natur als Vorbild für technische Lösungen eine oft nicht benannte Kehrseite:

»Wenn es gelänge, die genialen Erfindungen der Schöpfung als Innovationspool nutzbar zu machen, [...], würde sich das Gesicht der Welt vermutlich von Grund auf ändern. [...] Eine systematische Erkundung der Kompetenz biologischer Systeme durch den Menschen ist längst überfällig. Tausende neue, vor allem umweltverträglichere Produkte könnten dadurch geschaffen werden, zahllose Probleme in Gesellschaft, Wirtschaft und Industrie einer naturorientierten Lösung zugeführt werden.«[32]

Natur wird als ›Innovationspool‹ gesehen, also als Reservoir von ›genialen Erfindungen‹, die für technische Innovation ideen- und vorbildgebend sein können. Damit wird Natur wiederum als Ressource gesehen (s.o.), wenngleich in einem abstrakteren Sinn als wenn einfach Rohstoffe entnommen werden.

---

[30] W. Nachtigall, *Bionik: Grundlagen und Beispiele für Ingenieure und Naturwissenschaftler*, 2. Aufl., Berlin et al. 2002.
[31] A. von Gleich et al., *Aktuelle Trends und zukünftige Potentiale*, Bremen 2007, S. 29.
[32] K. G. Blüchel, *BIONIK – Wie wir die geheimen Baupläne der Natur nutzen können*, 3. Auflage, München 2005. S. 44.

2.6 Natur als Technik

Im Zuge des Fortschritts der Natur- und Technikwissenschaften mit ihrer naturalistischen Hintergrundphilosophie werden natürliche Systeme zunehmend *als technische Systeme gedeutet.* Sie interessieren nicht *als solche,* z. B. in ihrem jeweiligen ökologischen Kontext, sondern sie werden analysiert in ihrem *technischen Funktionszusammenhang.* Bereits in der traditionellen makroskopischen Bionik interessieren die betrachteten Lebewesen nicht *als* lebende Systeme, sondern als Ideenlieferant, sprich Ressource, für technische Lösungen (s. o.). Funktions- und Strukturprinzipien der Natur werden in einem technischen Erkenntnisinteresse untersucht.[33] Die Natur wird als ›Ingenieur‹ mit Vorbildcharakter, aber eben doch als ›Ingenieur‹ angesehen: »Die Natur ... baut funktionelle, hochkomplexe ›Maschinen‹ im molekularen Größenbereich«[34]. Auf diese Weise wird Natur zu einem Ensemble technischer Objekte, zumindest wird sie als solches modelliert. Erkennbar ist dies vor allem an der Ausweitung der klassischen Maschinensprache auf den Bereich des Natürlichen und Lebendigen. Beispiele für derartige Sprachregelungen, – etwa aus dem zellulären Bereich – sind, das Hämoglobin als Fahrzeug, die Adenosin-Triphosphat-Synthase als Generator, Nukleosome als digitale Datenspeicher, Polymerase als Kopiermaschine oder Membranen als elektrische Zäune zu beschreiben[35]: »Die Bionik wählt einen technikorientierten Zugang zur Natur, um vom technisch verstandenen Leben zur lebensoptimierten Technik überzugehen.«[36] Natur wird *als Technik* verstanden, und zwar sowohl in ihren Teilen als auch als Ganzes:

»Hier verbindet sich ein naturwissenschaftlich-reduktionistisches mit einem mechanisch-technischen Weltbild, dem zu Folge die Natur auch nur ein Ingenieur ist [...]. Da wir uns nun angeblich ihre Konstruktionsprinzi-

---

[33] A. Grunwald, »Bionik – naturnähere Technik oder technisierte Natur?«, in: Ders. (Hrsg.), *Technik und Politikberatung. Philosophische Perspektiven.* Frankfurt/M. 2008.
[34] W. Nachtigall, *Bionik,* 2002, S. 125.
[35] D. Oertel, A. Grunwald, *Potenziale und Anwendungsperspektiven der Bionik,* Arbeitsbericht Nr. 108 des Büros für Technikfolgen-Abschätzung beim Deutschen Bundestag (TAB). Berlin 2006. Kap. V.1.2.4.
[36] J. Schmidt, »Vom Leben zur Technik? Kultur- und wissenschaftsphilosophische Aspekte der Natur-Nachahmungsthese in der Bionik«, in: *Dialektik. Zeitschrift für Kulturphilosophie,* 2002/2, S. 141.

pien zu Eigen machen können, sehen wir überall nur noch Maschinen – in den menschlichen Zellen einerseits, in den Produkten der Nanotechnologie andererseits.«[37]

Das Maschinenverständnis der Natur erscheint die dem weltanschaulichen Naturalismus entsprechende Naturvorstellung zu sein. Danach funktioniert alles nach den gleichen Naturgesetzen, ob nun Lastwagen oder der Blutkreislauf, ob nun die Fortpflanzung oder digitale Kopiervorgänge.

3. Schlussbemerkung

Im Anthropozän ist es weniger denn je möglich, Naturverständnisse unabhängig vom technischen Denken zu formulieren. Naturverständnisse speisen sich einerseits aus Erfahrungen und Krisen des technischen Zeitalters, andererseits sind sie als Gegenbewegung zum Siegeszug technischen Denkens zu verstehen. Natur- und Technikphilosophie rücken näher zusammen.

Literatur

Egon Becker, Thomas Jahn (Hrsg.), *Soziale Ökologie. Grundzüge einer Wissenschaft von den gesellschaftlichen Naturverhältnissen*, Frankfurt/New York 2006.
Ernst Bloch, *Das Prinzip Hoffnung*, Werkausgabe, Bd. 5, Frankfurt am Main (1938–47) 1985.
Kurt G. Blüchel, *BIONIK – Wie wir die geheimen Baupläne der Natur nutzen können*, 3. Auflage, München 2005.
Paul J. Crutzen, *Earth System Science in the Anthropocene*, Berlin 2006.
Ralf Fücks, Das Wachstum der Grenzen. In: Böll. Thema, Heft 2/2011, S. 4–6.
Armin Grunwald, »Bionik – naturnähere Technik oder technisierte Natur?«, in: ders. (Hrsg.), *Technik und Politikberatung. Philosophische Perspektiven*. Frankfurt/M. 2008.
Armin Grunwald, »Zurück zur Natur oder Fortführung des Bacon-Projekts? Der Ökomodernismus und seine Voraussetzungen«, in: ders. (Hrsg.), *Nachhaltigkeit verstehen. Arbeiten an der Bedeutung nachhaltiger Entwicklung*. München 2016, S. 139–164.

---

[37] A. Nordmann, »Entflechtung – Ansätze zum ethisch-gesellschaftlichen Umgang mit der Nanotechnologie« in: Andre Gazsó, Sabine Greßler, Fritz Schiemer (Hrsg.), *Nano – Chancen und Risiken aktueller Technologien*, Wien 2007, S. 221.

Armin Grunwald, Yulliard Julliard, »Technik als Reflexionsbegriff – Überlegungen zur semantischen Struktur des Redens über Technik«, in: *Philosophia naturalis*, Jg. 42, 2005, S. 127–157.
Armin Grunwald, Jürgen Kopfmüller, *Nachhaltigkeit*. Frankfurt 2012.
Christoph Hubig, *Die Kunst des Möglichen I. Grundlinien einer dialektischen Philosophie der Technik*, Bielefeld 2007.
Peter Janich, »Die Struktur technischer Innovationen«, in: Dirk Hartmann, Peter Janich (Hrsg.), *Die kulturalistische Wende*. Frankfurt 1998, S. 129–177.
Peter Janich, *Logisch-pragmatische Propädeutik*, Weilerswist 2000.
Nicole Karafyllis, »Biofakte – Grundlagen, Probleme, Perspektiven«, in: *Erwägen Wissen Ethik* 17/4, 2006, 547–558.
Jürgen Kopfmüller, Volker Brandl, Juliane Jörissen, Michael Paetau, Gerhard Banse, Reinhard Coenen, Armin Grunwald, *Nachhaltige Entwicklung integrativ betrachtet. Konstitutive Elemente, Regeln, Indikatoren*, Berlin 2001.
The Breakthrough Institute (Hrsg.), *An Ecomodernist Manifesto* (www.ecomodernism.org). 2015.
Dennis Meadows, Donella Meadows, Peter Milling, Erich Zahn, Erich, *Die Grenzen des Wachstums. Bericht des Club of Rome zur Lage der Menschheit*, Reinbek bei Hamburg 1973.
Klaus Meyer-Abich, *Wege zum Frieden mit der Natur: Praktische Naturphilosophie für die Umweltpolitik*, München 1984.
Werner Nachtigall, *Bionik: Grundlagen und Beispiele für Ingenieure und Naturwissenschaftler*. 2. Auflage. Berlin et al. 2002.
Alfred Nordmann, »Entflechtung – Ansätze zum ethisch-gesellschaftlichen Umgang mit der Nanotechnologie« in: Andre Gazsó, Sabine Greßler, Fritz Schiemer (Hrsg.), *Nano – Chancen und Risiken aktueller Technologien*, Wien 2007, S. 215–229.
Dagmar Oertel, Armin Grunwald, *Potenziale und Anwendungsperspektiven der Bionik*, Arbeitsbericht Nr. 108 des Büros für Technikfolgen-Abschätzung beim Deutschen Bundestag (TAB). Berlin 2006.
Günter Ropohl, *Technologische Aufklärung. Beiträge zur Technikphilosophie*. Frankfurt/M 1991.
Lothar Schäfer, *Das Bacon-Projekt*, Frankfurt/M. 1993.
Jan Schmidt, »Vom Leben zur Technik? Kultur- und wissenschaftsphilosophische Aspekte der Natur-Nachahmungsthese in der Bionik«, in: *Dialektik. Zeitschrift für Kulturphilosophie*, 2002/2, S. 129–143.
Astrid Schwarz, »Kulturland in der Stadt: Städtisches Gärtnern«, in: Karsten Berr, Hans Friesen (Hrsg.), *Stadt und Land. Zwischen Status quo und utopischem Ideal*, Münster 2016, S. 181–196.
Peter Sloterdijk, »Wie groß ist ›groß‹? – Wirklich nur *eine* Erde?«, in: *Böll. Thema*, Heft 2/2011, S. 14–16.
Arnim von Gleich, Christian Pade, Ulrich Petschow, Eugen Pissarskoi, E, *Bionik. Aktuelle Trends und zukünftige Potentiale*, Bremen 2007.

Magnus Schlette

Aktivierende Anrede, reflektierende Einrede.

Über Ansinnen und Problematisierung des künftigen Naturverständnisses – am Beispiel eines Kommentars zur Papstenzyklika *Laudato Si*

> »Unser Krieg gegen die Natur muss aufhören.«
> António Guterres, UN-Generalsekretär, am Vorabend der UN-Klimakonferenz COP25

1. Aktivierende Anrede, reflektierende Einrede

Die Frage nach dem Naturverständnis im 21. Jahrhundert kann nicht von dem konkreten historischen Zusammenhang abstrahieren, in dem diese Frage gestellt wird und der ihr eine über die wissenschaftlichen und philosophischen Fachdiskurse hinausgehende Relevanz verleiht. Wir befinden uns in einem Entwicklungsstadium des menschlichen Naturverhältnisses, in dem der Mensch durch die Modifikation von biochemischen und Wasserkreisläufen, durch die unumkehrbare Reduktion von Biodiversität, die Veränderung des Weltklimas und die Transformation von Landschaften, durch das Genetic Engineering und durch die synthetische Biologie zu einer geologischen Kraft geworden ist[1]. Um dieser erdgeschichtlich epochalen Situation einen Namen zu geben, wurde eigens der recht harmlos klingende Neologismus ›Anthropozän‹ ersonnen.

Der Begriff ›Anthropozän‹ wird in einem zweifachen Sinne verwendet, um die besagten Veränderungen sowohl negativ, nämlich als zerstörerischen und selbstgefährdenden Eingriff des Menschen in die ›äußere‹ Natur zu konnotieren, als auch positiv im Sinne einer anthropozänen Governance, die in Orientierung an der terrestrischen Plastizität diesen Eingriff planerisch zu wenden beabsichtigt[2]. Die

---

[1] J. Kersten, *Das Anthropozän-Konzept. Kontrakt – Komposition – Konflikt*, Baden-Baden 2014, S. 16.
[2] In dieser Zweideutigkeit schon Paul Crutzen, der den Begriff des Anthropozäns geprägt hat: P. J. Crutzen, »Geology of mankind: the Anthropocene«, in: *Nature* 415

Idee anthropozäner Governance kann dabei ebenso auf Ulrich Becks Konzept der reflexiven Moderne als einer für die globalen Nebenfolgen menschlichen Handelns sensibilisierten Moderne zurückgreifen[3], wie sie aus Sicht dieses Konzepts als Technokratismus kritisierbar ist und auch kritisiert wird.[4]

Nicht ganz so abstrakt wie der Begriff des Anthropozäns klingt der des Klimawandels. Obwohl seiner eigentlichen Bedeutung nach unspezifischer, wird er im öffentlichen Diskurs verwendet, um die durch den Menschen verursachte globale Erwärmung zu benennen. Beim sogenannten Klimawandel handelt es sich also um einen dem Sachzusammenhang des Anthropozäns zugehörigen Sachverhalt, mit Sicherheit sogar um dessen wichtigsten Teilaspekt. Lässt der Begriff des Anthropozäns semantisch noch offen, ob er negativ im Sinne der Ohnmacht eines selbstverursachten Verhängnisses oder positiv im Sinne der Selbstmächtigkeit globaler Governance gebraucht wird, lässt der Begriff des Klimawandels keinen Zweifel daran, dass wir das Heft nicht mehr in der Hand haben: als Wandel hat sich die Veränderung des Klimas von den Steuerungs*absichten* menschlicher Akteure abgekoppelt. Darum wirkt der Begriff des Klimawandels weniger harmlos als der des Anthropozäns, aber immer noch harmlos genug: der Wandel des Klimas suggeriert Gemächlichkeit und damit das Gegenteil von dem, was dem 21. Jahrhundert bevorsteht.

Die von den Begriffen des Anthropozäns und speziell des Klimawandels bezeichneten Sachverhalte machen deutlich, dass Gegenstand eines angemessenen Naturverständnisses für das 21. Jahrhundert in erster Linie nicht ein Ensemble von als natürlich prädizierten Entitäten ist, sondern dass es um Prozesse geht, die zu unabsehbaren, aber jedenfalls dramatischen Veränderungen dessen führen werden, was wir uns gewöhnt haben als Natur oder natürlich zu bezeichnen. Die Rückkopplungs- und Verstärkereffekte, welche die Wirkungen der anthropogenen globalen Erwärmung auf die *Entwicklung* des Klimawandels selbst haben, sind – folgt man den beständigen Korrek-

---

(2002); dt.: »Die Geologie der Menschheit«, in: P. Crutzen/M. Davies/M. Mastrandrea/St. H. Schneider/P. Sloterdijk (2011): *Das Raumschiff Erde hat keinen Notausgang. Energie und Politik im Anthropozän*, Berlin 2011, S. 7–10.
[3] U. Beck, »Wissen oder Nicht-Wissen? Zwei Perspektiven ›reflexiver Modernisierung‹«, in: U. Beck/A. Giddens/S. Lash (Hrsg.), *Reflexive Modernisierung. Eine Kontroverse*, Frankfurt/M. 1996, S. 289–315.
[4] J. Manemann, *Kritik des Anthropozäns. Plädoyer für eine neue Humanökologie*, Bielefeld 2014.

turen der wissenschaftlichen Voraussagen – alles andere als vollständig und exakt kalkulierbar. Eklatanter Wassermangel in den Ballungsräumen des Planeten, Ozeanversauerung, begleitet von einem Massensterben der Meeresbewohner, Verwüstung ehemaliger Kulturlandschaften – die heutigen Jugendlichen werden sich voraussichtlich von vielen Hintergrundvertrautheiten mit *der* Natur verabschieden müssen, um sich als alte Menschen in ihrem Weltverhältnis noch zurechtfinden zu können[5].

Ein angemessenes Naturverständnis im 21. Jahrhundert hätte also die Natur in ihrer *radikalen* (nämlich sowohl unabsehbaren wie dramatischen) Veränderlichkeit zu berücksichtigen, die erst heute in den Erfahrungshorizont *aller* menschlicher Erdbewohner gerückt ist. Die Abholzung Attikas nahm einen Zeitraum in Anspruch, über den kein einzelner Mensch hätte Zeugnis ablegen können[6]; die Verwandlung der amerikanischen Prärie in die ›dust bowl‹ der 30'er Jahre des vergangenen Jahrhunderts hatte bereits Zeugen, deren Lebensspanne von der relativen Intaktheit dieser Landschaft bis zu ihrer Verwüstung reichte,[7] aber es handelte sich um ein lokales Ereignis, das sich auf den Erfahrungshorizont der dort lebenden Menschen beschränkte. Der Klimawandel zeitigt Veränderungen, die als solche von allen um die Jahrtausendwende geborenen Menschen an ihrer eigenen Haut erfahren werden – die einen trifft es freilich härter als die anderen.

Dieser Veränderlichkeit versuchen wissenschaftliche Forschung und ingenieuriale Technologie zwar gerecht zu werden, ihnen geht es allerdings weniger um ein *Verständnis* der Natur in ihrer labilen Veränderlichkeit als vielmehr um deren *Erklärung* und *Manipulation*: einerseits um die möglichst feinkörnige Bestimmung der Ursachen und Wirkungen für die Veränderungen, welche die globalen Ökosysteme durchlaufen, andererseits um Strategien der Korrektur oder Verzögerung dieser Veränderungen. Eine andere Sache ist es, sich miteinander auf das lebenspraktische Austauschverhältnis zu einer sich radikal verändernden natürlichen Umwelt *verstehen zu lernen* – und darum geht es, wenn nach dem Naturverständnis im 21. Jahr-

---

[5] Vgl. P. Kitcher, E. Fox Keller, *The Seasons Alter. How to Save Our Planet in Six Acts*, New York 2018.
[6] Vgl. Lukas Thommen, *Umweltgeschichte der Antike*, München 2009, S. 39–44.
[7] Vgl. D. Worster, *Dust Bowl. The Southern Plains in the Thirties*, New York 2004. Literarisch eindrucksvoll hat John Steinbeck in *Grapes of Wrath* Zeugnis von dieser heute fast vergessenen Katastrophe abgelegt.

hundert gefragt wird. Gefragt wird hier danach, was es heißt sich miteinander auf das Austauschverhältnis zu einer – jedenfalls aus der Perspektive eines wohlverstandenen menschlichen Eigeninteresses – zunehmend labilen Umwelt verstehen zu lernen. Sich auf den Umgang mit einer labilen Natur verstehen zu lernen, verlangt mehr als propositionales Wissen über Technologien der Problembewältigung – ohne dass die eminente Bedeutung solchen Wissens sinnvoll in Abrede gestellt werden könnte. Es erfordert einen grundlegenden Einstellungswandel im individuellen Naturverhältnis, nichts anderes als eine Änderung nicht nur der herrschenden Denkungsart des Menschen als *maitre et possesseur* – man ist genötigt anzufügen: et consommateur – *de la nature*, sondern auch der lebenspraktischen Alltagsgestaltung. Über das Rechtssystem autorisierte Regulierungen der Art und Weise, wie wir leben, reichen wahrscheinlich nicht aus, ein der labilen Natur angemessenes Naturverhältnis lebenspraktisch zu ›implementieren‹ – insbesondere vor dem Hintergrund der Schwierigkeit und Langwierigkeit, wirksame Regulierungen im internationalen Maßstab durchzusetzen.

Das gesuchte Naturverständnis muss also ein breitenwirksam auf veränderte Einstellungen abzielendes Verständnis sein. Es muss gegenüber den mehrheitlich alltagspraktisch relevanten und gebräuchlichen Nutzungsorientierungen einen Unterschied in der Art und Weise bedeuten, wie sich die Menschen zur Natur *verhalten*. Und ein Naturverständnis, das sich in veränderten Einstellungen und Verhaltensformen artikuliert, bedarf wiederum der aktivierenden Anrede, die das Angesonnene so zu evozieren vermag, dass sie ihm Evidenz verleiht: Die Adressaten sollen durch Erzeugung affektiver Betroffenheit bewegt werden, sich ihrer (vorausgesetzten) *begrifflichen* Einsicht in das Notwendige entsprechend zu verhalten. Die Pointe der aktivierenden Anrede besteht darin, dass sich in ihr der angesonnene Einstellungswandel bezeugt, dass sie also performativ für das einsteht, was sie mitteilt. Wollen wir dem Naturverständnis im 21. Jahrhundert auf die Spur kommen, müssen wir uns folglich an Ausdrucksgestalten der aktivierenden Anrede halten, in denen dieses Naturverständnis performativ antizipiert wird. Dabei ist die Anrede weitergefasst zu verstehen als nur im Sinne der semantischen Adressierung.

Kunst kann das besagte Naturverständnis *bildnerisch* vermitteln – die enorme Resonanz, die das Werk des brasilianischen Photographen und Umweltaktivisten Sebastiao Salgado zur Zeit findet, ist ein Indiz für die Ansprechbarkeit der Gegenwart auf künstlerische Ausdrucksgestalten sowohl eines aussichtslosen wie eines zukunftsfähigen Naturverständnisses[8]. Sie kann es aber auch *literarisch* vermitteln – dafür spricht unter anderem die wachsende Aufmerksamkeit für Tradition und Gegenwart des Nature Writing. Die »Sprachlandschaften des Nature Writing«, so der Untertitel von Jürgen Goldsteins jüngst erschienener Monographie zur Ideengeschichte dieser Literaturtradition, gelten dem Versuch, »einen empfindsamen Ausdruck der Natur zu kultivieren, um implizit oder explizit rationalistische Modernitätspathologien zu diagnostizieren und, wenn möglich, zu kurieren«[9]. Goldsteins Hinweis auf die Absicht der Heilung eines pathologisierten Naturverhältnisses ist im Sinne der aktivierenden Anrede zu verstehen, die ein bestimmtes Naturverständnis durch dessen gestaltprägnante Artikulation evozieren will.

Neben Kunst und Literatur ist es vor allem die Religion, die mit der Postulierung menschlicher Verantwortung für die Schöpfung um eine aktivierende Anrede der Menschen auf ein angemessenes Naturverständnis ringt[10]. Und zweifellos zählt zu den eindrücklichsten Beispielen der jüngeren Zeit die sogenannte Umweltenzyklika des derzeitigen Papstes.[11] Im Jahr 2015 gleichzeitig in mehreren Weltsprachen veröffentlicht, verfolgte sie dezidiert und ausdrücklich das Ziel, ein neues Naturverständnis anzustoßen, das den Herausforderungen der Zukunft gerecht wird, ein Naturverständnis, das in einem grundlegenden Einstellungswandel des menschlichen Selbst-Welt- und Naturverhältnisses fundiert ist.

Gegenüber der aktivierenden Anrede durch Kunst, Literatur und Religion kommt der Philosophie die Rolle der Nachzüglerin zu. Denn der praktische Charakter des Naturverständnisses, das sich in bestimmten handlungsorientierenden Einstellungen bewähren muss,

---

[8] Vgl. zu Salgados Werk dessen in deutscher Übersetzung erschienene Autobiographie *Mein Land, unsere Erde*, München 2019.

[9] J. Goldstein, *Naturerscheinungen. Die Sprachlandschaften des Nature Writing*, Berlin 2019, S. 25.

[10] Vgl. D. Evers, »Natur als Schöpfung«, F. Vogelsang, »Schöpfung«, D. Evers, »Religiöse Naturverhältnisse«, in: Th. Kirchhoff, N. Karafyllis et al. (Hrsg.), *Naturphilosophie. Ein Lehr- und Studienbuch*, Tübingen 2017, 23–32, 103–110, 232–239.

[11] Papst Franziskus, *Laudato Si. Die Umwelt-Enzyklika des Papstes. Mit einer Einführung von Gerhard Kardinal Müller*, Freiburg im Breisgau 2015. Zitatnachweise aus dieser Ausgabe werden im Folgenden im Text in Klammern angegeben. Die erste Zahl gibt den Abschnitt an, aus dem zitiert wird, die zweite Zahl ist die Seitenangabe nach der genannten Ausgabe.

um seinem Begriff gerecht werden zu können, steht im Widerspruch zu der diskursiven Denkungsart der Philosophie; und darum wäre es auch vermessen, von ihr zu erwarten, sie könne der Lebenspraxis in ihrem handlungsbezogenen und handlungsförmigen Naturverständnis vorangehen. Ihre Rolle scheint eher darin zu bestehen, auf dem Wege der Begriffs- und Bedeutungsanalyse sowie der methodischen Geltungsüberprüfung von Sinnansprüchen die künstlerisch, literarisch, religiös oder anderweitig artikulierten Zeugnisse eines sich wandelnden Naturverständnisses in ein diskursives Deutungsangebot zu überführen und zu problematisieren. Ihr kommt daher die Rolle der reflektierenden Einrede gegen die unmittelbare Umsetzung der Anrede in Praxis zu. Sie ist Sachwalterin kontrollierter Entschleunigung durch Reflexion. Damit bildet sie zwar ein Gegengewicht zur aktivierenden Anrede, ist aber auf deren Sinnbildungen ebenso bezogen wie diese sich idealerweise durchs Korrektiv der reflektierenden Einrede in ein kritisches Selbstverhältnis der Akteure überführen lassen.

2. Die Umweltenzykika *Laudato Si'* von Papst Franziskus

Die reflektierende Einrede auf die aktivierende Anrede möchte ich im Folgenden durch einen Kommentar zur Umweltenzyklika *Laudato Si'* erproben[12]. Die Ausführungen setzen sich mit der Enzyklika unter Berücksichtigung des Zusammenhanges auseinander, in dem die spezifische Mitteilungsform und der Aussagegehalt des Textes stehen (1.). Der Aussagegehalt der Enzyklika: ihr Plädoyer für eine der ökologischen Krise angemessene Reform des Umgangs der Menschen mit der Natur, wird dann im Lichte der Kategorisierbarkeit menschlicher Selbst- und Weltverhältnisse durch unterschiedliche Arten der Wechselbeziehung zwischen Ego, Alter Ego und Umwelt rekonstruiert, zu deren Kennzeichnung sich der Rückgriff auf das System der Personalpronomina anbietet[13]. Die zentrale These lautet, dass Fran-

---

[12] Zur Umweltenzyklika im Kontext des Anthropozän-Diskurses vgl. Markus Vogt, »Humanökologie – Neuinterpretation eines Paradigmas mit einem Seitenblick auf die Umweltenzyklika *Laudato Si*«, in: W. Haber, M. Held, M. Vogt (Hrsg.), *Die Welt im Anthropozän. Erkundungen im Spannungsfeld zwischen Ökologie und Humanität*, München 2016, S. 93–104.
[13] In der Philosophie ist es gebräuchlich, die Verschränkung verschiedener Perspektiven durch das System der Personalpronomina zu markieren. Zur Systematik der Per-

ziskus die Bewältigung der ökologischen Krise davon abhängig macht, ob es gelingt, Weltverhältnisse der Ichbezogenheit (Erste-Person-Perspektive) und Weltverhältnisse der Objektbezogenheit (Dritte-Person-Perspektive) durch Haltungen der Achtsamkeit für die Einzigartigkeit und Unvertretbarkeit des Gegenübers (Zweite-Person-Perspektive) miteinander zu vermitteln (2.)[14]. Der Kommentar schließt mit kritischen Anmerkungen zu Franziskus' Durchführung seines Projekts einer Reform des Mensch-Natur-Verhältnisses (3.).

(1.) Mitteilung

Die Textsorte der Enzyklika ist eine Verlautbarungsform des kirchlichen Lehramts der römisch-katholischen Kirche. Sie dient der Verbreitung der päpstlichen Lehrmeinung zu grundsätzlichen Glaubensfragen, kann aber durchaus auch zum aktuellen kirchlich-religiösen Verständnis der Gegenwart Stellung nehmen und sich über den engeren Kreis der Bischöfe hinaus an alle Gläubigen der Kirche, ferner sogar »an alle Menschen wenden, die guten Willens sind«, so Johannes XIII. 1963 in seiner Friedensenzyklika *Pacem in terris*. In beiderlei Hinsicht greift Franziskus in seiner Enzyklika *Laudato Si* diese Tradition auf: Erstens hat sie, und zwar ausschließlich, die gegenwärtige weltweite ökologische Krise zum Gegenstand, zweitens wendet sie sich an alle Menschen, gleich welcher Herkunft, Weltanschauung oder Religion, insofern »ein weltweiter Konsens unerlässlich« (164/172) sei, um die ökologische Krise zu bewältigen. Der Papst hofft, »dass diese Enzyklika [...] uns hilft, die Größe, die Dringlichkeit und die Schönheit der Herausforderung zu erkennen,

---

spektivendifferenz vgl. M. Przyrembel, *Empathische Egoisten. Eine interdisziplinäre Analyse zur Perspektive der Zweiten Person*, Freiburg 2014. Das Proprium der Zweite Person-Perspektive wird in der gegenwärtigen praktischen Philosophie auch in Theorien der Gabe und der Anerkennung diskutiert. Vgl. V. Hoffmann, U. Link-Wieczorek, C. Mandry (Hrsg.), *Die Gabe. Zum Stand der interdisziplinären Diskussion*, Freiburg 2016; A. Hetzel, D. Quadflieg, H. Salaverría (Hrsg.), *Alterität und Anerkennung*, Baden-Baden 2011.

[14] Zu einer kritischen Perspektive auf das Aktivierungspotential der Enzyklika vgl. T. Kirchhoff, »Eignet sich die Naturauffassung und Naturethik der Enzyklika *Laudato si'* als Basis für einen alle Menschen einbeziehenden Dialog über die Lösung der globalen Umweltprobleme?«, in: *FORUM WARE. Internationale Zeitschrift für Warenlehre* 44 (1–4) 2016, S. 7–19.

die vor uns steht« (15/29). Der Referent des Pronomens »uns« ist hier, wie durchgehend im Text, die Weltbevölkerung als irdische Lebensgemeinschaft.

Das Ziel der Enzyklika, so Franziskus, sei nicht, »Informationen zu sammeln oder unsere Neugier zu befriedigen, sondern das, was der Welt widerfährt, schmerzlich zur Kenntnis zu nehmen, zu wagen, es in persönliches Leiden zu verwandeln, und so zu erkennen, welches der Beitrag ist, den jeder Einzelne leisten kann« (19/32). Damit ist deutlich, welcher Mitteilungsform sich die Enzyklika *nicht* bedient. Es ist nicht ihr Anspruch, den Bereich des positiven Wissens über den thematisierten ökologischen Problemzusammenhang entweder zu erweitern oder zu dokumentieren, sondern das positive Wissen darüber, »was der Welt widerfährt«, in einer Weise aufzubereiten, die es erleichtert, es in qualitative Erfahrung (»Schmerz«) mit einem ihr eigentümlichen kognitiven Gehalt zu übersetzen (»und *so* zu erkennen ...«).

Es geht also gar nicht um das Für und Wider wissenschaftlicher Problemszenarien, sondern es wird durchgängig implizit vorausgesetzt, dass *hierüber* bereits Einigkeit besteht. Daher läuft meines Erachtens auch eine Kritik der Enzyklika ins Leere, die ihr vorwirft, sie skizziere die gegenwärtige Lage nicht differenziert genug oder belege das entworfene Szenario nicht hinreichend durch wissenschaftliche Bezugsliteratur. Problematisch ist dem Autor nämlich gar nicht der Gehalt des wissenschaftlichen Wissens, sondern die Chance seiner Verinnerlichung zu der Erfahrung individueller Betroffenheit. Diese Verinnerlichung anzustoßen, setzt die Enzyklika sich zum Ziel. Sie ist in aktivierender Anrede verfasst. Aber worin bestünde gegebenenfalls der Einsichtsgewinn der Betroffenheitserfahrung gegenüber dem von der wissenschaftlichen Rationalität bereitgestellten objektiven Wissen? Die Antwort lautet, dass es sich dabei um ein für die persönliche Lebensführung relevantes Einsehen handelt, um ein Einsehen, dass die Gestalt eines umfassenden praktischen Einstellungswandels hätte, der sich nicht auf die Änderung dieser oder jener Praktiken beschränken, sondern das Selbst- und Weltverhältnis viel grundlegender verändern würde.

Die »postmoderne Menschheit« habe nach dem (von Franziskus unterstellten) Verlust verbindlicher Weltanschauungen »kein neues Selbstverständnis gefunden, das sie orientieren kann« (203/208). Die Funktion der Enzyklika ist in genau diesem Sinne weltanschaulicher Art: als Handlungsorientierung auf der Basis der qualitativen Aneig-

Magnus Schlette

nung des allen entweder hinlänglich bekannten oder doch problemlos zugänglichen Wissens über den kritischen Zustand der Welt. Sie muss weltanschaulich, darf nicht (nur) religiös im engeren Sinne eines geschlossenen religiösen Sprachspiels sein, denn ihr erklärtes Ziel ist es ja, auch diejenigen – bei weitem die Mehrheit der Weltbevölkerung – zu erreichen, die entweder areligiös, agnostisch, Angehörige einer nicht-christlichen oder anderen inner-christlichen Religionsgemeinschaft sind.

Wie genau will sie dieses Ziel erreichen und gelingt ihr das? Friedrich Schorlemmer schrieb anlässlich der Veröffentlichung der Enzyklika in der *Zeit*, sie sei natürlich gleich als naives Weltverbessertum geschmäht worden. »Wer so etwas sagt«, so Schorlemmer, »dem wünsche ich, dass er mal in eine klimabedingte Hitze oder Überschwemmung gerät. Oder dass er Bürgermeister von Lampedusa sein muss.«[15] Die Pointe der Enzyklika bestehe darin, die Evidenz von Handlungsorientierungen, derer wir uns in Krisenerfahrungen unwillkürlich bewusst wären, wenn sie uns persönlich beträfen, auf sprachlichem Wege, und zwar durch die Eindringlichkeit und Ernsthaftigkeit der Anrede zu evozieren.

Franziskus wendet sich zwar an alle Menschen, aber das tut er als *Papst*, und das heißt: als Oberhaupt der katholischen Christenheit. Die christliche, katholische Perspektive schränkt das Wirkungspotential seiner Adressierung an *alle* Menschen keineswegs ein, im Gegenteil. Denn die Eindringlichkeit der Anrede beruht gerade darauf, dass der Autor die Pfadabhängigkeit seiner allen Menschen angesonnenen Handlungsorientierung nicht kaschiert, sondern ihr durch ihre Verwurzelung in der für ihn maßgeblichen partikularen Tradition Tiefenschärfe verleiht. Die Wirkungskraft des Textes besteht ja gerade darin, dass sein Autor die potentiell alle Menschen adressierende Weltanschauung aus den besonderen, für seine persönliche Lebensführung verbindlichen religiösen Ressourcen schöpft. »Ich möchte daran erinnern«, so Franziskus,

»dass die klassischen religiösen Texte für alle Zeiten von Bedeutung sein können und eine motivierende Kraft besitzen, die immer neue Horizonte öffnet [...]. Ist es vernünftig und intelligent, sie in die Verborgenheit zu verbannen, nur weil sie im Kontext einer religiösen Überzeugung entstanden sind?« (199/204)

---

[15] »Hoffnungsfanfare«. Interview mit Friedrich Schorlemmer, in: *Die Zeit*, 25. Juni 2015, S. 60.

Franziskus will mit dieser rhetorischen Frage darauf hinaus, dass in den narrativen Ressourcen seiner eigenen Religion, der Religion der von ihm geführten katholischen Kirche, Potentiale einer Weltanschauung schlummern, die den Rahmen seiner persönlichen Wertorientierung und auch den der katholischen Christenheit überschreiten, die nämlich allgemeinmenschlich anschlussfähig sind und deren sprachliche Vergegenwärtigung das vormals passiv zur Kenntnis genommene Wissen über den Zustand der Welt qualitativ – als »persönliches Leiden« (19/32) – zugänglich machen soll. Ferner deutet die Frage an, dass sich in gleicher Weise auch andere religiöse und kulturelle Ressourcen vergegenwärtigen lassen, um aus ihnen heraus die Sensibilität für die ökologische Krise zu fördern. In diesem Sinne ist der Text eine exemplarische Vollzugsgestalt der Mobilisierung religiöser Ressourcen zur verinnerlichenden Aneignung eines abstrakten, allseits verfügbaren Wissens. Was sind nun die christlichen Ressourcen eines der ökologischen Krise angemessenen Selbst- und Weltverhältnisses, auf die Franziskus zurückgreift?

– Zentral ist *erstens* der Topos der *Gabe*, und zwar zunächst in dem von der Idee der Schöpfung hergenommenen Sinne, »dass wir auf der Grundlage einer Wirklichkeit leben und handeln, die uns zuvor geschenkt wurde und die unserem Können und unserer Existenz vorausgeht« (140/150); ferner die Gabe aber auch im Sinne einer Reziprozität, die auf dem eigenen Vermögen beruht, geben zu können: »Das ewige Leben wird ein miteinander erlebtes Staunen sein, wo jedes Geschöpf in leuchtender Verklärung seinen Platz einnehmen und etwas haben wird, um es den endgültig befreiten Armen zu bringen« (243/243). Darin liegt der hier christlich fundierte, aber transkulturell unmittelbar einsichtige Gedanke der Verheißung einer Befriedung der menschlichen Verhältnisse, die auf der Freiheit und Kraft des Schenkens beruht.
– *Zweitens* begegnet im Text wiederholt der Topos der Geschwisterlichkeit: »Wie es uns geht, wenn wir uns in einen Menschen verlieben, so war jedes Mal, wenn er die Sonne, den Mond oder die kleinsten Tiere bewunderte, seine Reaktion die, zu singen und die anderen Geschöpfe in sein Lob einzubeziehen«, bezieht Franziskus sich auf seinen Namenspatron (11/24 f.).
– Dazu passt, *drittens*, die holistische Idee der geschöpflichen Verbundenheit alles Seienden untereinander: »Wir vergessen, dass

wir selber Erde sind (vgl. Gen 2,7). Unser eigener Körper ist aus den Elementen des Planeten gebildet; seine Luft ist es, die uns Atem gibt, und sein Wasser belebt und erquickt uns« (2/16).
- Dann, *viertens*, berücksichtigt Franziskus das christliche Sündenverständnis als Ressource einer handlungsmotivierenden Anschauung der Welt in ihrer gegenwärtigen ökologischen Befindlichkeit, und auch dies mit dem Anspruch auf Allgemeinverständlichkeit, und zwar im Sinne einer sich in der Spirale der Gewalt perpetuierenden Selbstverfehlung: »Die Gewalt des von der Sünde verletzten menschlichen Herzens wird auch in den Krankheitssymptomen deutlich, die wir im Boden, im Wasser, in der Luft und in den Lebewesen bemerken« (2/15).
- *Fünftens* pointiert Franziskus (mit Johannes Paul II., den er hier zitiert) die Bewährung des Einzelnen vor einer die Selbstbezüglichkeit menschlicher Belange transzendierenden Instanz als Potential einer ökologisch sensibilisierten Weltanschauung: »›Wenn wir die verschiedenen Gegenden des Planeten betrachten, erkennen wir bedauerlicherweise sofort, dass die Menschheit die Erwartungen Gottes enttäuscht hat‹« (61/71).

Aus diesen narrativ in den Text verwobenen Topoi gewinnt Franziskus den seinerseits in der katholischen Tradition, insbesondere in der franziskanischen Spiritualität verankerten, aber dem Anspruch nach die lokale religiöse Tradition transzendierenden Begriff des Oikos: »Die dringende Herausforderung, unser gemeinsames Haus zu schützen, schließt die Sorge ein, die gesamte Menschheitsfamilie in der Suche nach einer nachhaltigen und ganzheitlichen Entwicklung zu vereinen [...]« (13/27).

(2.) Aussage

Ich möchte versuchen, den Oikos-Gedanken, in dessen Lichte Franziskus eine Anschauung der gegenwärtigen ökologischen Krise evozieren will, unter Rekurs auf die Perspektivendifferenz des menschlichen Welt- und Selbstverhältnisses zu rekonstruieren, die in der Philosophie gebräuchlicherweise durch die Konjugation des Personalpronomens gekennzeichnet wird. Der Grundgedanke der Enzyklika lässt sich dann als Fundierung der Perspektiven der Ersten Person und der Dritten Person in der Perspektive der Zweiten Person rekonstruieren. Bezeichnet die Perspektive der Ersten Person das ichbezogene, das heißt das Erkannte und Erfahrene subjektivierende Weltverhältnis, und die Perspektive der Dritten Person das objektbezogene und in diesem Sinne das die Erkenntnis- und Erfahrungsgehalte vergegenständlichende Weltverhältnis, so ist die Perspektive der Zweiten Person durch die Einübung einer Haltung der Empathie und Achtsamkeit für die Einzigartigkeit und Unvertretbarkeit des *Gegenübers* bestimmt. Die Pointe besteht hier darin, dass das Gegenüber im Lichte von Empathie und Achtsamkeit als einzigartig und unvertretbar erscheint, dass also von der Einnahme der Perspektive der Zweiten Person abhängt, ob sich etwas in seiner Einzigartigkeit und Unvertretbarkeit *zeigen* kann. In diesem Sinne verlangt zunächst das menschliche Gegenüber als Person »Achtung« (5/18).

Die Achtung gegenüber der Person, das ist der Kern der päpstlichen Konstruktion, soll nun aber auch das ichbezogene und das objektbezogene Weltverhältnis grundieren, insofern wir uns dann *einerseits* den individuellen und gemeinschaftlichen natürlichen Lebensgrundlagen in ihrem »Eigenwert« (33/45) »verbunden fühlen« (11/25), und *andererseits* unser egozentrisches Weltverhältnis als durch das Gegenüber vermittelt erscheint: Immer sei es möglich, so Franziskus, »wieder die Fähigkeit zu entwickeln, aus sich heraus- und auf den anderen zuzugehen«. Durch »die Grundhaltung des Sichselbst-Überschreitens, indem man das abgeschottete Bewusstsein und die Selbstbezogenheit durchbricht« (208/212), »öffnet das gelassene Sich-Einfinden vor jeder Realität, und sei sie noch so klein, uns viel mehr Möglichkeiten [...] der persönlichen Verwirklichung« (222/225).

Was nun die zweitpersonal grundierte Perspektive der Dritten Person angeht, so bleibt sie als solche, was sie ihrer Struktur nach ist: objektbezogenes Weltverhältnis des Menschen. Vorwürfe, Franziskus vertrete eine wissenschaftsfeindliche und in diesem Sinne antimoderne Haltung, sind m.E. zumindest prima facie nicht gerechtfertigt. Nur soll die vergegenständlichende Perspektive von Wissenschaft und Politik auf die Natur und die Lebensverhältnisse des Menschen eben in die durch Achtsamkeit bestimmte Perspektive der Zweiten Person eingebettet werden. Da kommt Franziskus dem nahe, was Max Horkheimer in seiner *Kritik der instrumentellen Vernunft* als »objektive Vernunft« verteidigt hatte[16]. Vor allem aber bezieht er sich

---

[16] M. Horkheimer, *Zur Kritik der instrumentellen Vernunft*, Gesammelte Schriften,

auf eine Theorietradition von Platon über Aristoteles bis Kant, die in dem vorbehaltlosen Staunen über die Welt den Antrieb einer respektvollen Auseinandersetzung mit ihr gesehen hat:

»Wenn wir uns der Natur und der Umwelt ohne diese Offenheit für das Staunen und das Wunder nähern, […] wird unser Verhalten das des Herrschers, des Konsumenten oder des bloßen Ausbeuters der Ressourcen sein, der unfähig ist, seinen unmittelbaren Interessen eine Grenze zu setzen« (11/25).

Hier klingt bereits an, was gleichermaßen zum Kern der von Franziskus angesonnenen Weltanschauung gehört: Geben wir die Zweite-Person-Perspektive als Leitorientierung unseres einerseits ich-, andererseits objektbezogenen Weltverhältnisses auf, gerät entweder das ichbezogene Weltverhältnis unter die Herrschaft eines verwahrlosten Objektbezugs oder umgekehrt das objektbezogene Weltverhältnis unter eine Verfallsform der Ichbezogenheit.

Was nun die ichbezogene Einstellung anbelangt, schreibt er: »Die Unachtsamkeit in dem Bemühen, eine angemessene Beziehung zu meinem Nächsten zu pflegen und zu erhalten, für den ich sorgen und den ich behüten muss, zerstört meine innere Beziehung zu mir selbst […]« (70/82). Die Verfallsform der Ichbezogenheit ist also das vermittlungslose Weltverhältnis des Ich: Die Freiheit des Menschen wird beschädigt, »wenn sie sich den blinden Kräften des Unbewussten, der unmittelbaren Bedürfnisse, des Egoismus und der Gewalt überlässt. In diesem Sinne ist er seiner eigenen Macht, die weiter wächst, ungeschützt ausgesetzt, ohne die Mittel zu haben, sie zu kontrollieren« (105/115). Darunter leidet dann aber auch das objektbezogene Weltverhältnis (wie es Franziskus, Benedikt XVI. zitierend, pointiert): »Und der Verbrauch der Schöpfung setzt dort ein, wo wir keine Instanz mehr über uns haben, sondern nur noch uns selber wollen« (6/20). Das äußert sich in der Unterwerfung des Gegenübers unter die für die ichbezogenen Bedürfnisse und Begehren in Dienst genommene instrumentelle Vernunft: »Der zwanghafte Konsumismus ist das subjektive Spiegelbild des techno-ökonomischen Paradigmas« (203/207). Umgekehrt bedeutet die Unterwerfung der nur mehr vermittlungslosen Ichbezogenheit des menschlichen Weltverhältnisses unter den vergegenständlichenden Objektbezug die Ein-

---

Bd. 6, Frankfurt/M. 1991, 1. Kap.; Vgl. H.-E. Schiller, »Die Perspektive des Denkens: Horkheimers Begriff der Vernunft«, in: U. Bittlingmayer, Al. Demirović (Hrsg.), *Handbuch Kritische Theorie*, Wiesbaden 2019, S. 344 ff.

passung der eigenen Bedürfnisse in das Anforderungsprofil einer zunehmend rationalisierten Lebenswelt – »organisierte Selbstverwirklichung«, wie Axel Honneth das genannt hat[17]. Und verkümmert die zweitpersonale Perspektive, gerät die Beziehung zum menschlichen Gegenüber umgekehrt unter die nun unvermittelte Ich- oder Objektbezogenheit. Das Ergebnis ist Gleichgültigkeit und Zynismus gegenüber dem Mitmenschen: »Der Mangel an Reaktionen angesichts dieser Dramen unserer Brüder und Schwestern ist ein Zeichen für den Verlust jenes Verantwortungsgefühls für unsere Mitmenschen, auf das sich jede zivile Gesellschaft gründet« (25/39).

Zusammenfassend erschließt die vorgeschlagene Rekonstruktion der Oikos-Idee durch das Wechselverhältnis der Perspektiven der Ersten, Zweiten und Dritten Person die ökologische Krise als Zusammenbruch von Einstellungsmustern der Achtsamkeit des Menschen gegenüber seinem Mitmenschen und der äußeren Natur:

»Die menschliche Umwelt und die natürliche Umwelt verschlechtern sich gemeinsam, und wir werden die Umweltzerstörung nicht sachgemäß angehen können, wenn wir nicht auf Ursachen achten, die mit dem Niedergang auf menschlicher und sozialer Ebene zusammenhängen« (48/57).

Hier und mehrfach wird ein Primat der menschenbezogenen Zweite-Person-Perspektive gegenüber der zweitpersonalen Grundierung des Naturverhältnisses betont. Das ist konsequent, denn nur am Menschen, der unsere Rede erwidert, können wir das Du erlernen. »Wenn die ökologische Krise ein Aufbrechen oder ein Sichtbarwerden der ethischen, kulturellen und spirituellen Krise der Moderne bedeutet, können wir nicht beanspruchen, unsere Beziehung zur Natur und zur Umwelt zu heilen, ohne alle grundlegenden Beziehungen des Menschen zu heilen« (119/129).

Der Papst ist hier dem auf der Spur, was die Kritische Theorie als soziale Pathologien der Vernunft identifiziert hat: eingeschliffene Verhaltens- und Handlungsmuster, die in einem grundlegend gestörten menschlichen Selbstverhältnis fundiert sind[18]. Daher appelliert er

---

[17] A. Honneth, »Organisierte Selbstverwirklichung. Paradoxien der Individualisierung«, in: Ders., *Befreiung aus der Mündigkeit. Paradoxien des gegenwärtigen Kapitalismus*, Frankfurt/M. 2002, S. 141–158.

[18] Vgl. A. Honneth, »Pathologien des Sozialen. Tradition und Aktualität der Sozialphilosophie«, in: Ders., Das Andere der Gerechtigkeit. Aufsätze zur praktischen Philosophie, Frankfurt/M. 2000, S. 11–69.

an die Einübung guter Gewohnheiten als einer grundsätzlichen Voraussetzung der gesellschaftlichen Kehrtwende – und wendet sich gleichzeitig an die handlungsformenden Institutionen von Familie, Schule und Universität bzw. Wissenschaft.

Ausdrücklich betont er Möglichkeiten wechselseitiger Ergänzung zwischen Weltanschauung und Welterklärung. So könnten »Wissenschaft und Religion, die sich von unterschiedlichen Ansätzen aus der Realität nähern, in einen intensiven und für beide Teile produktiven Dialog treten« (62/73). Was muss man sich darunter vorstellen?

»Man kann nicht behaupten, dass die empirischen Wissenschaften das Leben, die Verflechtung aller Geschöpfe und das Ganze der Wirklichkeit völlig erklären. Das hieße, ihre engen methodologischen Grenzen ungebührlich zu überschreiten. Wenn man in diesem geschlossenen Rahmen denkt, verschwinden das ästhetische Empfinden, die Poesie und sogar die Fähigkeit der Vernunft, den Sinn und den Zweck der Dinge zu erkennen« (199/203).

Franziskus ist offenbar darauf aus, dass durch die Einübung der Perspektive der Zweiten Person – vor allem in der Auseinandersetzung mit Religion und Kunst – Neugierde, Kreativität und damit auch die Innovation von Problemlösungen befördert werden.

(3.) Kritik

Die Enzyklika provoziert gerade dann, wenn der Anspruch des Papstes ist, nicht nur katholische Gläubige, sondern alle Menschen zu adressieren, eine Reihe von kritischen Nachfragen. Über einzelne ganz konkrete Stellungnahmen wie etwa zum ethischen Status des Embryos und zur Abtreibung oder – eher um Ausgleich bemüht – zum Einsatz von Gentechnik kann und soll man streiten. Auch über die altbackene Medienkritik (47/55 f.). Eine kritische Auseinandersetzung mit inhaltlichen Festlegungen in diesen oder anderen Punkten verfehlt allerdings meines Erachtens die Pointe der Enzyklika, weil die von mir behauptete Grundaussage der Schrift von diesen konkreten Stellungnahmen unabhängig ist. Schwerer wiegt aber die pauschale Identifizierung des modernen Individualismus mit der instrumentellen Vernunft als Äußerungsform vermittlungsloser Ichbezogenheit des Menschen (vgl. 209/212 f.), die ganz dem Schema einer konservativen Kulturkritik folgt und die Idee des Kritisierten mit seinen Trivialisierungen und Vulgarisierungen verwechselt[19]. Sie steht nämlich im Zusammenhang mit einem Grundzug des Textes, den Leser vor die völlig unplausible Kontrastierung individualistischer Ichbezogenheit mit einer metaphysisch-objektivistischen Auslegung der menschlichen Weltverhältnisse zu führen.

Gewiss wird man dem Grundanliegen des Papstes Sympathie entgegenbringen, die menschlichen Weltverhältnisse als zweitpersonale Beziehungsverhältnisse zu rekonstruieren; aber diese durchaus anschlussfähige Bemühung gerät mit dem traditionellen metaphysischen Objektivismus in Widerspruch, der kaum verallgemeinerungsfähig begründet werden kann, wie aber unzählige und reichlich eindeutige Formulierungen der Schrift insinuieren: »Wie jeder Organismus in sich selber gut und bewundernswert ist, weil er eine Schöpfung Gottes ist«, schreibt Franziskus, »so gilt das Gleiche für das harmonische Miteinander verschiedener Organismen in einem bestimmten Raum, das als System funktioniert« (140/150). Dieser Satz berührt die Grundfrage, wie ein christliches Narrativ anschlussfähig für individuelle Handlungsorientierung und zivilgesellschaftliche Verständigung über Problemlösungen gemacht werden kann. Hier stellt sich die alte Frage des Sokrates: Ist etwas gut, weil Gott es erschaffen hat, oder hat Gott es erschaffen, weil es gut ist? Nur im zweiten Fall ist das Narrativ auch für Gegner katholischer Metaphysik anschlussfähig.

Wir können eine bestimmte »Achtsamkeit« – dies ein von Franziskus selbst wiederholt gebrauchter Begriff – für die systemische Komplexität von Organismen oder Organismus-Umwelt-Beziehungen durch die Rede von der Schöpfung in einer den Kreis der Gläubigen transzendierenden Weise entweder zum Ausdruck bringen oder gar durch sie begründen wollen. Der zweite Fall ist eben nicht anschlussfähig, und zwar weder in die Lebenswelten noch in die Wissenschaften hinein. Alle Verwundungen in unserer Welt, so Franziskus in den Worten von Benedikt, seien »letztlich auf dasselbe Übel zurückzuführen, nämlich auf die Idee, dass es keine unbestreitbaren Wahrheiten gibt, die unser Leben lenken« (6/20); diese Wahrheiten versteht Franziskus im Horizont einer thomistischen Ontologie. Ich will es abschießend an folgendem Zitat noch einmal pointieren: »Da

---

[19] Vgl. M. Schlette, *Die Idee der Selbstverwirklichung. Zur Grammatik des modernen Individualismus*, Frankfurt/M. 2013.

alle Geschöpfe miteinander verbunden sind«, so Franziskus, »muss jedes mit Liebe und Bewunderung gewürdigt werden, und alle sind aufeinander angewiesen« (42/52). Nachmetaphysisch müsste das Verhältnis aber umgekehrt bestimmt werden: Weil wir einander mit Liebe und Bewunderung würdigen, sind wir einander verbunden. Die Zweite-Person-Perspektive schafft einen Realitätsbezug, welcher der Überwölbung durch den katholischen Oikos-Gedanken nicht bedarf, sondern dadurch vielmehr in seiner Plausibilität abgeschwächt wird. Es entspreche nicht dem Wesen der Bewohner dieses Planeten, »dem physischen Kontakt mit der Natur entzogen zu leben« (44/54). Alles hängt davon ab, wie hier der Wesensbegriff verstanden wird, im Sinne der ›zweiten Natur‹, die sich durch Einübung von Haltungen der Achtsamkeit auf das Gegenüber herausgebildet hat oder im Sinne der ersten, das heißt der in ihrem Eigenwert metaphysisch verbürgten Natur. Franziskus versteht den Wesensbegriff in diesem zweiten Sinne und schränkt damit die Chancen auf Aneignung seines Oikos-Konzepts mehr ein als es nötig gewesen wäre. So trägt der Text in sich die Spannung zwischen der franziskanischen Spiritualität und der thomistischen Metaphysik aus.

3. Schluss

Die Frage nach dem Naturverständnis *im* 21. Jahrhundert ist auch eine offene Frage *des* 21. Jahrhunderts. Sie wird von den Menschen im Spannungsverhältnis zwischen erstens: ihren konkreten Krisenerfahrungen, zweitens: der künstlerisch, religiös oder anderweitig vermittelten aktivierenden Anrede auf die Veränderung unseres Naturverhältnisses hin, und drittens: der reflektierenden Einrede gegen den Sog der oftmals trügerischen Selbstevidenz aktivierender Anrede stets aufs Neue beantwortet, erprobt und korrigiert werden. Der Ausgang dieses Klärungsprozesses ist offen. Allenfalls ist erwartbar, dass sein Resultat sich von dem Naturverständnis unterscheiden wird, das sich in der gegenwärtigen ökologischen Krise bezeugt.

Literatur

Ulrich Beck, »Wissen oder Nicht-Wissen? Zwei Perspektiven ›reflexiver Modernisierung‹, in: Ulrich Beck, Anthony Giddens, Scott Lash (Hrsg.),

Reflexive Modernisierung. Eine Kontroverse, Frankfurt/M. 1996, S. 289–315.
Paul J. Crutzen, »Geology of mankind: the Anthropocene«, in: *Nature* 415 (2002); dt.: »Die Geologie der Menschheit«, in: Paul Crutzen, Mike Davis, Michael D. Mastrandrea, Stephen H. Schneider, Peter Sloterdijk, *Das Raumschiff Erde hat keinen Notausgang. Energie und Politik im Anthropozän*, Berlin 2011, S. 7–10.
Dirk Evers, »Natur als Schöpfung«, in: Thomas Kirchhoff, Nicole Karafyllis et al. (Hrsg.), *Naturphilosophie. Ein Lehr- und Studienbuch*, Tübingen 2017, S. 23–32.
Dirk Evers, »Religiöse Naturverhältnisse«, in: Thomas Kirchhoff, Nicole Karafyllis et al. (Hrsg.), *Naturphilosophie. Ein Lehr- und Studienbuch*, Tübingen 2017, S. 232–239.
Papst Franziskus, *Laudato Si. Die Umwelt-Enzyklika des Papstes*. Mit einer Einführung von Gerhard Kardinal Müller, Freiburg im Breisgau 2015.
Jürgen Goldstein, *Naturerscheinungen. Die Sprachlandschaften des Nature Writing*, Berlin 2019.
Andreas Hetzel, Dirk Quadflieg, Heidi Salaverría (Hrsg.), Alterität und Anerkennung, Baden-Baden 2011.
Veronika Hoffmann, Ulrike Link-Wieczorek, Christof Mandry (Hrsg.), Die Gabe. Zum Stand der interdisziplinären Diskussion, Freiburg 2016.
Max Horkheimer, *Zur Kritik der instrumentellen Vernunft*, Gesammelte Schriften, Bd. 6, Frankfurt/M. 1991.
Axel Honneth, »Organisierte Selbstverwirklichung. Paradoxien der Individualisierung«, in: ders., *Befreiung aus der Mündigkeit. Paradoxien des gegenwärtigen Kapitalismus*, Frankfurt/M. 2002.
Thomas Kirchhoff, »Eignet sich die Naturauffassung und Naturethik der Enzyklika Laudato si' als Basis für einen alle Menschen einbeziehenden Dialog über die Lösung der globalen Umweltprobleme?«, in: *FORUM WARE. Internationale Zeitschrift für Warenlehre* 44 (1–4) 2016, S. 7–19.
Philip Kitcher, Evelyn Fox Keller, *The Seasons Alter. How to Save Our Planet in Six Acts*, New York 2018.
Jens Kersten, Das Anthropozän-Konzept. Kontrakt – Komposition – Konflikt, Nomos: Baden-Baden 2014, S. 16.
Jürgen Manemann, Kritik des Anthropozäns. Plädoyer für eine neue Humanökologie, Bielefeld 2014.
Marisa Przyrembel, *Empathische Egoisten. Eine interdisziplinäre Analyse zur Perspektive der Zweiten Person*, Freiburg 2014.
Sebastião Salgado, *Mein Land, unsere Erde*, München 2019.
Hans-Ernst Schiller, »Die Perspektive des Denkens: Horkheimers Begriff der Vernunft«, in: Uwe Bittlingmayer, Alex Demirović (Hrsg.), *Handbuch Kritische Theorie*, Wiesbaden 2019.
Magnus Schlette, *Die Idee der Selbstverwirklichung. Zur Grammatik des modernen Individualismus*, Frankfurt/M. 2013.

»Hoffnungsfanfare«. Interview mit Friedrich Schorlemmer, in: *Die Zeit*, 25. Juni 2015, S. 60.
Lukas Thommen, *Umweltgeschichte der Antike*, München 2009.
Frank Vogelsang, »Schöpfung«, in: Thomas Kirchhoff, Nicole Karafyllis et al. (Hrsg.), *Naturphilosophie. Ein Lehr- und Studienbuch*, Tübingen 2017, S. 103–110.
Markus Vogt, »Humanökologie – Neuinterpretation eines Paradigmas mit einem Seitenblick auf die Umweltenzyklika Laudato Si«, in: Wolfgang Haber, Martin Held, Markus Vogt (Hrsg.), *Die Welt im Anthropozän. Erkundungen im Spannungsfeld zwischen Ökologie und Humanität*, München 2016, S. 93–104.
Donald Worster, *Dust Bowl. The Southern Plains in the Thirties*, New York 2004.

Gerald Hartung

In welcher Welt wollten wir leben?

Aspekte einer Philosophie der menschlichen Umwelt[1]

Im Rahmen einer Vortragsreihe zum Thema *Was ist der Mensch?*, die Teil des *Studium Generale* der *Bergischen Universität Wuppertal* in den Jahren 2012 bis 2014 war, haben wir mit Kolleginnen und Kollegen sowie Studierenden über den Prozess der Menschwerdung und die Abgrenzung der menschlichen von anderen Lebensformen nachgedacht[2]. Wir waren zu dem Zwischenergebnis gekommen, dass die bekannten Differenzen zwischen menschlicher und anderen Lebensformen in der *geschichtlichen Natur* des Menschen begründet sind, also nicht einer Frontstellung von Natur einerseits und Kultur andererseits zugerechnet werden können. Wir sehen demnach in unserer Lebensform – in der Weise, wie wir uns zu uns selbst und zur Welt verhalten – bestimmende Prinzipien, die sich sowohl in einer naturwissenschaftlichen als auch kulturwissenschaftlichen Beschreibungssprache erfassen lassen.

Festzuhalten ist hier als ein Zwischenergebnis: Wir können jedes menschliche Phänomen unter verschiedenen Perspektiven in den Blick nehmen. Diese Einsicht erfordert nicht zuletzt interdisziplinäre Forschungszusammenhänge. Das ist der Grund, warum wir Institutionen und Personen zusammenbringen, die zu Gesprächen und Erkundungen im Feld anthropologischer Forschungen bereit sind[3].

---

[1] Dieser Text geht auf einen Vortrag zurück, den ich am 23. April 2013 am Wuppertal Institut für Klima, Umwelt, Energie gehalten habe. Wir haben die Gelegenheit gehabt, im Rahmen einer Veranstaltungsreihe des Studium Generale der Bergischen Universität Wuppertal unsere Institutionen ins Gespräch zu bringen und über grundlegende Fragen der Naturphilosophie zu diskutieren. Auch schon vor Jahren war das Thema *Klimawandel und seine Folgen* aktuell, wenn auch die Diskussion noch in ruhigeren Bahnen verlief und eher sachgeleitet war.

[2] Diese Fragen sind auch weiterhin Gegenstand der *Wuppertaler Zoogespräche*, die seit 2012 regelmäßig als eine Kooperationsveranstaltung des Wuppertaler Zoo und der Bergischen Universität durchgeführt werden.

[3] Vgl. hierzu das seit 2013 erscheinende *Jahrbuch Interdisziplinäre Anthropologie*, hrsg. von Gerald Hartung und Matthias Herrgen.

Die in der geschichtlichen Natur des Menschen liegende Grunddifferenz der Lebensformen artikuliert sich auch in einem bestimmten Umweltverhältnis der jeweiligen Lebensform. Hierzu gibt es seit dem frühen 20. Jahrhundert, seit den bahnbrechenden Studien zur theoretischen Biologie von Johann Jakob von Uexküll (1864–1944), bspw. sein Werk *Umwelt und Innenwelt der Tiere* (1909), anhaltende Forschung. Seither fragen wir nicht mehr – oder nicht nur – nach den unterscheidenden Merkmalen, sondern danach, was es heißt, von einer spezifischen Umwelt des Menschen zu sprechen. Ich werde diese Fragestellung unter theoretischen Gesichtspunkten in Angriff nehmen. Dazu ist es erforderlich, eine Reihe von philosophischen Denkansätzen zumindest zu skizzieren.

1. Zum Mensch-Umwelt-Verhältnis

Die Frage nach dem Menschen wird zugespitzt auf die Frage nach dem Mensch-Umwelt-Verhältnis und nach der Frage, was eine spezifisch *menschliche* Umwelt ausmacht? Am Leitfaden dieser Fragestellungen wird vieles durcheinandergeraten, was auch in unseren alltäglichen Versuchsanordnungen einer Orientierung im Denken und Handeln nicht klar abgegrenzt ist. Dazu gehört unsere vermeintliche Gewissheit, dass die Welt, in der wir leben, mit Notwendigkeit so geworden ist, wie sie ist. Dazu gehört ebenso unsere Sehnsucht nach einer anderen Welt, einem hinter oder vor uns liegenden Naturzustand, der uns eine echte, weil vermeintlich klar abgegrenzte Alternative zur aktuellen Lebenswirklichkeit bedeutet. Dazu gehören aber auch die täglichen Grenzkonflikte, die wir als Handelnde bei der Kenntnisnahme wie auch bei der Einflussnahme auf unsere Umwelt bewältigen müssen. Als Konsumenten, Verkehrsteilnehmer, Sport- und Kulturtreibende, Reisende – kurzum: *als Handelnde* – stehen wir permanent in Entscheidungssituationen zwischen kleinen und großen Alternativen, kalkulieren die Konsequenzen unseres Handelns für unsere Umwelt, fragen nach Nutzen und Risiken und suchen nach den Kriterien eines guten Lebens.

Neuerdings verbinden wir die Überlegungen nach einem guten Leben für uns Menschen mit dem Gedanken der Umweltverträglichkeit unseres Handelns. Dieser Gedanke scheint so nahezuliegen, dass uns immer unverständlicher wird, dass Agrargesellschaften über Jahrtausende hinweg die Natur als bloße Ressource ausgebeutet haben und die entstehende Industriegesellschaft diese Praxis nur beschleunigt und effizienter gestaltet hat[4]. Die Zeit um 1800 beispielsweise ist erfüllt von der Macht ihrer Ideen zur Umgestaltung der Gesellschaft, die Jahrzehnte um 1900 sind zudem berauscht von den technischen Möglichkeiten – Dampfmaschine, Elektrizität usw. – und feiern die grenzenlosen Möglichkeiten der Aneignung von Natur, ihre Technisierung und Kultivierung. Wo Natur war, soll Kultur werden – so lautet der Imperativ der klassischen Moderne, der in Wirtschaft, Technik, Wissenschaft und Kunst sich artikuliert. Von dieser Aufbruchsstimmung der Moderne trennt uns eine Kluft, obwohl sich an der Praxis wenig geändert hat. Es geht um eine andere Haltung, deren Konsequenzen wir noch gar nicht vermessen können.

Ich werde die Aufgabe einer Vermessungsarbeit an dieser Stelle auch nicht leisten können, aber es ist an der Zeit, zu dieser Problemstellung Bausteine zu liefern. Meine Aufgabe ist es vielmehr, so verstehe ich dies jedenfalls, auf diese Kluft zwischen möglichen Einstellungen zu Umweltfragen hinzuweisen und eine skeptische Position zu formulieren: Könnte es sein, dass wir auf unserem Weg in den zurückliegenden Jahrhunderten eine Welt geschaffen haben, die unseren Vorstellungen von einem vernünftigen, guten und verantwortlichen Leben widerspricht? Anders gesagt: Könnte es sein, dass wir Mittel zur Umsetzung unseres Zieles, die Natur zu humanisieren, gewählt haben, die zwar dieser Zielvorgabe entsprungen sind, ihr paradoxerweise aber widersprechen? Ist diese Welt, in der wir Schwierigkeiten haben, die Reichweite unseres Handelns und damit auch den Umfang unserer Verantwortlichkeit zu berechnen, wirklich die Welt, in der wir leben wollten?

Das ist eine große Frage, zugegebenermaßen! Und ich bin weit von der Anmaßung entfernt, eine Antwort parat zu haben. Wir Philosophen stellen Fragen und wir stellen fest, dass jede Zeit – auch unsere, in Fragen der Umwelt- und Energiepolitik, der Klima-Forschung – zu viele Antworten hat und sich zu wenig um eine angemessene, d.h. nachdrückliche und nachhaltige, Weise des Fragens kümmert.

Die Frage nach dem Menschen muss in ihrer Erweiterung als Frage nach der Mensch-Umwelt-Relation neu gestellt werden. Dabei handelt es sich um einen Perspektivenwechsel von der Frage nach

---

[4] Vgl. dazu die instruktive und streitbare Studie von J. Radkau, *Natur und Macht. Eine Weltgeschichte der Umwelt*, München 2000.

dem Sein des Menschen zu seinem Tätigsein und zu seiner Gestaltungsfähigkeit von Umwelten[5]. Gemeint ist eine Tendenz im anthropologischen Denken der Moderne, die in der Analyse des Mensch-Umwelt-Verhältnisses an die Stelle von Substanz- und Wesensbegriffen sogenannte Funktionsbegriffe setzt. Anders gefasst: Wo frühere Zeiten von Natur, Gesellschaft, Kosmos sprachen, setzt sich der Umweltbegriff aufgrund seiner funktionalen Leistungsfähigkeit durch, denn er bezeichnet die sich ausweitenden Gestaltungsräume des Menschen und ermöglicht es, ihre allmähliche Entgrenzung begrifflich zu erfassen.

Der Mensch im Sinne des »homo creator«[6], der sich seiner schöpferischen Rolle bewusst wird und seine kulturellen Leistungen nicht mehr für göttliche Gabe oder natürliche Mitgift hält, löst nicht das Rätsel Mensch, sondern verschärft seinen Rätselcharakter vielmehr. Mit der Entgrenzung im Denken geht das Risiko einer Verantwortungslosigkeit im Umwelthandeln einher. Stichworte liefern hier die Rede von der »Umweltkrise«, vom »Wachstumswahn«, von unterschiedlichen ökologischen, sozialen und politischen Unheilsszenarien – und insgesamt von der latenten Vertrauenskrise im Blick auf die Institutionen des politischen Handelns. Dieser Problematik müssen wir uns heute stellen, denn hier geht es um den Kern und nicht um bloßes Gerede. Wir werden Wege suchen müssen, um die theoretische Einsicht von der Entgrenzung im Denken und Handeln mit den praktischen Anforderungen an eine Mensch-Umwelt-Beziehung, die sowohl den Forderungen an eine Variabilität menschlicher Lebensweisen als auch einem Beharrungsanspruch der Umwelt des Menschen (Naturschutz, Klimaschutz, Schutz der Lebensformen) gerecht werden, zu vereinen.

Anthropologisches Denken hat es heute wieder »mit dem tätigen Wesen des Menschen in seiner, ihm nicht abnehmbaren Lebensführung im Ganzen«[7] zu tun. Daran wird auch die Erfolgsgeschichte der biotechnologischen Forschung am Menschen und an seiner Umwelt nichts ändern. Zwar können wir festhalten, dass im Kontext neuester

---

[5] Vorbildhaft dafür ist die Position Ernst Cassirers. Vgl. G. Hartung, *Das Maß des Menschen. Aporien der philosophischen Anthropologie und ihre Auflösung in der Kulturphilosophie Ernst Cassirers*, Weilerswist 2004², S. 207–366.
[6] M. Landmann, *Philosophische Anthropologie. Menschliche Selbstdarstellung in Geschichte und Gegenwart* Berlin, New York 1982⁵, S. 172–185
[7] H. P. Krüger, G. Lindemann (Hrsg.), *Philosophische Anthropologie im 21. Jahrhundert. Philosophische Anthropologie. Bd. 1.*, Berlin 2006, S. 17.

Forschungen die Grenze zwischen Natur und Kultur als Orientierungsmuster bedeutungslos zu werden droht, denn die natürliche Künstlichkeit technologisch optimierter menschlicher Organismen (Stichwort: Implantation) und die künstliche Natürlichkeit organisch-technologischer Systeme (Stichwort: Gentechnologie) stehen zweifellos diesseits und jenseits der alten Demarkationslinie. Aber das Problem des Sinnverstehens der Wirklichkeit des Menschen und der Verantwortlichkeit für seine Umwelt ist damit nicht erledigt. Ganz im Gegenteil scheint sich das Sinnproblem Mensch, seine abgründige Rätselhaftigkeit, im Fahrwasser ruheloser Forschung am Menschen und der Gestaltung seiner Umwelt noch zu verschärfen.

2. Ein allgemeiner Umwelt-Begriff

Aber was meinen wir, wenn wir von der Umwelt des Menschen reden? Wir haben es mit einem Begriff zu tun, dessen Wortgeschichte seit Jahrhunderten so unauffällig wie nur eben möglich an den Grenzen unserer Alltagssprache und der Wissenschaften entlangläuft. Der Gedanke, dass frühere Epochen keinen Begriff von *Umwelt* hatten, obwohl doch seit der Besiedlung des Zweistromlandes und dem Entstehen der Schriftkultur eine Fülle von Zeugnissen über die Kultivierung und Bewirtschaftung der natürlichen Lebensräume des Menschen vorliegen, scheint auf den ersten Blick nur von akademischer Bedeutung zu sein. Doch das Gegenteil ist der Fall: Ich werde im Folgenden zeigen, dass schon in der Rede von der *Umwelt des Menschen* eine theoretische Einstellung und eine praktische Haltung zum Ausdruck kommt, die sich in der mythischen, religiösen, aber auch wissenschaftlichen Rede von *der Natur* nicht artikulieren konnte.

Einsetzen möchte ich mit allgemeinen Überlegungen. Der Begriff *Umwelt* erscheint, sobald man ihn aus dem umgangssprachlich vertrauten Feld herausnimmt, merkwürdig opak. Auf der einen Seite denken wir bei Umwelt an das, was beispielsweise der Geograph die *Umgebung* und der Biologe das *Umfeld* nennen. Dabei geht es um eine räumliche Kategorie und die weitgehend eindeutige Positionierung eines Körpers oder eines Organismus innerhalb dieses Raumes. Auf der anderen Seite sprechen wir von Umwelt im Sinne einer spezifisch menschlichen *Welt* und suchen die Mehrdeutigkeit einer Stellung des Menschen in sozialer, politischer und kultureller Hinsicht in eine Perspektive zu integrieren.

Buchtitel wie bspw. *Die Welt des Mittelalters, Die Vermessung der Welt* oder – schon die Grenze dieser Unterscheidung betreffend – *Garten-Welten – Männer und ihre grüne Leidenschaft* bestätigen diesen Sachverhalt. Mit diesem Befund korreliert eine systematische Zweideutigkeit des Umweltbegriffs. Einerseits haben wir uns in den Sprachen der Wissenschaften und des Alltags angewöhnt, von *Umwelten des Menschen* in der Mehrzahl zu sprechen. Schon die Alltagsrede induziert, dass uns die Eindeutigkeit in der Überlegung fehlt, ob wir Menschen in einer, unteilbaren Umwelt leben, oder ob sich unser Lebensprozess auf verschiedene Umwelten – von der *Natur* als Erfahrungsfeld und als Gegenstand von Forschung über die *Landschaften* der Agrarwirtschaft und der Erholung sowie *Städte* als Verkehrs- und Wohnräume bis in die *virtuellen Umwelten* des Internet – verteilt. Andererseits kennen wir auch die Rede von der *einen Umwelt des Menschen*, die im Zusammenhang der Globalisierung verstärkt in den Blick gerät, insofern das lokale Handeln des Menschen Auswirkungen auf die globale Gesellschaft und Wirtschaft, das globale Klima usw. hat.

Die zweite Ansicht fordert eine ganzheitliche Perspektive und fixiert die Vorstellung, dass wir Menschen uns auf eine Umwelt beziehen können, in deren Zentrum wir stehen. Die erste Ansicht wendet sich der Option einer dezentralen Perspektive zu und spricht von »multiple realities«[8]. Beide Ansichten haben ihre Berechtigung – mit dem entscheidenden Unterschied, dass die Rede von den vielen natürlichen, sozialen und kulturellen Umwelten (im Plural) für uns als Gärtner, Wanderer, Landschaftsplaner, Nah- und Fernreisende, Kulturkonsumenten usw. in phänomenologischer Hinsicht plausibler ist. Wir erleben diese Pluralität tagtäglich. Demgegenüber ist die Rede von der einen Umwelt (im Singular), in der alles mit allem zusammenhängen soll, ein *chain of being* (Lovejoy) obwaltet und individuelles Handeln allgemeine Auswirkungen haben soll, in der Alltagswelt für uns kaum erfahrbar und erfordert von uns, insbesondere in unserer Rolle als Konsumenten, eine enorme Abstraktionsleistung und basiert auf einem nie abschließbaren Informationsbedarf.

So gesehen schließt hier ein erhebliches systematisches Problem der praktischen Vernunft an. Denn wie sollen wir prinzipiell wissen, wie es um unsere Verantwortlichkeit in Umwelten bestellt ist, die wir

---

[8] A. Schütz, On Multiple Realities, in: *Philosophy and Phenomenological Research* 5/1945, S. 533–576.

In welcher Welt wollten wir leben?

nur peripher erfahren, in die wir hinein-, aber auch herausragen? Das Gleiche gilt für die eine Umwelt, deren komplexe Strukturen wir kaum durchschauen und auch nicht in unsere Alltagssprache integrieren können, weil die Berechnungsmodelle der Wirtschaftskreisläufe, der Ressourcenausbeutung oder der Klimaentwicklung sich nicht *bruchlos* in diese übersetzen lassen. Anders gesagt: Wir fällen ständig Entscheidungen, obwohl nicht alle Informationen vorliegen und obwohl konkurrierende Deutungsmuster miteinander im Widerstreit stehen.

Weil sowohl die theoretischen als auch praktischen Optionen vieldeutig sind, stehen wir in einer »pluralistischen Situation«[9], in der die Frage nach dem Sinn unseres Handelns immer wieder von Neuem gestellt werden muss. Aber – noch einmal – zurück zur Begriffsarbeit. Vielleicht kann uns die Entstehungsgeschichte des Umweltbegriffs Hinweise geben, in welche Richtung wir denken sollten.

Schon am Anfang seiner begrifflichen Prägung markiert die Rede von den Umwelten der jeweiligen Spezies einen Grenzbegriff der biologischen und philosophischen Forschung. Der philosophierende Biologe Jakob von Uexküll hat davon gesprochen, dass jedes Tier [...] seine Umwelt wie ein undurchdringliches Gehäuse sein Lebtag mit sich herum[trägt]« und auch »die Erscheinungswelt eines jeden Menschen [...] ebenfalls einem festen Gehäuse [gleicht], das ihn von seiner Geburt bis zum Tode dauernd umschließt«[10]. Diese Feststellung wäre schlichtweg falsch, wenn die materiale Seite unserer Umwelt, also die »Natur« selbst gemeint wäre. Uexküll meint denn auch, auf den Schultern Kants stehend, mit Umwelt nur die Invarianz eines Erkenntnisapparates von Anschauungsformen und Erkenntniskategorien und den hierdurch apriorisch, das heißt *vor* aller konkreten Erfahrung festgelegten Gegenstandsbereich. Der Unterschied zwischen der Tier-Umwelt und Mensch-Umwelt-Relation beruht allein darin, dass es sich bei der Umwelt des Menschen nicht um ein »festes

---

[9] P. L. Berger, T. Luckmann, *Die gesellschaftliche Konstruktion der Wirklichkeit*, Frankfurt/M. 1980, S. 133–134: Damit ist gemeint, »daß sie [die sich modernisierenden Gesellschaften] alle bestimmte gemeinsame Grundelemente einer Sinnwelt aufweisen, die als solche Gewißheitscharakter haben, dass aber zusätzlich verschiedene Teilsinnwelten bestehen, die im Status gegenseitiger Übereinkunft koexistieren. Solche Teilsinnwelten mögen gewisse ideologische Funktionen erfüllen, aber der offene Konflikt von Ideologien wird nun ersetzt durch verschiedene Grade der Toleranz oder gar der Kooperation.«
[10] J. J. von Uexküll, *Umwelt und Innenwelt der Tiere*, Berlin 1921², S. 219.

Gehäuse«, sondern um ein variables Gebilde handelt. Schon Johann Gottfried Herder hat im späten 18. Jahrhundert hierfür Metaphern der alltäglichen Sprache (»Lebenskreis«) oder der theatralischen Inszenierung (»Bühne des Lebens«) eingeführt[11].

Während unter der Hegemonie evolutionsbiologischer Deutungsmuster das Mensch-Umwelt-Verhältnis lange Zeit in der merkwürdigen Spannung von Variabilität – Umwelten ändern ihren Charakter und Menschen müssen sich diesen Veränderungen immer wieder neu stellen – und Statik – der Mechanismus der Anpassung gilt gleichermaßen für alle Spezies – fixiert wurde, hat sich seit dem frühen 20. Jahrhundert die Vorstellung artikuliert, dass wir Menschen uns nicht nur an variable Umwelten anpassen, sondern diese auch zugleich gestalten. Nicht zuletzt angesichts der Möglichkeiten, die neuere Forschungen am Menschen eröffnen, ist von einer Befreiung des Menschen von der Naturhaftigkeit seiner bisherigen Existenzweise die Rede. In der Befreiungsbewegung des schöpferischen Menschen münden die traditionellen Theorien von der Mensch-Umwelt-Beziehung – bekannt aus den Zusammenhängen aristotelischer und romantischer Naturphilosophien wie auch metaphysischen Deutungen der Stellung des Menschen im Kosmos – in eine neue Praxis. Von der Erkenntnis seiner selbst als Schöpfer seiner Welt führt eine Brücke zur Handlungsanweisung, sich selbst als Geschöpf seiner Vorstellungen neu zu erschaffen und seine Umwelten nach seinen Bedürfnissen zu gestalten. Der moderne Mensch wird in einem theoretischen und technischen Sinn zum Schöpfer einer ihm angemessenen Umwelt.

Führen wir nun beide Überlegungen – die am Sprachgebrauch und die an der Begriffsarbeit angelehnte Überlegung – zusammen, so erkennen wir jetzt zumindest die Tragweite der Problematik: Wir sehen in uns, im Menschen, eine besondere Lebensform, der es gelungen ist, die Grenzen einer lokalen Umwelt hinter sich zu lassen, und ihre Umweltrelationen immer weiter zu verflüssigen und zu pluralisieren im Sinne einer natürlichen kulturellen Vielfalt, mit dem Ergebnis, dass die Enthemmung menschlicher Gestaltungskräfte die Grundlagen der Mensch-Umwelt-Relation destabilisiert und möglicherweise auch die Grundlagen des Lebens auf unserem Planeten zerstört.

Hier ist nicht der Ort, um über den verkündeten Übergang von einem Erdzeitalter in ein anderes nachzudenken, der sich in unserer

---

[11] Vgl. G. Hartung, *Philosophische Anthropologie*, Ditzingen 2018, S. 39–43.

Lebenszeit nach Expertenmeinung vollziehen soll. Gemeint ist der Eintritt in ein *Anthropozän* als das, vom Eingriff durch Menschenhand in die Natur, vor allem in geologische Formationen, wesentlich geprägte Erdzeitalter[12]. Ich überlasse die Frage, ob diese Frage berechtigt oder doch nur ein weiterer Ausdruck menschlicher Selbstüberschätzung ist, den Experten. In prinzipieller Hinsicht möchte ich nur festhalten, dass die Pointe dieser Entwicklung möglicherweise hier liegt: es entsteht eine *globale Umwelt*, aus der es kein Entrinnen gibt, weil es Faktoren unseres wirtschaftlichen, technologischen und soziokulturellen Handelns gibt, die sich global auswirken.

Die menschheitsgeschichtliche Konsequenz dieses Gedankens ist frappierend: Wir Menschen – die Spezies konstitutiver Grenzüberschreiter (Herder/Plessner) – werden wieder auf den Rahmen einer begrenzten Umwelt zurückgeworfen. Wir stoßen wieder an Grenzen und es könnte sein, dass unsere Zukunftsfähigkeit erstmals in unserer Entwicklungsgeschichte davon abhängt, dass wir die Grenzen nicht weiter verschieben oder sie überschreiten, sondern dass wir uns innerhalb der Grenzen, deren Verläufe wir allerdings erst erkennen und anerkennen müssen, integrieren und das Überleben unserer Spezies garantieren müssen. Es wäre dann so, dass das evolutionäre Motto der Leistungsoptimierung – im Sinne einer optimalen Anpassung an Umwelten und deren Anpassung resp. Ausbeutung für unsere Bedürfnisse – nicht mehr als Erfolgsmodell für die Zukunft gelten kann. Diese Einsicht wäre mit einem echten Umdenken verbunden, da die Kulturgeschichte nun nicht mehr als simple Fortsetzung der Naturgeschichte mit anderen Mitteln gedacht werden darf.

3. Neuer Einsatz: Ein naturphilosophischer Begriff der Umwelt

Diese Überlegungen fordern einen neuen Einsatzpunkt, nämlich die Konturierung eines Konzepts der Mensch-Umwelt-Beziehung, das in der angedeuteten Weise integrativ ist, d. h. eine dritte Position zwischen einem bloßen *Zurück zur Natur!* und einem schlichten *Weiter*

---

[12] Vgl. M. Wink, »Dynamik und Veränderlichkeit des Lebens«, in: G. Hartung, T. Kirchhoff (Hrsg.), *Welche Natur brauchen wir? Analyse einer anthropologischen Grundproblematik des 21. Jahrhundert*, Freiburg/Brsg. 2014, insb. S. 216–218.

so! im Sinne technischen Optimierung eröffnet. Hierzu gibt es bislang nur wenige philosophische Gedanken. Einige Ansatzpunkte finden wir im Werk des Philosophen Hans Jonas, der in seiner Naturphilosophie eine bottom-up-Theorie der Mensch-Umwelt-Beziehung entworfen hat[13]. Der Ausgangspunkt bei Jonas ist eine allgemeine Theorie des Organismus. Er hält an der klassischen Distinktion zwischen dem Unbelebten und dem Belebten, dem Anorganischen und Organischen fest und vermerkt, dass in der Gestalt eines Organismus eine erste Stufe der Objektivation und Individuation des organischen Lebens zu erkennen ist. Der Übergang von der anorganischen zur organischen Stufe markiert durch den Stoffwechsel ein neuartiges Verhältnis des Seienden. Der Stoffwechsel kommt einem Vermögen des Organismus zur Selbstbegrenzung und dem Anzeichen seiner Bedürftigkeit gleich. Der organische Prozess des Stoffwechsels ist gekennzeichnet durch ein Abstandnehmen des Organismus von seiner Umwelt, in die er nicht – wie Materie unter Materie – eingefügt ist, sondern der er als aufnehmende, verbrauchende, sich selbst verbrauchende und regulierende Einheit und Ganzheit gegenübersteht. Der Stoffwechsel setzt eine Grenze des Organismus voraus und damit eine erste Unterscheidung von »Innen« und »Außen«. Was hier als bloße Deskription erscheint, wird von Jonas emphatisch ergänzt durch die Rede vom »ursprünglichen Wagnis der Freiheit« in der Struktur des Organismus[14].

Von diesem Punkt aus schreitet Jonas voran und vermisst die Stufung natürlicher Vermögen, die dem Organismus Begegnung mit Welt ermöglichen: Neben dem Stoffwechsel werden die Empfindung, die Bewegung, der Affekt, die Wahrnehmung, die Einbildungskraft und der Geist genannt. Wohlgemerkt, es handelt sich um ein Kontinuum des Lebens in seiner Objektivationsform »Organismus«, unter Berücksichtigung der zunehmenden Objektivation der Organismus-Umwelt-Beziehung. Eine Pointe bei Jonas ist die strikte Ablehnung der cartesianischen Unterscheidung: Im Organismus sind denkendes und ausgedehntes Sein strikt aufeinander bezogen, ihre Separation ist eine erkenntnistheoretische Abstraktion. Selbst wenn

---

[13] Vgl. hierzu die Beiträge in G. Hartung, G. Hofmeister, K. Köchy u. J. C. Schmidt (Hrsg.), *Naturphilosophie als Grundlage der Naturethik. Zur Aktualität von Hans Jonas*, Freiburg 2013.
[14] Vgl. für die Zitate G. Hartung: »Organismus und Umwelt. Hans Jonas' Ansatz zu einer Theorie der menschlichen Umwelt«, in G. Hartung et al., *Naturphilosophie als Grundlage der Naturethik. Zur Aktualität von Hans Jonas*, S. 75–99.

dieses Beisammensein im Organismus auch für uns heute noch ein Rätsel ist, so steht doch außer Zweifel, dass der Organismus die Überbrückung dieser Differenz und die Einheit von Materiellem (res extensa) und Immateriellem (res cogitans) ist. Als Koinzidenz von Innerlichkeit und Äußerlichkeit ist er »ein Stück Welt«, wahrscheinlich das zentrale Stück in der Ordnung des Seins.

Gleichwohl stehen wir vor einem Rätsel der Ontologie und Biologie. »Der lebendige und sterben könnende, Welt habende und selber als Stück zur Welt gehörige, fühlbare und fühlende Körper, dessen äußere Form Organismus und Kausalität und dessen innere Form Selbstsein und Finalität ist – er ist das Memento der immer noch ungelösten Frage der Ontologie, was das Sein ist [...]«[15]. Wir wissen aber, so Jonas, dass wir nur von diesem Punkt aus die Lösung des ontologischen Rätsels in Angriff nehmen können. Der Weg, den uns die Frage nach dem Sein eröffnet, führt über die Analyse des Lebendigseins eines Organismus, der wir als Mensch ebenfalls sind.

Jonas' philosophische Biologie ist jedoch nicht nur eine Theorie des Organismus als ausgezeichnetem Seinsbereich, sondern auch und vor allem eine Theorie des Organismus-Umwelt-Verhältnisses. Die Bestimmung des Organismus unter dem genannten Aspekt der Bedürftigkeit setzt ihn in ein eigenartiges Verhältnis zur Außenwelt. Diese ist für den Organismus nicht einfach *Außenwelt*, auch nicht *Welt* in einem abstrakten Sinn, sondern seine *Umwelt*. Die biologische Forschung seit dem 19. Jahrhundert führt nach Jonas' Ansicht dazu, die Konstitution des Organismus von seiner Bedingtheit her zu erfassen; diese wird in Gestalt der Umwelt ein notwendiges Korrelat zum Begriff des Organismus. Diese konstitutive Funktion der Umwelt haben seiner Ansicht nach der Lamarckismus und der Darwinismus gemeinsam entdeckt.

In einer Naturphilosophie, die die evolutionsgeschichtliche Hypothese ernst nimmt, wird der Begriff *Leben* nicht mehr über die Vorstellung einer Vitalseele oder einer Lebenskraft als Leistung einer autonomen Natur verstanden, sondern von der *Organismus-Umwelt-Situation* her in den Blick genommen. Die »formative Rolle der Umwelt«[16] für den Organismus ist, so betont Jonas, unbezweifelbar. Jonas geht an dieser Stelle ins Detail: Der Organismus zeichnet sich

---

[15] H. Jonas, *Das Prinzip Leben. Ansätze zu einer philosophischen Biologie*, Frankfurt/M. 1994, S. 39.
[16] Ebd., S. 85.

dadurch aus, dass er in einem Verhältnis bedürftiger Freiheit zum Stoff steht. Aus dieser Ambivalenz resultiert die Notwendigkeit einer aktiven Selbstintegration des Lebens. Das neue Element der Freiheit auf der Stufe organischen Lebens ist die Form. »Ontologisch ausgedrückt: In der organischen Konfiguration hört das stoffliche Element auf, die Substanz zu sein (die es in seiner eigenen Ebene weiterhin ist), und ist nur mehr Substrat«[17]. Im Organismus kommt zum Kontinuum der Lebensentwicklung der Aspekt der *Selbstfortsetzung* hinzu. Mit der Einführung des *Selbst* in eine der elementaren Einheitsstrukturen des Lebens tritt die Polarität von Selbst und Welt, von Innen und Außen hervor. Die Selbstheit des Organismus ist ein Sonderfall, im Sinne des Philosophen Nicolai Hartmann ein echtes Novum in der Entwicklung des Lebens; die Selbstheit markiert die »radikale Einzelheit und Heterogenität inmitten eines Universums homogen wechselbezogener Seiender«[18].

Genau hier haben wir den Keim der Freiheit, die sich in den aufsteigenden Stufen organischer Entwicklung entfalten wird. Und wir sehen die Antinomie von Freiheit und Notwendigkeit in ihrer elementarsten Struktur, insofern der Stoffwechsel als Tätigkeit des Organismus in einer Welt lebloser Materie durchaus ein exklusives Vermögen deutlich macht, das zugleich Indiz seiner Angewiesenheit auf eine Umwelt markiert. Das *Selbst* des Organismus realisiert sich nur als Teil einer Umwelt, in die hinein er sich integriert. Ein prägnantes Zitat aus der Studie *Das Prinzip Leben* untermauert diesen Gedankengang:

Bedürftig an die Welt gewiesen, ist es [das Leben] ihr zugewandt; zugewandt (offen gegen sie) ist es auf sie bezogen; auf sie bezogen ist es bereit für Begegnung; begegnungsbereit ist es fähig der Erfahrung; in der tätigen Selbstbesorgung seines Seins, primär in der Selbsttätigung der Stoffzufuhr, stiftet es von sich aus ständig »Begegnung, aktualisiert es die Möglichkeit der Erfahrung; erfahrend ›hat‹ es ›Welt‹. So ist die ›Welt‹ da vom ersten Beginn, und die grundsätzliche Bedingung der Erfahrung: ein Horizont, aufgetan durch die bloße Transzendenz des Mangels, der die Abgeschlossenheit innerer Identität in einen korrelativen Umkreis vitaler Beziehung ausweitet.«[19]

---

[17] Ebd., S. 151. Und weiter: »Der Organismus ist immer, d.h. jeweils, die Form einer bestimmten Mannigfaltigkeit von Stoff.«
[18] Ebd., S. 155.
[19] H. Jonas, *Das Prinzip Leben*, S. 159; und: S. 160: »M.a.W., die Selbsttranszendierung des Lebens in die Richtung auf Welt, die in der Sinnlichkeit zum Gegenwärtig-

In welcher Welt wollten wir leben?

Die Bedürftigkeit des Organismus, die sich im stoffwechselnden Verhältnis zu seiner Umwelt zeigt, ist die elementare Struktur der Weltoffenheit des Menschen. Von der Bedürftigkeit ausgehend, und diese wie auch den Abstand zur Umwelt steigernd, eröffnet der Organismus dem *Selbst*, das er ist, auf höheren Stufen der Entwicklung zu komplexeren organischen Gefügen eine immer weitere Welt. Das Leben objektiviert sich im Organismus und transzendiert diesen in drei Aspekten, wie Jonas hervorhebt. Neben die Transzendenz der Bedürftigkeit treten die Dimension der Innerlichkeit und der Horizont der Zeit als Zukunft. Bereits in der Sphäre des Organischen ist die Zukunft der dominante Zeithorizont, denn hier »ist das Leben immer auch schon, was es sein wird und gerade sich anschickt zu werden«[20].

Struktur und Horizont der Bedürftigkeit des Organismus eröffnen ihm eine Umwelt und bestimmen seine korrelative Offenheit zur Umwelt. Mit dieser Überlegung findet Jonas' Naturphilosophie im Organischen einen bemerkenswerten Ausgangspunkt: das Organische Gefüge ist die erste Stufe der Abstandnahme des Lebens von der Umwelt bei gleichzeitiger Bezogenheit auf diese. Eine Umwelt ist keine Welt im abstrakten Sinne, sondern immer nur die Umwelt des jeweiligen Organismus, der sich in ihr – durch eine besondere Weise der Abstandnahme und des Bezogenseins – individuiert. Und die Umwelt bleibt dieser konstituierende Rahmen auch für die pluralen Sinn-Welten, die wir Menschen uns im Verlauf unserer kulturellen Entwicklung geschaffen haben. In onto-biologischer Hinsicht ist die eine Umwelt den vielen Welten vorgelagert und trägt diese.

In unserer Lebensführung und in unserer Alltagssprache kommt dieser fundamentale Charakter des Angewiesenseins komplexer Lebensformen immer wieder zum Ausdruck. Es sind Anzeigen des großen Widerspruchs, den wir aushalten müssen, obwohl wir im Zuge der technologischen Revolution, vor allem im biotechnologischen

---

haben einer Welt führt, entspringt mit all ihrem Versprechen höherer und umfassenderer Stufen der primären Antinomie der Freiheit und Notwendigkeit, die im Sein des Organismus als solchen wurzelt.« Vgl. Hartmann, *Philosophie der Natur*, S. 527–528: »Man kann dieses ganze Verhältnis auch so ausdrücken: das Leben des Individuums geht in der sichtbaren Gestalt des Organismus nicht auf; der Organismus ist eben nicht das in seiner Epidermis eingeschlossene, sondern von Anbeginn das über sich hinausreichende und in seine reale Umwelt hineingespannte Wesen. Die Gegenglieder der Relationen, die seine Lebendigkeit ausmachen, liegen jenseits seiner Körpergrenze. Kurz, das organische Gefüge ist das in seinen inneren Wesensfunktionen stets zugleich außer sich seiende Wesen.«
[20] H. Jonas, *Das Prinzip Leben*, S. 159–163; hier: S. 163.

Forschungsfeld in den letzten Jahrzehnten enorme Fortschritte gemacht haben. Die Endlichkeit unseres Daseins, die Angewiesenheit des Lebens auf die eine Umwelt mit ihren begrenzten Ressourcen, das ist der Widerspruch, der immer wieder zur Sprache kommt.

Das sind nur Andeutungen dessen, in welche Richtung eine umfassende naturphilosophische Analyse der Mensch-Umwelt-Beziehung gehen könnte. Ihr Grundgedanke wäre, um dies noch einmal festzuhalten, folgender: Ausgangspunkt sollte die Analyse der lokal-globalen Umwelt des Menschen sein, deren Wirkfaktoren – z. B. das Klima – uns Menschen als Organismen betreffen; hier zeigt sich eine fundamentale Struktur der Angewiesenheit. Unsere pluralen Sinnwelten – beispielsweise Wirtschaft, Wissenschaft, Technik – stehen in Widerspruch zu dieser Grundlage. Dieser Widerspruch muss schonungslos aufgedeckt und analysiert werden, er darf nicht durch simple Forderungen – entweder ein *Zurück zur Natur oder zum einfachen Leben* oder ein *Wo Natur war, soll Kultur werden* – umschifft werden. Sobald wir in unsere Rede von der Umwelt des Menschen diesen Widerspruch aufgenommen haben, sind wir zumindest einen Schritt weiter: Wir können den Widerspruch produktiv für notwendige Debatten machen.

4. Umwelt-Ethik – Einige Thesen zum Abschluss

Abschließen möchte ich meine Überlegungen mit einer Reihe von sieben Thesen zur Umwelt-Ethik, die sicherlich streitbar sind. Vor allem sind sie nicht vollständig durch die vorangegangene Analyse gedeckt. Dadurch aber erfüllen sie möglicherweise ihren ersten Zweck: die Eröffnung einer Debatte.

(1.) *Lebenswelt*. Es gibt lebensweltliche Argumente für den Erhalt des Bestehenden, eine Art Bestandschutz für unsere Lebensweise in unseren jeweiligen Umwelten: Landschaften, Verbrauchsgüter, vertrauter Umgang mit den Ressourcen Luft, Wasser usw. Dafür sprechen neuere Untersuchungen zu sogenannten Resonanzerfahrungen, die wir eher im Umgang mit natürlichen Umwelten denn mit künstlichen Umwelten erleben, weil hier die Rhythmik, die Formenvielfalt, die Farbspektren und andere Reize unserer menschlichen Lebensform angemessen sind.

(2.) *Naturphilosophie*. Im Hintergrund dieser physiologischen und psychologischen Analysen stehen naturphilosophische Argumente für die fundamentale »Angewiesenheit« des Menschen auf die Umwelt. Wobei wir hier einem Konservativismus und ethischen Rigorismus in der Umwelt-Debatte entgegenwirken sollten. Was wir als die lokale oder globale Umwelt markieren, insofern wir einerseits einen die Natur schonenden Umgang mit Ressourcen und andererseits eine für uns angemessene nachhaltige Praxis des Umgangs mit Naturgütern meinen, darf nicht von einigen Experten oder Weltanschauungspredigern bestimmt werden, sondern bedarf einer breiten gesellschaftlichen Meinungsbildung und Entscheidungsfindung.

Dahinter steckt das Ideal, dass wir Menschen noch auf dem Weg sind, unser Maß zu finden. In einem religiösen Kontext meint die Rede von der »Ebenbildlichkeit des Menschen« in Bezug auf Gott keinen Status, sondern eine Aufgabe. In einem, eher säkularen Verständnis heißt es bei Hans Jonas: »Vielleicht ist in einem richtig verstandenen Sinne der Mensch doch das Maß aller Dinge«[21].

(3.) *Umweltethik*. Die Literatur zur Umweltethik durchzieht ein produktiver Optimismus, ohne den alles menschliche Handeln schon im Keim ersticken würde. Wir benötigen einen kontrafaktischen – angesichts der Studien bspw. zur Klimaentwicklung – Optimismus weiterhin. Der Kieler Philosoph Konrad Ott hat diesen Gedanken folgendermaßen gefasst:

Die Umweltethik sollte [...] den Menschen so hoch schätzen, dass sie ihm zutraut, das Anthropozän nach Maßgabe umweltethischer Einsichten zu gestalten. Die [...] These [...] lautet, dass Menschen nicht als schlaue Tiere, sondern nur als umfassend ›logische‹, d. h. geistige Wesen, die sich ihrer Verantwortung für ihren Naturumgang vollauf bewusst werden, die Naturkrise bewältigen, vielleicht gar Frieden mit der Natur schließen und diesen Frieden werden halten können. Wir Menschen sind in unseren Beziehungen zur Natur gemäß dieser These längst noch nicht vernünftig genug[22].

(4.) *Anthropologie*. Aus der erkannten Gestaltungsmacht des Menschen folgt – mit Kant gesprochen –, wenn sie denn nicht bloße Willkürfreiheit, sondern Freiheit im Sinne von Selbstbestimmung sein will, dass wir uns die Grenzen unseres Denkens und Handelns selbst setzen müssen. Diese Grenzen werden weder vorgefunden, noch vorgegeben. Auch die Natur gibt uns keine Grenzen ihrer Ausbeutung vor. Im Hinblick auf das Mensch-Umwelt-Verhältnis kommt es da-

---

[21] H. Jonas, *Das Prinzip Leben*, S. 45.
[22] K. Ott, *Umweltethik zur Einführung*, Hamburg 2010, S. 55.

rauf an, dass wir uns eine Möglichkeit der Selbst-Integration in unsere Umwelt eröffnen und für zukünftige Generationen offenhalten.

(5.) *Ethik und Anthropologie.* Daraus folgt meines Erachtens ein zutiefst unzeitgemäßer Gedanke. Wir Menschen denken seit langer Zeit darüber nach, in welchem Sinne die Naturkatastrophen einen Grund im menschlichen Verhalten gegenüber der Natur haben könnten, also auf indirekte Weise gerechtfertigt sein könnten. In unserer, sich eher säkular verstehenden Kultur wird diese Frage im Horizont physikalischer Berechnungen und mathematischer Modelle gestellt. In den Hintergrund geraten ist eine philosophisch-theologische Debatte, obwohl die Argumentationsmuster sich gleichen. In einem philosophisch-theologischen Verständnis von der Natur als einem gottgewollten oder der Vernunft Gottes entsprechenden Ordnungsgefüge wird nach der Rechtfertigung Gottes angesichts der Übel dieser Welt, bspw. Naturkatastrophen wie Erdbeben, Vulkanausbrüche usw., gefragt. Das ist die sogenannte *Theodizee*-Problematik. In einem bekannten Argumentationsmuster wurden Naturkatastrophen als Strafe Gottes oder sein Mittel der Belehrung der Menschheit in moralischer Absicht angesehen. In einer Epoche, die Fragen der Verantwortlichkeit nicht mehr auf eine andere Instanz abschiebt, werden die Kausalitäten allein in der Sphäre der Weltimmanenz gesucht. Insofern der Mensch als Akteur in den Blick gerät, kommt die Rede von der *Anthropodizee* auf, also der Rechtfertigung des Menschen angesichts der von ihm zu verantwortenden Übel respektive Naturkatastrophen.

(6.) *Zur ethischen Reichweite.* Die Dramatik dieses Sachverhalts, die sich auch im Übergang vom Natur- zum Umweltdiskurs ausdrückt, ist scheinbar noch nicht erkannt worden in unserer selbstbezüglichen Zeit, jedenfalls nicht im politischen Gespräch, das sich gegenüber den Ratschlägen der Naturforschung oftmals taub stellt. Wie aber soll unter den Bedingungen von Weltimmanenz noch ein Diskurs über die Rechtfertigung unseres Handelns möglich sein? Zur Rechtfertigung bedarf es eines anderen, ob anwesend oder nicht. Kein Handelnder ist gerechtfertigt durch seine eigenen Taten, sondern immer nur vor einem anderen und durch einen anderen. Ist dies für uns nicht mehr ein göttlicher Weltenrichter, so bleibt nur eine Option: der Andere sind wir selbst als Menschheit im globalen Maßstab und im Kontinuum der Generationenfolge. Unsere Zeitgenossen in anderen Weltregionen, die nicht die Früchte, sondern eher die Folgen einer kapitalistischen Konsumgesellschaft erleben, und unsere Nachkommen, zukünftige Generationen, die ebenfalls angewiesen sein werden auf eine Umwelt und denen wir die Möglichkeit, sich aus eigener Kraft in eine Umwelt integrieren zu können, als Grundlage eines guten Lebens, offenhalten sollten, werden über uns richten.

(7.) *Umweltethik und Umweltpolitik.* Dieser Gedanke mag zwingend sein, aber ein nachdenklicher Blick zeigt, dass wir diesen Gedanken nicht ohne weitere Annahmen zu Ende denken können. Der Anthropodizee-Diskurs steht vor demselben systematischen Problem wie zuvor die Debatte zur Theodizee, wie schon Kant richtig bemerkt hat: Wir führen die Rede im Namen der anderen, denen, obwohl sie mit uns leben, noch nicht die Möglichkeit zur Rede eingeräumt wird; und wir maßen uns an, für die zu sprechen, die nach uns kommen werden. Sicherlich ist es unumgänglich, dass jeweils ein Teil der Menschheit, ein Ausschnitt derselben in Raum und Zeit, sich zum Anwalt der anderen macht. In umweltethischen und -politischen Debatten sollte dieser Aspekt als ein kritisches Korrektiv immer mitbedacht werden.

Literatur

Peter L. Berger/ Thomas Luckmann, *Die gesellschaftliche Konstruktion der Wirklichkeit*, Frankfurt am Main 1980.

Gerald Hartung, *Das Maß des Menschen. Aporien der philosophischen Anthropologie und ihre Auflösung in der Kulturphilosophie Ernst Cassirers*, Weilerswist 2004².

Gerald Hartung: »Organismus und Umwelt. Hans Jonas' Ansatz zu einer Theorie der menschlichen Umwelt«, in: Gerald Hartung, Georg Hofmeister, Kristian Köchy, Jan C. Schmidt (Hrsg.), *Naturphilosophie als Grundlage der Naturethik. Zur Aktualität von Hans Jonas*, Freiburg 2013, S. 75–99.

Gerald Hartung, *Philosophische Anthropologie*, Ditzingen 2018.

Gerald Hartung, Georg Hofmeister, Kristian Köchy, Jan C. Schmidt (Hrsg.), *Naturphilosophie als Grundlage der Naturethik. Zur Aktualität von Hans Jonas*, Freiburg 2013.

Hans Jonas, *Das Prinzip Leben. Ansätze zu einer philosophischen Biologie*, Frankfurt Am Main 1994.

Hans Peter Krüger, Gesa Lindemann (Hrsg.), *Philosophische Anthropologie im 21. Jahrhundert. Philosophische Anthropologie. Bd. 1.*, Berlin 2006.

Michael Landmann, *Philosophische Anthropologie. Menschliche Selbstdarstellung in Geschichte und Gegenwart*, Berlin-New York 1982⁵.

Konrad Ott, *Umweltethik zur Einführung*, Hamburg 2010.

Joachim Radkau, *Natur und Macht. Eine Weltgeschichte der Umwelt*, München 2000.

Alfred Schütz, »On Multiple Realities«, in: *Philosophy and Phenomenological Research* 5/1945, S. 533–576.
Johann Jakob von Uexküll, *Umwelt und Innenwelt der Tiere*, Berlin 1921².
Michael Wink, »Dynamik und Veränderlichkeit des Lebens«, in: Gerald Hartung, Thomas Kirchhoff (Hrsg.), *Welche Natur brauchen wir? Analyse einer anthropologischen Grundproblematik des 21. Jahrhundert*, Freiburg/Brsg. 2014.

Uta Eser

Natur aus praktischer Perspektive: Vom Reden, (Mit-)Fühlen und Handeln

> *Immer wieder vor allem anderen: Wie handelt man*
> *Wenn man euch glaubt, was ihr sagt? Vor allem: Wie*
> *handelt man?*
> *B. Brecht, Der Zweifler*

Warum über Natur reden? Eine Annäherung in Fragen

»Wie über Natur reden?« Der Leitfrage dieses Sammelbands will ich mich mit einigen Gegenfragen nähern. Denn wie wir fragen und wonach wir (nicht) fragen, kann ja bereits Hinweise auf mögliche Antworten enthalten. Provoziert durch das ›Wie‹ stellt sich mir zunächst einmal die Frage nach dem ›Warum‹: Warum überhaupt soll denn über Natur geredet werden? Die Herausgeber verorten ihre Problemstellung »im Lichte gegenwärtiger Herausforderungen«[1]. Als anwendungsorientiert arbeitende Umweltethikerin teile ich diese Kontextualisierung. Offenbar geht es nicht nur darum, wie wir über Natur *reden*. Vielmehr verbirgt sich »im 21. Jahrhundert«[2] hinter der philosophisch inspirierten Frage nach der Natur eine eminent praktische, nämlich die, wie wir Natur *behandeln*. Diese praktische Frage wiederum stellt sich in dreierlei Hinsichten: Erstens, wie wir Natur derzeit behandeln, zweitens, wie wir sie künftig behandeln wollen und, drittens, wie wir sie – im Lichte gegenwärtiger Herausforderungen – behandeln sollen. Die Frage nach dem Handeln hat also deskriptive, strebensethische und sollensethische Dimensionen.[3]

---

[1] Das Zitat entstammt dem Ankündigungstext der Herausgeber für den vorliegenden Sammelband.
[2] Ibid.
[3] Zur Unterscheidung und Integration von Strebens- und Sollensethik siehe: H. Krämer, *Integrative Ethik*, Frankfurt/M. 1995.

Das kollektive Subjekt der genannten Fragen ist freilich ebenfalls fragwürdig. Genauer müssten die Fragen nicht dem ›wir‹, sondern dem ›wer‹ gelten: Wer redet wie über Natur? Wer behandelt Natur wie? Wer will und wer soll sie wie anders behandeln? All diese Fragen stellen sich im Hintergrund der Ausgangsfrage. Die Verständigung darüber, wie über Natur geredet werden kann, dient – nicht nur, aber eben auch – der Verständigung darüber, wie Natur behandelt werden kann, darf und soll. Dem Zusammenhang zwischen dem Reden über und dem gemeinsamen Handeln für Natur werde ich mich im ersten Teil meines Beitrags am Beispiel des konzeptionellen Rahmens des Weltrats für biologische Vielfalt widmen (1.).

Das zweite Wort, das Fragen aufwirft, ist die Präposition »über«: Das Reden über Natur macht diese zum Gegenstand. Was aber, wenn Natur auch als Gegenüber in Betracht gezogen würde, wenn es also nicht nur um das Reden *über*, sondern auch um das Reden *mit* der Natur ginge? Schließt die Frage nach dem Reden über Natur bereits die Möglichkeit einer »Zwiesprache mit der Natur« aus, wie sie beispielsweise Martin Buber skizziert hat?[4] Was würde es »im Lichte gegenwärtiger Herausforderungen« bedeuten, Natur eben nicht nur objektivierend als Es, sondern auch als Du aufzufassen, mit dem Menschen in Beziehung treten können? Diese Fragen erweitern die gestellte Aufgabe relational: Über Natur zu reden erfordert, auch über Menschen und ihre vielfältigen Beziehungen zur Natur zu reden. Die gängige Umweltkommunikation weist hier eine eklatante Leerstelle auf. Wie das heutige Mainstream-Reden über Natur die Möglichkeit echter Naturbeziehung notorisch vernachlässigt, möchte ich im zweiten Teil meines Aufsatzes an einem Beispiel aus der strategischen Klimakommunikation verdeutlichen (2.).

1. Über Natur reden, um gemeinsam für Natur zu handeln: Der Begriffsrahmen des Weltrats für biologische Vielfalt

Wie das Reden über Natur praktisch relevant werden kann, lässt sich aktuell am Beispiel des Weltrats für biologische Vielfalt (kurz IPBES)[5] studieren. Dieses wissenschaftliche Gremium wurde im Jahr 2012

---

[4] M. Buber, *Das Dialogische Prinzip*, Heidelberg 1984.
[5] IPBES = Intergovernmental Science-Policy Platform on Biodiversity and Ecosystem Services« – URL https://ipbes.net/.

nach dem Muster des Weltklimarats[6] ins Leben gerufen. Es soll im Auftrag der Politik zuverlässige, unabhängige und glaubwürdige Informationen über den Zustand und die Entwicklung der biologischen Vielfalt zusammentragen und in Form von Gutachten als Entscheidungsgrundlage für das politische Handeln aufbereiten. Die Botschaften für politische Entscheidungsträger sollen dabei politikrelevant sein, ohne bestimmte Politiken zu verordnen[7]. Diese Aufgabenstellung referiert implizit auf ein Wissenschaftsverständnis in der Tradition Max Webers, dem zufolge Wissenschaft allein über die Angemessenheit von Mitteln, nicht aber über die anzustrebenden Ziele Auskunft zu geben vermag.

Es geht also im Rahmen von IPBES um Wissen über den Zustand der Natur, das benötigt wird, um die erforderlichen politischen Maßnahmen zu ihrem Schutz zu ergreifen. Die Wissensbasis, die in die Gutachten einbezogen werden soll, ist dabei wesentlich umfassender als in gängigen wissenschaftlichen Review-Verfahren. Ausdrücklich soll nicht nur wissenschaftliche Fachliteratur berücksichtigt werden, sondern auch das Wissen der lokalen oder indigenen Bevölkerung. Die geforderte Integration der verschiedenen Wissensarten ist freilich in mehrfacher Hinsicht eine nicht-triviale Aufgabe. Erstens ist die sog. »Westliche Wissenschaft«[8] kein monolithischer Block, sondern unterschiedliche Disziplinen und Theorietraditionen haben sehr unterschiedliche Verständnisse von Natur, die möglicherweise inkommensurabel sind. Noch größer wird die Schwierigkeit, wenn, zweitens, auch nicht-wissenschaftliche Naturverständnisse in die Begutachtung einbezogen werden. Welche lokalen Wissensbestände als zuverlässige, unabhängige und glaubwürdige Informati-

---

[6] IPCC = Intergovernmental Panel on Climate Change

[7] »policy relevant but not policy prescriptive«.

[8] Das Label »Western science« bezeichnet im ipbes-Diskurs die moderne Naturwissenschaft kartesianischer Prägung. Das ipbes Glossar erläutert den Begriff wie folgt: »Western scientific knowledge or international science is used in the context of the IPBES conceptual framework as a broad term to refer to knowledge typically generated in universities, research institutions and private firms following paradigms and methods typically associated with the ›scientific method‹ consolidated in Post-Renaissance Europe on the basis of wider and more ancient roots. It is typically transmitted through scientific journals and scholarly books. Some of its central tenets are observer independence, replicable findings, systematic scepticism, and transparent research methodologies with standard units and categories.« – https://ipbes.net/glossary/western-science.

on über den Zustand der biologischen Vielfalt gelten dürfen, und wie mit Konflikten zwischen naturwissenschaftlichen Erklärungen und traditionellen Narrativen umzugehen ist, ist methodisch weitgehend unklar. Vollends unmöglich wird, drittens, die von den Gutachten erwartete Werturteilsenthaltsamkeit, denn einige der nicht-wissenschaftlichen Naturverständnisse kennen die säuberliche Scheidung von Subjekt und Objekt so wenig wie die von Sein und Sollen. Und auch die vermeintlich wertfreien wissenschaftlichen Konzepte von Natur sind normativ imprägniert[9].

Die Frage »Wie über Natur reden« ist für den Weltbiodiversitätsrat also essentiell. Zwar geht es vordergründig um verlässliche Zahlen, Daten und Fakten für die Politik, im Hintergrund wird aber immer auch die Frage mitverhandelt, wie denn überhaupt angemessen über Natur gesprochen werden kann. Der Titel des Gremiums »Plattform für Biodiversität und Ökosystemdienstleistungen« steht nämlich für zwei Perspektiven auf Natur, die nicht nur miteinander um Deutungshoheit konkurrieren, sondern als wissenschaftliche Konzepte auch grundsätzlich in der Kritik stehen. Während das von naturschutzpolitisch engagierten Biologen geprägte Wort ›Biodiversität‹ die Vielfalt des Lebendigen bezeichnet und im politischen Diskurs als Synonym für das Leben auf Erden verwendet wird[10], entstammt der Begriff ›Ökosystemdienstleistung‹ einer ökonomischen Perspektive[11], die zahlreiche Naturschutzengagierte kritisieren: Natur werde so sprachlich zur Dienstleisterin degradiert, die Anwendung reinen Nützlichkeitsdenkens werde auf lange Sicht nicht zur Rettung, sondern zum Ausverkauf der Natur führen[12]. Beide, die

---

[9] Die Metapher der Imprägnierung soll dabei ausdrücken, dass die den Konzepten anhaftenden Wertvorstellungen ihnen zwar aufgrund ihres wissenschaftlichen Äußeren nicht auf den ersten Blick anzusehen sind, sehr wohl aber wirksam werden können, wenn dieses (vermeintlich wertneutrale) Wissen in einen gesellschaftlichen Kontext eingebracht wird, vgl. hierzu U. Eser, »Der Wert der Vielfalt: ›Biodiversität‹ zwischen Wissenschaft, Politik und Ethik«, in: M. Bobbert et al. (Hrsg.), *Umwelt – Ethik – Recht*, Tübingen 2003, S. 160–181.

[10] Zur Ideengeschichte des Begriffs und den Motiven seiner Protagonisten lesenswert: D. Takacs, *The idea of biodiversity: philosophies of paradise*, Baltimore 1996.

[11] Für eine kurze Übersicht über Ursprung, Ziele und Leistungsfähigkeit dieses Konzepts siehe U. Eser »Das Konzept der Ökosystemdienstleistungen. Ein Brückenschlag zwischen Ökologie, Ökonomie und Naturschutz«, in: *Natur und Landschaft* 91 (9/10), S. 470–475.

[12] So exemplarisch ein Kommentar in der prestigeträchtigen Zeitschrift Nature: D. J. McCauley »Selling out on nature«, in: *Nature* 443 (9) /2006, S. 27–28.

ökologische wie die ökonomische Sicht, gelten anderen wiederum als Konzepte »westlicher Wissenschaft«, die als solche kritikwürdig sei. Die Trennung von Subjekt und Objekt gilt in postmoderner oder postkolonialer Sicht als (eine) Ursache der ökologischen Krise und wird mithin als plausibler Ansatz zu deren Lösung hinterfragt. Im Hinblick auf herrschende Machtverhältnisse mahnen Vertreter*innen solcher Ansätze, das in diesen Begriffen zutage tretende hegemoniale westliche Naturverständnis könne andere Sichtweisen auf das Mensch-Natur-Verhältnis unzulässig ausschließen[13].

Um angesichts dieser Situation überhaupt miteinander und mit der Politik reden zu können, musste man sich zuerst einmal auf eine gemeinsame Sprache verständigen, die Raum für unterschiedliche Perspektiven und Naturverständnisse lässt. Daher war das erste IPBES-Produkt ein sog. Konzeptioneller Rahmen (»Conceptual Framework«)[14], der den Anspruch hat, eine solche Sprache bereitzustellen. Eine interdisziplinäre Expertengruppe hat das Rahmenwerk in Zusammenarbeit mit unterschiedlichen Interessengruppen über mehr als zwei Jahre erarbeitet. Es wurde im Dezember 2013 vom IPBES-Plenum verabschiedet und gilt seither als beispielhaft für die Integration unterschiedlicher Perspektiven und Traditionen[15].

Herzstück des begrifflichen Rahmens sind drei übergeordnete Kategorien, die genauer benennen, was IPBES eigentlich bewerten soll: erstens, die Natur selbst, zweitens, die Auswirkungen von Natur auf Menschen und, drittens, die Qualität menschlichen Lebens (s. Abb. 1). Dabei steht der Kasten ›Natur‹ für eine Natur an und für sich, die intrinsischen Wert hat. In der Rubrik ›Nutzen‹ werden die Güter und Prozesse zusammengefasst, die Natur für menschliche Zwecke bereitstellt[16]. Hier stehen instrumentelle Werte der Natur

---

[13] Zum Beispiel: S. Jacobs et al., »Use your power for good: plural valuation of nature – the Oaxaca statement«, in: *Global Sustainability* 3 e8/2020, S. 1–7, – https://doi.org/10.1017/sus.2020.2

[14] Decision IPBES2–4, in: United Nations Environment Programme, *Report of the second session of the Plenary of the Intergovernmental Science-Policy Platform on Biodiversity and Ecosystem Services*, IPBES/2/17, 2014, S. 39–46.

[15] »[I]t explicitly embraces different scientific disciplines (natural, social, engineering sciences), as well as diverse stakeholders (the scientific community, governments, international organizations, and civil society at different levels), and their different knowledge systems (western science, indigenous, local and practitioners' knowledge)« – Díaz et al. »The IPBES Conceptual Framework — connecting nature and people«, in: *Current Opinion in Environmental Sustainability* 14/2015, S. 1.

[16] Ein wichtiges Zwischenergebnis der weltweiten Debatten war, dass der etablierte

im Vordergrund. Die Kategorie ›Gute Lebensqualität‹ schließlich macht deutlich, dass es nicht nur um das Überleben der Menschheit geht, sondern auch um ein gutes Leben der Einzelnen, für das Natur in vielerlei Hinsicht unentbehrlich ist. Die Qualität der Beziehungen zwischen Menschen und Natur bildet hier den Fokus. Die Übersetzungsleistung des Rahmenwerks besteht darin, dass diese drei Hauptkategorien Raum lassen wollen für sehr unterschiedliche Sprechweisen. Die drei Kategorien ›Natur‹, ›Gute Lebensqualität‹ und ›Nutzen der Natur‹ gelten als breit und inklusiv. Sie umfassen sowohl die Begriffe der sog. westlichen Wissenschaft (z. B. ›Biologische Vielfalt und Ökosysteme‹) als auch die diesen entsprechenden nicht-wissenschaftlichen Begriffe (z. B. Mutter Erde). Den unterschiedlichen Denkstilen sind in der Originaldarstellung unterschiedliche Farben zugeordnet. Aufgrund dieser Übersetzungsleistung wird das Rahmenwerk als Rosetta-Stein gefeiert, der die grundlegende Idee einer vielfältigen Vorteilhaftigkeit von Natur für Menschen in unterschiedlichen Weltsichten und Naturverständnissen zum Ausdruck bringen kann[17].

Der Leitgedanke des IPBES-Begriffsrahmens ist es, Vielfalt und Einheit zu verbinden: So vielfältig die unterschiedlichen Interessen, Wertvorstellungen und Naturverständnisse der Beteiligten auch sind, so geeint sind sie in der Überzeugung, dass menschliches Wohlergehen und die Vielfalt des Lebendigen eng miteinander verbunden sind, und in der Absicht, das weltweite politische Handeln zum Schutz beider besser zu koordinieren. Der konzeptionelle Rahmen ist ein Versuch, für diesen weltweiten Koordinations- und Verständigungsprozess eine gemeinsame Basis schaffen, die Mehrsprachigkeit und Mehrstimmigkeit zulässt.

Begriff »Ecosystem services« durch das neutralere Konzept »Nature's contributions to people (NCP) ersetzt wurde. Ziel dieser Umbenennung war es, die Dominanz der ökonomischen Perspektive zu brechen und zugleich offenzuhalten, ob die Beiträge der Natur positiv oder negativ für Menschen sind. Siehe hierzu U. Pascual et al. »Valuing nature's contributions to people: the IPBES approach«, in: *Current Opinion in Environmental Sustainability* 26 (2017), S. 7–16.

[17] S. Díaz et al. »A Rosetta Stone for Nature's Benefits to People«, in: *PLOS Biology* 13 (1)/2015, S. 1–8. DOI:10.1371/journal.pbio.1002040.

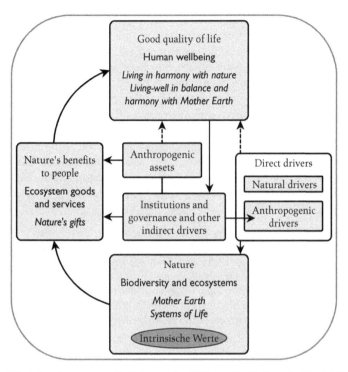

Abb. 1: Der konzeptionelle Rahmen des Weltrats für biologische Vielfalt[18]

2. Naturbeziehung: Zur Kritik einer instrumentell verkürzten Rede über Natur

Der Begriffsrahmen des Weltbiodiversitätsrats will Einheit in der Vielfalt stiften, um die Bedingung der Möglichkeit einer diskursiven Handlungskoordination zu schaffen, ohne einzelne Naturverständnisse zu privilegieren. Wie sehr die gegenwärtige Umweltkommunikation dagegen von einer ganz bestimmten Sicht auf Natur dominiert wird, möchte ich nun an einem zweiten Beispiel illustrieren: einem Werbespot für Klimaschutz mit dem Titel »Mutter Natur spricht«[19].

---

[18] Abbildung aus Díaz et al. 2015 – URL: https://journals.plos.org/plosbiology/article?id=10.1371/journal.pbio.1002040
[19] Die Analyse dieses Beispiels habe ich ursprünglich für einen Vortrag an der Evan-

Unter dem Titel »Nature is speaking« wurde der Spot ursprünglich von der Naturschutzorganisation ›Conservation International‹ produziert[20]. Im Rahmen der Kampagne »Zusammen ist es Klimaschutz«[21] wurde im Auftrag des Bundesumweltministeriums eine deutsche Fassung erstellt und am 17.11.2015 anlässlich der Weltklimakonferenz in Paris veröffentlicht. Der Spot kehrt die Frage des vorliegenden Bandes gewissermaßen um: Er fragt nicht, wie wir über Natur reden, sondern stellt sich vor, wie die Natur mit uns reden würde, wenn sie denn zu uns sprechen könnte. Damit zeigt er freilich indirekt auch, wie die professionelle Naturschutzkommunikation über Natur redet – und darum geht es mir hier. Mit der Stimme der Schauspielerin Hannelore Elsner spricht die Natur in der deutschen Fassung zu beeindruckenden Bildern folgende Sätze:[22]

»Manche nenne mich ›Natur‹. Andere nennen mich ›Mutter Natur‹.
Ich bin hier seit mehr als 4½ Milliarden Jahren, 22.500 mal länger als ihr.
Ich brauche die Menschen nicht, aber die Menschen brauchen mich.
Ja: Eure Zukunft hängt von mir ab. Wenn es mir gut geht, geht es euch gut.
Wenn ich wanke, wankt ihr auch – oder schlimmer.
Aber ich bin hier seit Jahrmillionen. Ich habe größere Lebewesen als euch ernährt. Und ich habe größere Lebewesen als euch verhungern lassen.
Meine Meere, meine Böden, meine Flüsse, meine Wälder: Sie alle können euch ertragen – oder es lassen.
Wie ihr euch entscheidet, Tag für Tag zu leben, ob ihr mich achtet oder missachtet, spielt für mich keine Rolle.
So oder so: Was ihr tut, bestimmt euer Schicksal, nicht meins.
Ich bin die Natur. Ich mache weiter. Ich bin bereit, mich weiter zu entwickeln. Und Du?«

Im Abspann wird in Großbuchstaben die Botschaft eingeblendet: »Die Natur braucht den Menschen nicht. Der Mensch braucht die Natur.«

Die Natur, die hier spricht, wirkt distanziert, ja geradezu herab-

---

gelischen Akademie Loccum ausgearbeitet, siehe U. Eser »Naturverbundenheit ernst nehmen: Plädoyer für eine inklusive Betrachtung« in M. Müller (Hrsg.), *Natürlich Natur! – Aber was ist Natur? Interdisziplinäre Deutungsversuche und Handlungsoptionen*, Loccumer Protokolle 81/2017, S. 133–151.

[20] Die Internetseite präsentiert Filme zu zahlreichen Themen und in mehreren Sprachen: https://www.conservation.org/nature-is-speaking/, (23.03.2020).

[21] #ziek – https://www.bmu.de/ziek/, (23.03.2020).

[22] Bild und Ton sind für das Verständnis meiner Interpretation hilfreich, das Video ist auf Youtube verfügbar unter https://youtu.be/3eFDhIeAM6A, (23.03.2020).

lassend. Ohne jede Anteilnahme führt sie uns Menschen unsere Abhängigkeit und ihre Überlegenheit vor Augen (»Ich brauche dich nicht – aber du brauchst mich«) und droht sogar unverhohlen mit Auslöschung (»Ich habe größere als dich verhungern lassen.«). Unser Los ist ihr gleichgültig, wir Menschen gehen sie nichts an (»Wie du dich entscheidest zu leben, spielt für mich keine Rolle.«, »Was du tust, bestimmt dein Schicksal, nicht meins.«). Ganz offenkundig spricht hier keine »Mutter« Natur. Keine Mutter würde so teilnahmslos mit ihrem Kind reden – und auch kein Vater. Hier spricht vielmehr eine Natur, die zu ihrem Gegenüber keinerlei Beziehung hat. Nur so kann man ihre Gleichgültigkeit verstehen.

Für unsere Frage »Wie über Natur reden« scheint mir diese Darstellung sehr aufschlussreich. Denn der Werbespot in Sachen Klimaschutz demonstriert eine ethische Begründungsfigur, die in der professionellen Umwelt- und Naturschutzkommunikation seit geraumer Zeit dominant ist: Der Schutz der Natur wird lediglich als eine Frage menschlichen Eigeninteresses dargestellt. »Der Mensch braucht die Natur« – und darum wäre es äußerst dumm von ihm, sich nicht um sie zu kümmern[23]. Im Bemühen um eine zielgruppengerechte Ansprache hat sich die strategische Umweltkommunikation heute weitgehend aller altruistischen Motive entledigt und appelliert ganz überwiegend an das (vermutete) Eigeninteresse der Adressaten[24]. Dabei hat sie sich freilich so weit von den Beweggründen naturschutzaffiner Menschen entfernt, dass diese sich und ihre Anliegen mitunter kaum mehr wiedererkennen. Dass ein vor- und fürsorgliches Handeln an der Natur auch etwas mit Ethik und Moral zu tun hat, kommt in der strategischen Kommunikation kaum noch vor. Das Reden über ›Moral‹ steht dort im schlechten Ruf der Moralisierung, also der Verächtlichmachung Andersdenkender im Modus besserwisserischer Belehrung. Darum geht es aber nicht. Vielmehr geht es in einer echten Kommunikation über Natur darum, zu verstehen, welche Bedeutung

---

[23] Warum das Argument kollektiver Klugheit nicht ausreicht, um wirksames Naturschutzhandeln zu begründen, erläutern U. Eser et al. *Klugheit, Glück, Gerechtigkeit: Ethische Argumentationslinien in der Nationalen Strategie zur biologischen Vielfalt*, Bonn-Bad Godesberg 2011.
[24] Exemplarisch folgende Beiträge in G. Michelsen u. J. Godemann (Hrsg.), *Handbuch Nachhaltigkeitskommunikation. Grundlagen und Praxis.* 2., aktualisierte und überarbeitet Auflage. München, 2007: M. Adomßent »Naturschutzkommunikation«, S. 430–440; J. Schreiner »Naturschutz in Deutschland – Ziele Herausforderungen, Lösungen«, S. 387–396; K. Schuster, »Naturschutz und Lebensstile«, S. 418–429.

Natur für das Leben und Wohlergehen aller Menschen hat – und das eben nicht als monodirektionales Kommunizieren »des« Werts »der« Natur, sondern als wechselseitiges Bemühen um Verständigung angesichts einer Pluralität von Interessen und Wertvorstellungen[25].

Diese Pluralität findet in dem hier untersuchten Werbespot nicht statt. Das Kollektivsubjekt, mit dem eine irritierend apathische »Mutter« Natur hier spricht, ist schlicht »der Mensch«. Als ob die Fragen, wie »wir« Tag für Tag leben und ob »wir« die Natur achten oder missachten wollen, von allen Menschen gleich beantwortet würden. Als ob nicht die Art und Weise, wie die einen Tag für Tag leben, Einfluss hätte auf die Möglichkeiten anderer, Tag für Tag zu überleben. Die Fokussierung des »mütterlichen« Monologs auf die Frage »Mensch oder Natur?« verstellt den Blick auf entscheidende Unterschiede zwischen den Menschen. Nicht erst in unbestimmter Zukunft, sondern schon heute verhungern Menschen – und zwar nicht, weil die Natur es so will, sondern (zumindest auch) wegen der Art und Weise, wie andere Menschen Tag für Tag leben. Und während das Leben oder Sterben von Individuen für die Natur tatsächlich keine Rolle spielt, verlangt es die Menschlichkeit, jeden einzelnen Menschen gleich wichtig zu nehmen.[26]

Die Vereinheitlichung eines pluralen Subjekts ›Mensch‹ ist freilich nur der eine blinde Fleck dieser »Der-Mensch-braucht-die-Natur«-Kommunikation. Der andere, mindestens ebenso bedeutsame, ist die Reduzierung von Natur auf ein Mittel zum Zweck menschlichen Überlebens. Der bemerkenswerteste Mangel in der zitierten Ansprache von »Mutter Natur« ist ja die völlige Abwesenheit von Mitgefühl. Das hier vorgeführte Fehlen jeder emotionalen Verbindung zwischen »Mutter« Natur und ihren Kindern ist in meinen Augen ein Spiegel dessen, dass gefühlsbetonte Bindungen zwischen Menschen und Natur als Gegenstand der professionellen Umweltkommunikation tabu sind. Emotionen gelten als subjektiv und irrational und scheinen damit in einem rationalen Diskurs zur Begründung von Handlungsnormen für den Schutz von Natur und Umwelt ungeeignet. Gefühle sind lediglich als *Mittel* zugelassen, um Men-

---

[25] Siehe hierzu U. Eser (Hrsg.), *Jenseits von Belehrung und Bekehrung: Wie kann Kommunikation über Ethik im Naturschutz gelingen?* BfN-Skripten 437, Bonn-Bad-Godesberg 2016.

[26] Siehe auch: U. Eser, »Ökologische Ethik: Denken wie ein Berg und Handeln wie ein Mensch«, in: *Natur und Landschaft*, 95 (9/10 2020), S. 425–441.

schen zu erreichen, nicht aber als *Gründe*, die Naturschutzhandeln legitimieren könnten. So spielt auch der Film nur auf der Ebene von Bildern und Musik mit großen Emotionen – ausdrücklich zur Sprache gebracht werden sie nicht. Während die Bildsprache offenkundig auf Stimmungen wie Ehrfurcht, Respekt, Erhabenheit, Bewunderung und Ergriffenheit abzielt, appelliert der Wortlaut lediglich an Selbsterhaltungsinstinkte – als sei das die einzige Sprache, die Menschen verstehen.

Dass die Natur auch auf andere Weise zu Menschen sprechen kann, ist für die Naturphilosophie keine Neuigkeit. Sie verfügt über einen reichen Fundus an naturästhetischen, phänomenologischen oder holistischen Naturzugängen, die das Mensch-Natur-Verhältnis anders als zweckrational denken. Angesichts der Überdominanz naturwissenschaftlich-technischer Naturverständnisse und ihrer rein instrumentellen Vernunft stellt die Eröffnung solcher naturphilosophischen Perspektiven für die praktische Natur(schutz)kommunikation und -bildung ein Desiderat dar. Dies umso mehr als die Kritik des naturwissenschaftlichen Reduktionismus auch im Naturschutzdiskurs sehr einflussreich ist. Der dort verbreitete Holismus ökologischer (oder besser: ökologistischer) Lesart neigt freilich gelegentlich zu einer schwer erträglichen Misanthropie, die auch in dem hier diskutierten Video aufscheint: Wäre es nicht besser, der Planet könnte sich in Zukunft ohne den Störenfried Mensch weiterentwickeln? Der Mensch als Schädling oder Krankheitserreger, die menschliche Bevölkerung als tickende Zeitbombe und wucherndes Krebsgeschwür – im Umweltdiskurs wimmelt es von solchen menschenverachtenden Bildern.

Zu solchen pessimistischen Interpretationen des Menschseins kann die Naturphilosophie Alternativen aufzeigen. Es geht darum, die Ambivalenz auszuhalten, die sich aus unserer menschlichen Doppelnatur zwangsläufig ergibt: Dass wir als leiblich verfasste Wesen, wie alle anderen Lebewesen, auf eine lebenserhaltende Natur angewiesen sind. Und dass wir als vernunftbegabte Wesen, anders als alle anderen Lebewesen, eine Verantwortung für unser Handeln haben, für die es in der Natur kein Vorbild gibt. Diese Gleichzeitigkeit von Ähnlichkeit und Differenz können Menschen in ihrer Beziehung zur Natur erleben. »Kein Eindruck ist der Baum, kein Spiel meiner Vorstellung, kein Stimmungswert, sondern er leibt mir gegenüber und hat mit mir zu schaffen, *wie ich mit ihm – nur anders*«, so beschreibt Martin Buber, was Menschen widerfahren kann, wenn sie in die Beziehung zu einem Baum »eingefaßt« werden.[27] Wir können – und sollten – daher über Natur nicht nur in ihrer funktionalen Bedeutung reden, sondern sie auch als »Erfahrungsraum und Sinninstanz«[28] gelten lassen. Es gilt, die Beziehung mit der Natur reziprok zu denken: In der Begegnung mit Natur können wir uns »in unseren eigenen naturalen Dimensionen berührt und angerührt fühlen«[29]. Diese Resonanz von innerer und äußerer Natur scheint mir für unser Thema wesentlich: Wir reden, wenn wir über Natur reden, immer auch über uns selbst. Unser Reden über Natur ist und bleibt daher so vielfältig wie wir Menschen.

Wie über Natur reden?

Wie also können und sollen wir im 21. Jahrhundert über Natur reden? Mehrsprachig und mehrstimmig – gewiss. Multidisziplinär, multikulturell und multiperspektivisch – auch. Das verbindende Element in der notwendigen Vielheit unterschiedlicher Redeweisen bleibt im Lichte gegenwärtiger Herausforderungen stets die praktische Frage: Was folgt aus dem Reden für das Handeln? In der Sprache instrumenteller Vernunft kommt Natur lediglich als Objekt langfristiger Selbstsorge der Menschheit vor. Wenn wir hingegen die ganze Bandbreite menschlicher Naturbeziehungen zur Sprache zu bringen, weiten wir den engen Rahmen gebotener Handlungen um die Vielfalt empfehlenswerter Haltungen. Neben das Handeln aus Vorsorge tritt dann die Möglichkeit einer Haltung der Fürsorge. Die Bewahrung der Natur ist dann nicht länger eine reine Frage der Vorsicht. Vielmehr ist sie auch ein Akt der Rücksichtnahme auf ein Gegenüber, das mit uns zu schaffen hat, wie wir mit ihm – nur anders.

---

[27] Buber, *Das Dialogische Prinzip*, S. 11 ff.
[28] U. Gebhard, »Wie viel ›Natur‹ braucht der Mensch? ›Natur‹ als Erfahrungsraum und Sinninstanz«, in: G. Hartung, T. Kirchhoff (Hrsg.), Welche Natur brauchen wir? Analyse einer anthropologischen Grundproblematik des 21. Jahrhunderts. Freiburg, 2014, S. 249–274.
[29] A. Kemper: *Unverfügbare Natur, Ästhetik, Anthropologie und Ethik des Umweltschutzes*, Frankfurt, 2000, S. 73.

Literatur

Maik Adomßent, »Naturschutzkommunikation«, in: Gerd Michelsen, Jasmin Godemann (Hrsg.), *Handbuch Nachhaltigkeitskommunikation. Grundlagen und Praxis*, 2., aktualisierte und überarbeitet Auflage, München, 2007, S. 430–440.

Martin Buber, *Das Dialogische Prinzip*. Heidelberg 1984.

Sandra Díaz et al. »The IPBES Conceptual Framework — connecting nature and people«, in: *Current Opinion in Environmental Sustainability* 14/2015, S. 1.

Sandra Díaz et al. »A Rosetta Stone for Nature's Benefits to People«, in: *PLOS Biology* 13 (1)/2015, S. 1–8. DOI:10.1371/journal.pbio.1002040.

Uta Eser, »Der Wert der Vielfalt: ›Biodiversität‹ zwischen Wissenschaft, Politik und Ethik«, in: Monika Bobbert, Markus Düwell, Kurt Jax (Hrsg.), *Umwelt – Ethik – Recht*, Tübingen 2003, S. 160–181.

Uta Eser, »Das Konzept der Ökosystemdienstleistungen. Ein Brückenschlag zwischen Ökologie, Ökonomie und Naturschutz«, in: *Natur und Landschaft* 91 (9/10)/2016, S. 470–475.

Uta Eser (Hrsg.), *Jenseits von Belehrung und Bekehrung: Wie kann Kommunikation über Ethik im Naturschutz gelingen?* BfN-Skripten 437, Bonn-Bad-Godesberg 2016.

Uta Eser, »Naturverbundenheit ernst nehmen: Plädoyer für eine inklusive Betrachtung«, in: M. Müller (Hrsg.), *Natürlich Natur! – Aber was ist Natur? Interdisziplinäre Deutungsversuche und Handlungsoptionen*, Loccumer Protokolle 81/2017, S. 133–151.

Uta Eser, »Ökologische Ethik: Denken wie ein Berg und Handeln wie ein Mensch«, in: *Natur und Landschaft* 95 (9/10) 2020, S. 425–432.

Uta Eser, Ann-Kathrin Neureuther, Albrecht Müller, *Klugheit, Glück, Gerechtigkeit: Ethische Argumentationslinien in der Nationalen Strategie zur biologischen Vielfalt*, Bonn-Bad Godesberg 2011.

Ulrich Gebhard, »Wie viel ›Natur‹ braucht der Mensch? ›Natur‹ als Erfahrungsraum und Sinninstanz«, in: Gerald Hartung, Thomas Kirchhoff (Hrsg.), *Welche Natur brauchen wir? Analyse einer anthropologischen Grundproblematik des 21. Jahrhunderts*, Freiburg 2014, S. 249–274.

Intergovernmental Science-Policy Platform on Biodiversity and Ecosystem Services, *Western Science*, URL: https://ipbes.net/glossary/western-science, (23.03.2020).

United Nations Environment Programme, *Report of the second session of the Plenary of the Intergovernmental Science-Policy Platform on Biodiversity and Ecosystem Services*, IPBES/2/17, 2014, S. 39–46.

Sander Jacobs et al., »Use your power for good: plural valuation of nature – the Oaxaca statement«, in: *Global Sustainability* 3 e8/2020, S. 1–7, – https://doi.org/10.1017/sus.2020.2

Anne Kemper, *Unverfügbare Natur, Ästhetik, Anthropologie und Ethik des Umweltschutzes*, Frankfurt am Main 2000.

Hans Krämer, *Integrative Ethik*, Frankfurt am Main 1995.
Douglas J. McCauley, »Selling out on nature«, in: *Nature* 443 (9)/2006, S. 27–28.
Gerd Michelsen, Jasmin Godemann (Hrsg.), *Handbuch Nachhaltigkeitskommunikation. Grundlagen und Praxis*, 2., aktualisierte und überarbeitet Auflage, München, 2007.
Unai Pascual et al. »Valuing nature's contributions to people: the IPBES approach«, in: *Current Opinion in Environmental Sustainability* 26/2017, S. 7–16.
Johann Schreiner »Naturschutz in Deutschland – Ziele Herausforderungen, Lösungen«, in: Gerd Michelsen, Jasmin Godemann (Hrsg.), *Handbuch Nachhaltigkeitskommunikation. Grundlagen und Praxis*, 2., aktualisierte und überarbeitet Auflage, München, 2007, S. 387–396.
Kai Schuster, »Naturschutz und Lebensstile«, in: Gerd Michelsen, Jasmin Godemann (Hrsg.), *Handbuch Nachhaltigkeitskommunikation. Grundlagen und Praxis*, 2., aktualisierte und überarbeitet Auflage, München, 2007, S. 418–429.
David Takacs, *The idea of biodiversity: philosophies of paradise*, Baltimore 1996.

II. Ästhetisch-poetische Perspektiven

Gregor Schiemann

»Tausendfaltige Naturen«

Zur Struktur und Aktualität der Vielgestaltigkeit der Naturdeutungen in Novalis' »Die Lehrlinge zu Sais«

Die Vielfalt der Naturcharaktere sowie ihrer Wahrnehmungsweisen durch den Menschen, die Novalis in seinen »Lehrlingen zu Sais« anspricht, ist beeindruckend. Natur kommt nicht nur in ihrer gegenwärtigen Mannigfaltigkeit, sondern auch im Hinblick auf ihren historischen Wandel zur Sprache. Unterschiedliche Naturbegriffe stehen in komplexen Beziehungen zu möglichen Verhältnissen des Menschen zur Welt. Für die über die menschliche Wahrnehmung vermittelte Mannigfaltigkeit von Naturerscheinungen werden differente Systematisierungsprinzipien erörtert. Der Text entwickelt ein nur schwer überschaubares Kaleidoskop von teils sich ergänzenden, teils sich widersprechenden oder auch beziehungslos nebeneinanderstehenden Naturauffassungen und Metanaturauffassungen.

Beeindruckend ist diese Pluralität vor allem deshalb, weil ihre Elemente sich gleichberechtigt gegenüberstehen. Novalis nimmt keine durchgreifende Beurteilung von Begriffen vor, wägt nicht abschließend zwischen ihnen ab, sondern demonstriert eine Überfülle von äquivalenten Möglichkeiten. Keine der von ihm genannten Optionen ist nicht mehr anwendbar. Die Entdeckung pluraler Bestimmungsmöglichkeiten, die bis heute in Geltung sind, kennzeichnet die Naturdiskurse des ausgehenden 18. Jahrhunderts und des nachfolgenden 19. Jahrhunderts. Novalis' Beispiel zeigt, dass die begriffliche Pluralität von Natur keineswegs durchgängig kontingent ist, sondern selbst einem Ordnungssystem zu folgen in der Lage ist, ohne auf Einheit abzuzielen. Unter den Bedingungen einer seither fortgeschrittenen Technisierung des Naturumgangs und einer mittlerweile die Lebensgrundlagen der Menschheit gefährdenden Umweltkrise fragt es sich allerdings, ob heute nicht gewissen Bestimmungsmöglichkeiten größere Relevanz als anderen zukommen muss.

Unter den Interpreten der »Lehrlinge« hat der Mangel an offenkundiger Einheitsstiftung zu unterschiedlichen Reaktionen geführt, die sich im Spannungsfeld von zwei gegensätzlichen Deutungen bewegen[1]. Die eine besagt im Wesentlichen, bei dem Text handele es sich um eine Ansammlung fragmentarischer Aufzeichnungen, denen ein innerer Zusammenhang abgehe[2]. Betrachtet man den Text als unfertigen Entwurf, dann scheint die Vielfalt der dargestellten Positionen zwar bemerkenswert, aber doch im Wesentlichen kontingent und deshalb kaum der näheren Untersuchung wert zu sein.

Auf der anderen Seite hat man in mehr oder weniger aufwendigen Analysen nachzuweisen versucht, dass der Text durch übergeordnete und größtenteils durchgehende Strukturprinzipien organisiert ist.[3] Zur nachträglich rekonstruierten Einheitsstiftung eingesetzt,

---

[1] Eine umfassende Übersicht über zahlreiche Interpretationsansätze bietet immer noch H. Uerlings, Friedrich von Hardenberg, genannt Novalis. Werk und Forschung, Stuttgart 1991, S. 354 ff. Über neuere Forschungen berichten J. Daiber, Experimentalphysik des Geistes. Novalis und das romantische Experiment, Göttingen 2001, 176 ff., und F. Pellmann, »Die Naturauffassung des Novalis in ›Die Lehrlinge zu Sais‹«, in: Blüthenstaub, Jahrbuch für Frühromantik 4/2018, S. 275–306. Die bisherige Rezeption hat den von Novalis in den »Lehrlingen« verwendeten Naturbegriffen keine gesonderte Beachtung geschenkt. Meist wird von »der Natur« im Singular gesprochen.
[2] Exemplarisch sind E. Betz, *Die Dichtungen des Novalis. Ihr Kompositionsprinzip – der Ausdruck seiner Geschichtsanschauung* (Diss.), Erlangen 1954, S. 116, und P. Küpper, *Die Zeit als Erlebnis bei Novalis*, Köln/Graz 1959, S. 40, P. Kluckhohn, »Friedrich von Hardenbergs Entwicklung und Dichtung«, in: ders. u. R. Samuel (Hrsg.), *Novalis, Schriften, Band 1: Das dichterische Werk*, Stuttgart 1977, S. 40, A. Stone, »Being, Knowledge, and Nature in Novalis«, in: *Journal of the History of Philosophy* 46(1) / 2008, S. 141–163 und D. v. Petersdorff, »Spielerische Komplexitätsreduktion. Das Märchen von Hyazinth und Rosenblüte aus Friedrich von Hardenbergs Romanfragment ›Die Lehrlinge zu Sais‹«, in: *Fabula* 55(1/2) / 2014, S. 105–111.
[3] An erster Stelle ist hier die bahnbrechende Arbeit J. Striedter, »Die Komposition der ›Lehrlinge zu Sais‹«, in: *Der Deutschunterricht* 7(2) / 1955, S. 5–23 zu nennen, die die Einheit des Textes auf eine »figürliche Entsprechung der einzelnen Teile« zurückführt (a. a. O., S. 21). Ferner: H.-J. Mähl, *Die Idee des goldenen Zeitalters im Werk des Novalis. Studien zur Wesensbestimmung der frühromantischen Utopie und zu ihren ideengeschichtlichen Voraussetzungen*, Heidelberg 1965; R. Leusing, *Die Stimme als Erkenntnisform – zu Novalis' Roman ›Die Lehrlinge zu Sais‹*, Stuttgart 1993; U. Gaier, *Krumme Regel. Novalis' ›Konstruktionslehre des schaffenden Geistes‹ und ihre Tradition*, Tübingen 1970, G. v. Molnár, »The Composition of Novalis' ›Die Lehrlinge zu Sais‹. A Reevaluation«, in: *Publications of the Modern Language Association of America* 85/ 1970, S. 1002–1014; D. F. Mahoney, *Die Poetisierung der Natur bei Novalis*, Bonn 1980, J. Mahr, »Kommentar zu ›Die Lehrlinge zu Sais‹«, in: ders. (Hrsg.), *Novalis, Gedichte. Die Lehrlinge zur Sais*, Stuttgart 1984; A. García Canelles, »Der Dialog in Novalis' Die Lehrlinge zu Sais«, in: *Revista de Filología Alemana* 8/ 2000, S. 143–166; J. Daiber, *Experimentalphysik des Geistes. Novalis und das romantische Experiment*, Y. Takahashi, »Die Lehrlinge zu Sais als Poetisierung der Wissenschaften«, in: *Journal of Arts and Letters* 91(2)/ 2006, S. 231–249.

sind diese Prinzipien allermeist wenig geeignet, die mannigfaltigen Gegenstände der Vorlage hervortreten zu lassen.[4]

Das Desideratum einer nicht unkritisch auf Einheit abzielenden inhaltlichen Textanalyse hat auch der engere Kreis der Novalis-Forscher erkannt. In seinem Bericht über den »Forschungsstand und die Perspektiven« zum Thema »Novalis und die Wissenschaften« schreibt Herbert Uerlings: »Werke wie die ›Lehrlinge zu Sais‹ [...] legen die Frage nahe, wieweit Novalis an einem einheitlichen Begriff von der Natur festgehalten hat«[5]. Sein »Pluralismus« sei nicht »nur eine Tendenz, die ihr Gegenstück in den regulativen Prinzipien des Absoluten, der Einheit und der Utopie« finde[6].

Von einer pluralistischen Gesamtaussage des Textes könnte aber erst die Rede sein, wenn die Behauptung durchgängig einheitsstiftender Strukturmerkmale des Textes entkräftet wäre. Der Nachweis irreduzibler Vielfalt ließe sich nur in Kritik der ganzen Fülle in den letzten Jahrzehnten auf hohem Niveau entstandenen Ansätze synthetischer Lesarten der »Lehrlinge« erbringen. Die Rahmenbedingungen dieses Essays erlauben aber nur eine erste exemplarische Auseinandersetzung, die nicht mehr als eine Richtung anzudeuten vermag, in der sich eine Theorie irreduzibler Bedeutungsvielfalt in den »Lehrlingen« entdecken und ihre Begrenzung aufzeigen ließe.

Zu diesem Zweck werde ich auf einige Argumente der bis heute bedeutenden Analyse der »Lehrlinge«, der von Ulrich Gaier 1970 unter dem Titel »Krumme Regel« vorgelegten Interpretation, Bezug nehmen[7]. Meine Absicht besteht darin, zur Widerlegung seiner These, Novalis habe die von ihm dargestellten gegensätzlichen Verständnisweisen von Natur in den »Lehrlingen« systematisch in Synthesen aufgehoben bzw. aufheben wollen, beizutragen.

---

[4] Zu den Ausnahmen gehört: Daiber, *Experimentalphysik des Geistes. Novalis und das romantische Experiment.*
[5] H. Uerlings, »Novalis und die Wissenschaften. Forschungsstand und Perspektiven«, in: ders. (Hrsg.), Novalis und die Wissenschaften, Tübingen 1997, S. 1–22, hier S. 16.
[6] Ebd. Was Novalis' Pluralismus sein könnte, wenn er nicht eine durch gegenläufige Prinzipien aufhebbare Tendenz wäre, diskutiert auch J. Neubauer, »Nature as Construct«, in: F. Amrine (Hrsg.), Literature and Science as Modes of Expression, Dordrecht 1989, S. 129–140.
[7] Gaier, *Krumme Regel. Novalis' ›Konstruktionslehre des schaffenden Geistes‹ und ihre Tradition* nimmt etwa im Forschungsbericht G. Schulz, »Kommentar zu ›Die Lehrlinge zu Sais‹«, in: ders. (Hrsg.), Novalis Werke, München 2013 immer noch den größten Raum ein.

Um in die Auseinandersetzung mit seiner Deutung einzutreten, ist zuvor eine knappe Vergegenwärtigung des Textinhaltes unerlässlich.[8]

Der Text ist in zwei Teile gegliedert, die mit der »Der Lehrling« und »Die Natur« überschrieben sind. Im ersten Teil spricht der Lehrling, der – wie man allerdings erst im zweiten Teil erfährt (107,7) – im Tempelarchiv von Sais mit anderen Lehrlingen unter Führung eines Lehrers tätig ist. Der Text setzt mit einer Reflexion über den symbolischen Gehalt der Welt und ihres möglichen Verhältnisses zur Sprache ein. Danach erzählt der Lehrling von seinem Lehrer, zwei anderen Lehrlingen und von seiner Sehnsucht, den Schleier der Göttin zu Sais zu heben.

Im zweiten, thematisch dem Verhältnis von Mensch und Natur gewidmeten Teil spricht der Autor. Am Anfang steht eine Übersicht über den geschichtlichen Wandel des menschlichen Naturumgangs, die fließend in die Darstellung einer Vielfalt gegenwärtiger Naturauffassungen übergeht. Es setzt ein Gespräch ein, in dem Stimmen unterschiedliche Naturvorstellungen der Reihe nach vortragen. Der Bericht über das Gespräch endet mit dem Satz: »Der Lehrling hört mit Bangigkeit die sich kreuzenden Stimmen. Es scheint ihm jede Recht zu haben« (91,1 f.). Einem herbeispringenden »Gespielen« (91,8) gelingt es, die intellektuelle Verwirrung durch die Erzählung des Märchens von Hyazinth und Rosenblüthchen, auf dessen Wiedergabe hier verzichtet wird, in die Stimmung eines liebenden Einverständnisses mit Natur zu überführen.

Nachdem die Lehrlinge das Märchen gehört haben, ist der Zwist vergessen und sie treten glücklich ab. Nach einem Gespräch zwischen den im Tempelarchiv übrigbleibenden Gegenständen (»tausendfaltige[] Naturen« (95,17)) und einer sich anschließenden, sehr kontroversen Unterhaltung von neu ankommenden Reisenden über die Grundzüge des Natürlichen, nähert sich der Lehrer (mit) seinen Lehrlingen. Mit einer Rede des Lehrers über das »Geschäft seines Alters, den unterschiednen Natursinn in jungen Gemüthern zu erwecken« (107,15), endet der Text.

---

[8] Ich zitiere und verweise nach der Ausgabe Novalis, *Schriften, Band 1: Das dichterische Werk*, P. Kluckhohn, R. Samuel (Hrsg.), Stuttgart 1977 mit der in Klammer gesetzten und durch Komma getrennten Angabe von Seiten- und Zeilenzahl. Zum Kontext der Entstehung vgl. die Einleitungen der Herausgeber in Novalis, *Schriften, Band 1: Das dichterische Werk*, von Mahr, »Kommentar zu ›Die Lehrlinge zu Sais‹«, H. J. Balmes, »Einführung in ›Die Lehrlinge zu Sais‹«, in: H.-J. Mähl u. R. Samuel (Hrsg.), *Novalis, Werke, Tagebücher und Briefe Friedrich von Hardenbergs, Band 3: Kommentar*, München/Wien 1987 und Schulz, »Kommentar zu ›Die Lehrlinge zu Sais‹«.

Der Text ist durch die auftretenden Personen bzw. Personengruppen und Naturen in mehrere Abschnitte gliedert. Zu Beginn eines jeden Abschnittes werden unterschiedliche Bestimmungen von Natur ausgesprochen. Nach dem von Gaier behaupteten Konstruktionsprinzip kommt es nun in den nachfolgenden Abschnitten durch Anwendung eines immer gleichen siebenstufigen Schemas zur Auflösung der Differenzen, die Gaier als Gegensätze auffasst, in höhere Synthesen. Die ersten beiden Stufen behandeln jeweils eine Seite des Ausgangswiderspruches, auf der dritten Stufe wird ein erster, noch misslingender Vermittlungsversuch unternommen, auf der nächsten Stufe scheint die Idee einer besseren Synthese auf, die sich in den letzten Stufen bis zur Vollendung herausbildet und alle angesprochenen Gesichtspunkte in einer umfassenden Sichtweise vereinigt[9]. Nach Abschluss einer solchen Stufenfolge setzt eine neue ein, wobei Gaier das Schema teilweise auch zur Untergliederung längerer Absätze einsetzt. Im Ergebnis wird fast der gesamte Text in je siebenstufige Absatzgruppen eingeteilt. Der erste Teil, der gerade sieben Absätze umfasst, entspricht einer Abfolge, für den zweiten Teil werden schließlich mehrere Absätze jeweils zu einer siebenstufigen Abfolge zusammengefasst[10]. Da es keine, beide Teile umfassende Anwendung des Konstruktionsprinzips gibt, bleibt der Gesamttext für Gaier unverbunden[11].

Die kaum bestrittene Zweiteilung des Textes ist von grundlegender Bedeutung und entspricht einer Differenz zwischen der Position des Lehrlings und der des Lehrers[12]. Folgt man Gaiers Argumentation, dann hat der Standpunkt des Lehrlings alle Merkmale einer vollendeten Synthese, da seine Charakterisierung den ersten Teil abschließt. Das gilt gleichermaßen für die Anschauungen des Lehrers, die erst am Ende des zweiten Teils zur ausführlichen Darstellung kommen. Statt sein Ziel des Nachweises einer möglichst lückenlosen Aufhebung aller Widersprüche zu erreichen, trägt Gaier zur Heraus-

---

[9] Vgl. Gaier, *Krumme Regel. Novalis' ›Konstruktionslehre des schaffenden Geistes‹ und ihre Tradition*, S. 7–109, und die kritische Darstellung in Uerlings, *Friedrich von Hardenberg, genannt Novalis. Werk und Forschung*, S. 374.
[10] Gaier, *Krumme Regel. Novalis' ›Konstruktionslehre des schaffenden Geistes‹ und ihre Tradition*, S. 67–105.
[11] Ebd., S. 106.
[12] I. Kreuzer, »Novalis' ›Die Lehrlinge zu Sais‹. Fragen zur Struktur, Gattung und immanenten Ästhetik«, in: *Jahrbuch der Deutschen Schiller-Gesellschaft 23/1979*, S. 276–308, hier S. 291 ff.

Gregor Schiemann

arbeitung einer Grundkonstellation in der inhaltlichen Gestaltung des Textes bei, die sich – wie ich im Folgenden zeigen werde – bei genauerer Betrachtung paradoxerweise als Alternative in der Thematisierung des Mensch-Natur-Verhältnisses erweist.

Der Lehrer wird als eine Person vorgestellt, die »auf die Verbindungen in allem, auf Begegnungen [und] Zusammentreffungen« (80,15 f.) merkt. Sein Streben nach einem alles umfassenden Zusammenhang realisiert sich in der Hinwendung zu äußerer Natur, deren Differenz zum Menschen er nicht auflösen, sondern harmonisch gestalten will. Im Umgang mit Natur wecke der Mensch seinen Natursinn (107,16; 109,8), der teils als Anlage in ihm liege (108,34), teils von der Natur abgelernt werde (108,36). Nur in eigener Naturerfahrung und im tätigen Wirken auf die Natur könne die »innige Sehnsucht nach der Natur« (107,31) zum Ziel gelangen. Ein derart pragmatisches Naturverständnis ist seiner Entstehung und seinen Inhalten nach unhintergehbar durch die individuellen Eigenarten der Handelnden bestimmt (82,17 f. und 109,1 ff.).

Im Gegensatz zum Lehrer führt die Erkenntnis der äußeren Welt den Lehrling auf sich selbst zurück. Sie ist ihm einer Welt innerer Gedankenbilder zugehörig, der sein ganzes Interesse gilt (81, 29–31). Während der Lehrer Natur dualistisch als einen Bereich versteht, der in Abgrenzung zum Menschen definiert ist und in seiner Unabhängigkeit eine zwar nicht einheitliche, aber für jeden Einzelnen doch unumstößliche Orientierung zu bieten vermag, fasst sie der Lehrling monistisch als geistiges Konstrukt auf. Dessen Grenzen sind nicht mehr ontologisch bestimmbar, sondern werden durch den Menschen auf unterschiedliche Weise gesetzt – sei es, dass sie sich mit der vom Lehrer meist als Natur identifizierten äußeren Welt decken (81,23 f.), sei es, dass sie auf eine im Inneren liegende Natur des Selbst Bezug nehmen[13]. Diese subjektivistische Position impliziert ebenso wie die pragmatische des Lehrers die Möglichkeit personenspezifischer Naturauffassungen, die nur der Form nach einer gemeinsamen Klasse angehören.

Gaiers Vergleich der beiden Positionen fällt sehr knapp aus. Er beschränkt sich im Wesentlichen auf die Feststellung, dass, wo »sich der Mensch im ersten Kapitel auf dem Wege zu sich selbst der Natur nähert, […] er sich im zweiten auf dem Wege zur Natur sich selbst«

---

[13] Der Lehrling verwendet den von ihm überhaupt eher gemiedenen Ausdruck »Natur« nicht explizit in diesem Sinn.

nähert[14]. Weder der Differenz der Naturbegriffe noch der Dimension individueller Pluralität schenkt er weitere Beachtung. Dass Gaier eine nähere Untersuchung seines eigenen Hauptresultates nicht für notwendig erachtet, entspricht der Ausgangsvoraussetzung seiner gesamten Unternehmung, Novalis habe nicht nur eine partielle, sondern eine vollständige Vereinigung aller von ihm angeführten Naturauffassungen beabsichtigt. Die Zweiteilung des Gesamttextes begreift Gaier daher als Beleg für dessen nicht erläuterungsbedürftige Unvollständigkeit. Die Behauptung einer der inneren Struktur des Textes widersprechenden Unabgeschlossenheit des Gesamttextes lässt sich nun nur entkräften, wenn das Konstruktionsprinzip in seiner Anwendbarkeit auf einzelne Teile erschüttert wird.

Um die Grenzen der Brauchbarkeit von Gaiers Schema sowie aber auch die von Novalis entworfene Pluralitätsstruktur von Naturbegriffen im Ansatz nachzuweisen, möchte ich das Gespräch im Tempelarchiv (85,28 – 90,36) einer ersten umrisshaften Untersuchung unterziehen. Dieses Gespräch lässt die begriffliche Vielfalt in besonderer Weise augenfällig werden und nimmt auch in Gaiers Analyse eine zentrale Stellung ein[15]. Die Liste der in diesem Textteil erörterten Naturvorstellungen kann man mit Gaier mit der Position der Naturempfindung beginnen lassen, in der die Menschen sich eins mit Natur glauben, d. h. sich selbst als Naturwesen wahrnehmen (85,28 – 86,1)[16]. Novalis führt »kindliche Völker« als Beispiel für diesen Naturalismus an (85,31), der als naive Auffassung zu den historischen Anfängen in der Entwicklung der Naturverhältnisse gehört. In systematischer Hinsicht stellt er die Umkehrung des Subjektivismus des Lehrlings dar. Hieß es – überspitzt formuliert – beim Lehrling, alle Natur sei menschliches Konstrukt, so bedeutet die Position der Naturempfindung: Das menschliche Dasein und alle seine Äußerungen bilden einen integralen Teil von Natur.

---

[14] Gaier, *Krumme Regel. Novalis' ›Konstruktionslehre des schaffenden Geistes‹ und ihre Tradition*, S. 106.
[15] Gaier entwickelt sein Schema am Beispiel des Märchens (ebd., S. 11–34), erprobt seine Anwendbarkeit anschließend am Gespräch im Tempelarchiv (ebd., S. 34–67) und ordnet ihm erst danach den ganzen Text unter (ebd., S. 67–105).
[16] Diese Einteilung ist nicht unproblematisch, weil ihr kein Absatz im Text entspricht. Dementsprechend gehen Mahr, »Kommentar zu ›Die Lehrlinge zu Sais‹«, S. 236 f., und H. J. Balmes, »Einführung in ›Die Lehrlinge zu Sais‹«, S. 111, von anderen Gliederungen aus.

Nach Gaiers Schema müsste die nächste Position dieser Auffassung entgegengesetzt sein, und die darauffolgenden zwei Stimmen hätten jeweils Ansätze zu einer Synthese des anfänglichen Gegensatzes vorzubringen. Ich möchte hier von einer alternativen Deutung ausgehen, die die im Anschluss an die Naturempfindung vorgetragenen drei Positionen zu einer Gruppe zusammenfasst (86,2 – 89,29). Ihre Gemeinsamkeit besteht darin, dass sie im Gegensatz zur Naturempfindung von einer Dualität von Mensch und Natur ausgehen. Was für die Naturempfindung undenkbar ist, gestattet ihnen, mit der Erörterung der Möglichkeiten und Ziele menschlicher Naturveränderung zu beginnen. Die ersten Sprecher dieser Gruppe (»andere sinnige Seelen«) befürworten emphatisch eine Naturveränderung und verstehen sie als Aufgabe der Künstler und Dichter (86,2 – 87,34), die folgenden (»Einige«) lehnen sie rigoros ab (87,35 – 89,8) und die letzten Sprecher (»Muthigere«) unterstützen sie wiederum entschieden, wobei sie diesmal aber als Angelegenheit der Naturforscher aufgefasst wird (89,9–29).

Die der gesamten Gruppe eigene dualistische Auffassung schließt Beziehungen zur Position der Naturempfindung keineswegs aus. Dieser Umstand tritt insbesondere bei der sich unmittelbar anschließenden Darstellung der Naturkultivierung durch Künstler und Dichter hervor. Ihre Unterscheidung von Natur und Kultur steht in der Tradition des Naturbegriffes von Jean-Jacques Rousseau. Natur umfasst bei Rousseau die vom menschlichen Handeln unabhängig bestehende äußere Wirklichkeit und die von gesellschaftlichen Einflüssen freie, innere Gefühlswelt eines autonomen Subjektes. Kultur ist Wirklichkeit, in der die Wirksamkeit von Natur durch menschliches Handeln verstärkt oder vermindert ist[17]. Die Künstler und Dichter sehen es als ihre Aufgabe an, die vorfindliche, »verwilderte« Natur nach »Vorbilder[n] einer edleren Natur« umzubilden (86,3 f.). Die im Verlauf ihrer Tätigkeit umgestaltete Natur nähert sich einem Zustand an, der durchaus Ähnlichkeiten mit der längst vergangenen Zeit der Naturempfindung aufweist. Das »Herz [der Natur fängt] wieder an menschlich sich zu regen, [...] und [...] die alte goldne Zeit

---

[17] Zum Naturbegriff von Rousseau vgl. G. Schiemann, »Plurale Wissensgrenzen: Das Beispiel des Naturbegriffes«, in: J. Mittelstraß (Hrsg.), *Die Zukunft des Wissens. XVIII. Deutscher Kongress für Philosophie*, Konstanz, 2000, S. 104–111, hier S. 108 ff., und »Natur: Kultur und ihr Anderes«, in: F. Jaeger et al. (Hrsg.), *Handbuch der Kulturwissenschaften. Eine interdisziplinäre Bestandsaufnahme*, München 2004, S. 60–75, hier S. 64 ff.

[scheint] zurückzukommen« (86,24 ff.). Allerdings führt die Kultivierung von Natur nicht tatsächlich zur erneuten Vereinigung von Mensch und Natur. Der Veränderungsprozess läuft nicht auf die Beseitigung der Differenz, sondern auf die Herausbildung eines freundschaftlich-harmonischen Verhältnisses zwischen den beiden Seiten hinaus: Die Natur wird »den Menschen Freundin, Trösterin, Priesterin und Wunderthäterin« (86,27 f.).

Gaier verkennt die Reichweite der Verwandtschaft zwischen Naturempfindung und -kultivierung. Zwischen den beiden Positionen sieht er einen »scharfen Widerspruch«, da die Kultivierer über das Gegebene, dem die Naturempfindung vollständig verhaftet ist, hinausdenken[18]. Doch auch diese Unterscheidung hat nur relative Geltung. Die »Vorbilder«, von deren Vorstellung die »Entwilderung der Natur« (87,5) schließlich geleitet ist, sind dem Prozess der Naturveränderung ja nicht vorgängig, sondern müssen auch erst geschaffen werden (86,3 f.). Eben hierin unterscheiden sich die Befürworter der Kultivierung von den danach auftretenden radikalen Gegnern jeglicher Naturveränderung, die zu Recht ein von aller Natur freies Denken für sich beanspruchen.

Auffassung nach vermag der Mensch die Natur nicht zu kultivieren bzw. zu seinen Zwecken einzusetzen, weil sie seinem Verstand wesensfremd und feindlich gegenübersteht. Die Gewalt der Natur führe zu einer »noch entsetzlicheren Ausartung [der Menschen] in Thiere [...] durch stufenweise Zerstörung der Denkorgane« (88,36 – 89,1). Der menschliche Körper wird von diesen Stimmen als tierischer ganz der Natur zugeordnet. Deren äußerste Grenzen reichen bis an die Sphäre des Denkens, das nun des Menschen eigentliche Bestimmung ausmacht. Natur wird nicht mehr nur als das unabhängig vom Menschen Vorhandene und Existierende, nicht mehr allein als Gegenstand menschlicher Tätigkeit, sondern als ein jenseits des Denkens liegender Bereich verstanden, der sich als eine »unauflösliche Wirbelkette« (88,11), ein »riesenmäßiges Triebwerk« (88,18) auszeichnet. Diese Bestimmungen erinnern an den Ausgangspunkt der cartesischen Naturdefinition, bei dem sich das Subjekt durch die autonome Selbsttätigkeit seines Denkens gegen eine (mit ihm zugleich und nicht von ihm gesetzte) Natur konstituiert[19]. Wie sich der

---

[18] Gaier, *Krumme Regel. Novalis' ›Konstruktionslehre des schaffenden Geistes‹ und ihre Tradition*, S. 49.
[19] Zum Naturbegriff von René Descartes vgl. G. Schiemann, *Natur, Technik, Geist*.

Mensch zu dieser Natur stellen soll, ist vollständig der menschlichen Freiheit anheimgestellt. Die in den »Lehrlingen« auftretenden Sprecher der cartesischen Position wählen eine ebenso konsequente wie extreme Variante, die einen modernen Pessimismus zu präludieren scheint: Durch kollektiven Selbstmord möchten sie sich der andrängenden Natur entledigen und in die ihrem Geist allein gemäße Sphäre des Transzendenten endlich vollständig eintreten (88,29–34).

Gaier muss diese Position nun als Vermittlungsversuch zur Überwindung der Differenz des anfänglichen Gegensatzes ansehen. Er unterstellt deshalb, dass der Mensch von ihr als »Doppelwesen« begriffen werde, dem ein »göttlich-menschliches« und ein »natürlich-tierisches« Wesen zukomme[20]. Dieser Charakterisierung widerspricht aber die Leichtigkeit, mit der sich die Menschen von ihrer vermeintlich naturhaften Seite verabschieden. Ganz auf den Kontext des Geistigen fokussiert, eignet sich der neue Begriff des Menschen schlecht für die von Gaier gesuchte synthetische Leistung. Die für den Begriff konstitutive Annahme der Autonomie des Denkens und Handelns verhindert überhaupt eindeutige Bestimmungen des Verhältnisses zu dieser Natur. Er gestattet vielmehr alternative Einstellungen zum nichtgeistigen bzw. materiellen Bereich des Natürlichen. Die sich anschließende Position der Befürwortung einer rigorosen naturwissenschaftlichen Naturveränderung ist dafür sogleich ein Beispiel.

Die Anhänger der Naturwissenschaften beziehen sich ausdrücklich auf den Naturbegriff ihrer Vorredner und rufen dazu auf, »mit dieser Natur« einen »langsamen, wohldurchdachten Zerstörungskrieg« zum Wohle der Menschheit zu führen (89,10). Aus der strikten Entgegensetzung von Natur und Verstand leiten sie jetzt das Ziel einer unumschränkten Naturherrschaft ab. Als Ursprung der Fähigkeit des Menschen, sich diese Natur zu unterwerfen, nennen sie das Freiheitsvermögen (89,24), auf das auch schon die Vorredner rekurrierten (»freiwillige Entsagung« (88,32)).

Die naturwissenschaftliche Auffassung wiederum darauf zu reduzieren, den vermeintlichen Ausgangsgegensatz von Naturempfin-

---

Kontexte der Natur nach Aristoteles und Descartes in lebensweltlicher und subjektiver Erfahrung, Berlin/New York 2005, S. 165 ff.
[20] Gaier, *Krumme Regel. Novalis' ›Konstruktionslehre des schaffenden Geistes‹ und ihre Tradition*, S. 55.

dung und -kultivierung zu vermitteln[21], heißt die Differenz zu übersehen, die das erste Paar von Auffassungen von dem zweiten trennt. Unabhängig von den Beziehungen, die zwischen den ersten vier Positionen bestehen, müsste nach Gaiers Schema in den ihnen folgenden Stellungnahmen die Idee der Naturbeherrschung, in der seiner Meinung nach die Idee zur abschließenden Synthese erstmals aufscheint, weiter ausformuliert werden. Ohne die Möglichkeit einer solchen Auslegung im Prinzip zu bestreiten, möchte ich meine Untersuchung des Gesprächs mit der Skizze einer abermals anderen Lesart abschließen, die den folgenden Passagen die Einführung eines weiteren Standpunktes entnimmt, dessen Naturbegriff von dem der naturwissenschaftlichen Weltbeherrschung grundsätzlich zu unterscheiden ist.

Diese im weiteren Gespräch auftretende neue Auffassung ist dem Subjektivismus des Lehrlings verwandt und wird über einen, von den fünften Sprechern (»Mehrere«) vollzogenen Vermittlungsschritt erreicht, bei dem die Quelle der Naturerkenntnis ganz ins Innere des Menschen gelegt wird, ohne dass allerdings bereits der Rahmen einer dualistischen Auffassung verlassen wäre (89,30 – 90,10). Hieran anknüpfend grenzt sich der sechste Sprecher entschieden gegen die vier ersten Positionen ab (90,11–36). Ausschließlich zu seinen unmittelbaren Vorrednern gewendet, sagt er: »Die Andern reden irre […]. Erkennen sie in der Natur nicht den treuen Abdruck ihrer selbst? […] Sie wissen nicht, dass ihre Natur ein Gedankenspiel, eine wüste Fantasie ihres Traumes ist.« (90,11–14). Der Naturbegriff erhält den schon vom Lehrling her bekannten konstruktiven Charakter, der feststehende ontologische Bestimmungen ausschließt und stattdessen variable Grenzziehungen, die unterschiedliche Seinsbereiche mit Natur identifizieren, ermöglicht. Im Unterschied zum Lehrling verbindet dieser Sprecher – »ein ernster Mann« (90,11), in dem viele Interpreten (nicht aber Gaier) Johann Gottlieb Fichte zu erkennen glauben[22] – mit dem Konstruktivismus aber nicht einen

---

[21] Ebd., S. 56.
[22] Blumenberg bezeichnet bereits den fünften Sprecher als »Fichtischen Narziß« und lässt dann den »ernsten Mann« das von jenem nach nicht Gesagte aussprechen (H. Blumenberg, *Die Lesbarkeit der Welt*, Frankfurt a. M. 1981, S. 248 f.). Gaier identifiziert den sechsten Sprecher mit Franz von Baader (Gaier, *Krumme Regel. Novalis' ›Konstruktionslehre des schaffenden Geistes‹ und ihre Tradition*, S. 60 ff.). Die siebte Stufe der vollendeten Synthese wird nach Gaier vom »munteren Gespielen« (ebd., S. 62 ff.) mit dem Märchen von Hyazinth und Rosenblüthchen vorgetragen

individuell voneinander abweichenden Gehalt der Naturvorstellungen. Das im Inneren des Menschen jetzt hervortretende Ideal einer »hohen sittlichen Weltordnung« ist vielmehr »allwirksam« (90,23 f.).

Mein probeweiser Durchgang sollte gezeigt haben, dass es sich bei der Passage des Textes weniger um eine Stufenfolge von Ansichten handelt, die einer immer größeren Vereinigung zustrebt, als vielmehr um ein Streitgespräch, in dem verschiedene, teils einander sich wechselseitig ausschließende Auffassungen vorgetragen werden. Das Feld der Äußerungen ist durch den Gegensatz zwischen einer das Menschliche umfassenden Natur und einem alle Bestimmungen des Natürlichen schaffenden menschlichen Geist aufgespannt. Als Alternativen zu diesen beiden monistischen Extremen und gleichsam zwischen ihnen werden dualistische Positionen formuliert, in denen die Bestimmungen von Natur auf ein Nichtnatürliches bezogen sind. Novalis stellt zwei dieser Typen vor. Der erste Typ setzt die Kultur, zu der technische, leibliche und geistige Dimensionen gehören, einer Natur entgegen. Natur ist Gegenstand menschlichen Denkens und Handelns, das sie im Zuge ihrer anthropogenen Veränderung rückwirkend beeinflusst. Der zweite Typ geht vom Gegensatz zwischen menschlichem Geist und Natur aus, so dass der menschliche Körper dieser anderen Natur und folglich auch den menschlichen Entscheidungen über sie anheimfällt. Zwischen Geist und Natur herrscht keine Harmonie, sondern dauernder Krieg, der entweder durch Vernichtung oder durch Unterwerfung von Natur beendet und in eine höhere Einheit aufgehoben werden kann.

Die Fülle von Alternativen und Ausschließlichkeitsansprüchen könnte die Frage aufkommen lassen, ob das vom Romantiker Novalis verfolgte Bemühen um eine zukünftige Vereinigung von Natur und Mensch in diese Passagen gar keinen Eingang gefunden habe[23]. Jede Gesprächsposition stellt aber auch eine Variante dar, Einheit, sofern sie bereits besteht, zu bewahren oder andernfalls herzustellen. Entweder weiß sich der Mensch schon eins mit Natur oder er arbeitet daran, bestehende Differenzen zu ihr sukzessiv zu klären. Zusammen mit den beiden Extrempositionen des Naturalismus und des absoluten Subjektivismus bilden die dualistischen Auffassungen eine Pluralität von Einheitsvorstellungen.

---

[23] Vgl. E. Betz, *Die Dichtungen des Novalis. Ihr Kompositionsprinzip – der Ausdruck seiner Geschichtsanschauung*, S. 122, und Gaier, *Krumme Regel. Novalis' ›Konstruktionslehre des schaffenden Geistes‹ und ihre Tradition*, S. 108.

»Tausendfaltige Naturen«

Die Vielfalt der im Gespräch vorkommenden Vorstellungen lässt sich schließlich alternativ entweder der Konzeption des Lehrlings oder der des Lehrers unterordnen. Während die Gesprächsteilnehmer das Verhältnis der gesamten Menschheit zu unterschiedlichen Naturbestimmungen thematisieren, betreffen die Konzeptionen des Lehrlings und des Lehrers das jeweilige Verhältnis eines Individuums zu seiner Natur. Die Gesprächsteilnehmer können als Individuen aufgefasst werden, die eine spezifische Sichtweise im Umgang mit ihrer Natur vertreten. Die vom Lehrling und Lehrer vertretenen beiden Varianten der Einheit individueller Pluralität haben damit den Charakter von Metatheorien. In schematischer und vereinfachender Darstellung lassen sich die besprochenen Naturbegriffe wie folgt anordnen:

		Monismus		Dualismus			Monismus
Einheit der Pluralität individueller Naturvorstellungen				pragmatische Position des Lehrers			subjektivistische Position des Schülers
Pluralität von Einheitsvorstellungen	allgemeine Bezeichnung	Alles ist Natur	Natur versus Kultur	Natur versus Geist			Alles ist Geist
	Bezeichnung im Text	naturalistische Position der Naturempfindung	Position der Naturkultivierung der »sinnigere Seelen«	Ablehnung der Naturveränderung durch »Einige«	Befürwortung der wissenschaftlich technischen Naturbeherrschung durch »Muthigere«		absoluter Subjektivismus »des ernsten Mannes«

Nachdem die Struktur einiger von Novalis thematisierten Naturauffassungen vorgestellt ist, lässt sich die eingangs gestellte Frage beantworten, ob nicht bestimmte Auffassungen vor dem Hintergrund der fortgeschrittenen Technisierung des Naturumgangs und der die Lebensgrundlagen der Menschheit gefährdenden Umweltkrise eine Aufwertung erfahren müssen. Gegenüber den vorindustriellen Zeiten haben diejenigen Bedeutungen von Natur an Gewicht gewonnen, die es am differenziertesten gestatten, Eingriffe des Menschen in Natur zu erkennen[24]. Keine der vorgestellten Bedeutungen schließt die

---

[24] Von anderen Ansätzen, um die in »Die Lehrlinge zu Sais« diskutierten Naturbegriffe mit gegenwärtigen ökologischen Problemlagen in Beziehung zu setzen, gehen

Identifikationen menschlicher Naturveränderung aus. Aber Begriffe, die den Umfang von »Natur« unmittelbar von menschlichen Eingriffen abhängig machen, bergen Voraussetzungen, diese Erkenntnisleistung zu erleichtern. Unter den diskutierten Begriffen fällt hierunter nur die auf Rousseau zurückgehende Entgegensetzung von Kultur und Natur, nach der allein diejenigen Wirklichkeitsbereiche als Natur bezeichnet werden können, die frei von jeglichem menschlichen Einfluss sind. Gibt es sie noch? Vielleicht kommen bestimmte Naturreservate diesem Begriff nahe. Sicher fällt noch das Erdinnere und im gebührendem Abstand von der Erde der Weltraum unter den rousseauschen Begriff. Rousseau selbst und vielleicht auch Novalis glaubten an eine unversehrte Natur tief im Inneren des Menschen. Der sich zusammenziehende Umfang dieser Natur kennzeichnet ihre heutige Krise.

Literatur

Hans Jürgen Balmes, »Einführung in ›Die Lehrlinge zu Sais‹«, in: Hans-Joachim Mähl und Richard Samuel (Hrsg.), *Novalis, Werke, Tagebücher und Briefe Friedrich von Hardenbergs, Band 3: Kommentar*, München/Wien 1987.

Christian Becker und Reiner Manstetten, »Nature as a You: Novalis' Philosophical Thought and the Modern Ecological Crisis«, in: *Environmental Values* 13(1)/ 2004, S. 101–118.

Ernst Betz, *Die Dichtungen des Novalis. Ihr Kompositionsprinzip – der Ausdruck seiner Geschichtsanschauung* (Diss.), Erlangen 1954.

Hans Blumenberg, *Die Lesbarkeit der Welt*, Frankfurt a. M. 1981.

Jürgen Daiber, *Experimentalphysik des Geistes. Novalis und das romantische Experiment*, Göttingen 2001.

Ulrich Gaier, *Krumme Regel. Novalis' ›Konstruktionslehre des schaffenden Geistes‹ und ihre Tradition*, Tübingen 1970.

Angela García Canelles, »Der Dialog in Novalis' Die Lehrlinge zu Sais«, in: *Revista de Filología Alemana* 8/ 2000, S. 143–166.

Paul Kluckhohn, »Friedrich von Hardenbergs Entwicklung und Dichtung«, in: Paul Kluckhohn und Richard Samuel (Hrsg.), *Novalis, Schriften, Band 1: Das dichterische Werk* (unter Mitarbeit von Heinz Ritter und Gerhard Schulz), Stuttgart 1977.

---

aus: C. Becker und R. Manstetten, »Nature as a You: Novalis' Philosophical Thought and the Modern Ecological Crisis«, in: *Environmental Values* 13(1)/ 2004, S. 101–118 und Takahashi, »Die Lehrlinge zu Sais als Poetisierung der Wissenschaften«, in: *Journal of Arts and Letters* 91(2)/ 2006, S. 231–249.

Ingrid Kreuzer, »Novalis' ›Die Lehrlinge zu Sais‹. Fragen zur Struktur, Gattung und immanenten Ästhetik«, in: *Jahrbuch der Deutschen Schiller-Gesellschaft* 23/ 1979, S. 276–308.
Peter Küpper, *Die Zeit als Erlebnis bei Novalis*, Köln/Graz 1959.
Reinhard Leusing, *Die Stimme als Erkenntnisform – zu Novalis' Roman ›Die Lehrlinge zu Sais‹*, Stuttgart 1993.
Hans-Joachim Mähl, *Die Idee des goldenen Zeitalters im Werk des Novalis. Studien zur Wesensbestimmung der frühromantischen Utopie und zu ihren ideengeschichtlichen Voraussetzungen*, Heidelberg 1965.
Dennis F. Mahoney, *Die Poetisierung der Natur bei Novalis*, Bonn 1980.
Johannes Mahr, »Kommentar zu ›Die Lehrlinge zu Sais‹«, in: Johannes Mahr (Hrsg.), *Novalis, Gedichte. Die Lehrlinge zur Sais*, Stuttgart 1984.
Géza von Molnár, »The Composition of Novalis' ›Die Lehrlinge zu Sais‹. A Reevaluation«, in: *Publications of the Modern Language Association of America* 85/1970, S. 1002–1014.
John Neubauer, »Nature as Construct«, in: Frederick Amrine (Hrsg.), *Literature and Science as Modes of Expression*, Dordrecht 1989, S. 129–140.
Novalis, *Schriften, Band 1: Das dichterische Werk*, Paul Kluckhohn und Richard Samuel (Hrsg.) (unter Mitarbeit von Heinz Ritter und Gerhard Schulz), Stuttgart 1977.
Fedor Pellmann, »Die Naturauffassung des Novalis in ›Die Lehrlinge zu Sais‹«, in: *Blüthenstaub, Jahrbuch für Frühromantik* 4/2018, S. 275–306.
Dirk von Petersdorff, »Spielerische Komplexitätsreduktion. Das Märchen von Hyazinth und Rosenblüte aus Friedrich von Hardenbergs Romanfragment ›Die Lehrlinge zu Sais‹«, in: *Fabula* 55(1/2)/ 2014, S. 105–111.
Gregor Schiemann, »Plurale Wissensgrenzen: Das Beispiel des Naturbegriffes«, in: Jürgen Mittelstraß (Hrsg.), *Die Zukunft des Wissens. XVIII. Deutscher Kongress für Philosophie*, Konstanz, 2000, S. 104–111.
Gregor Schiemann, »Natur: Kultur und ihr Anderes«, in: Friedrich Jaeger et al. (Hrsg.), *Handbuch der Kulturwissenschaften. Eine interdisziplinäre Bestandsaufnahme*, München 2004, S. 60–75.
Gregor Schiemann, *Natur, Technik, Geist. Kontexte der Natur nach Aristoteles und Descartes in lebensweltlicher und subjektiver Erfahrung*, Berlin/New York 2005.
Gerhard Schulz, »Kommentar zu ›Die Lehrlinge zu Sais‹«, in: Gerhard Schulz (Hrsg.), *Novalis Werke*, München 2013.
Jury Striedter, »Die Komposition der ›Lehrlinge zu Sais‹«, in: Gerhardt Schulz (Hrsg.), *Novalis. Beitrag zu Werk und Persönlichkeit Friedrich von Hardenbergs*. Darmstadt 1986, S. 259–282.
Alison Stone, »Being, Knowledge, and Nature in Novalis«, in: *Journal of the History of Philosophy* 46(1)/ 2008, S. 141–163.
Yu Takahashi, »Die Lehrlinge zu Sais als Poetisierung der Wissenschaften«, in: *Journal of Arts and Letters* 91(2)/ 2006, S. 231–249.
Herbert Uerlings, *Friedrich von Hardenberg, genannt Novalis. Werk und Forschung*, Stuttgart 1991.

Gregor Schiemann

Herbert Uerlings, »Novalis und die Wissenschaften. Forschungsstand und Perspektiven«, in: Herbert Uerlings (Hrsg.), *Novalis und die Wissenschaften*, Tübingen 1997, S. 1–22.

Jens Birkmeyer

Betreten verboten!
Elemente einer philosophischen Kritik der Mondbenutzung

»Der Mond ist etwas,
das man nicht betreten sollte.«
(Heiner Müller)

1.

Mit dem Mond als Naturobjekt ist das – zumindest philosophisch betrachtet – eine intrikate Angelegenheit, da der sozialwissenschaftliche und philosophische Theoriehintergrund in diesen Themengebieten auffällig defizitär ist. Auch in den aktuellen Diskursen über ein zeitgenössisches Ökologieverständnis, das auf den Naturbegriff zu verzichten gedenkt, spielen gehaltvolle Reflexionen über den Mond, die Mondraumfahrt und die imperialen Mondplanungen keine Rolle. Es scheint, der zeitgenössische Monddiskurs ist philosophisch unterversorgt.[1]

Als hinlänglich physikalisch-astronomisch vermessener Erdtrabant ist er ein taumelndes und driftendes Objekt der unbelebten Natur und immerzu seltsamer Gegenstand datenreicher naturwissenschaftlicher Beschreibung, Erforschung und Erklärung. Naturphilosophie hingegen wirft jedoch nicht nur die Frage nach dem Wissen über die Natur auf, sondern behandelt auch das Verhältnis des Menschen zu und in ihr sowie die Naturbegriffe und Naturverständnisse selbst. Die lange Ideengeschichte der philosophia naturalis steht heute allerdings einer Dominanz szientistischer Naturalismen gegenüber, was dazu führt, dass der Mond nicht mit naturphilosophischen

---

[1] Hinsichtlich der philosophischen Betrachtung der Astronautik ist aufschlussreich: J. Fischer, »Weltraumfahrt im Blick der modernen Philosophischen Anthropologie«, in: J. Fischer, D. Spreen (Hrsg.), *Soziologie der Weltraumfahrt*, Bielefeld 2014, S. 21–40.

Jens Birkmeyer

Betrachtungen alleine gedacht werden kann, wenn es auch darum gehen soll, anderes über ihn in Erfahrung zu bringen als die Naturwissenschaften epistemisch für sich reklamieren.

Genauer gesagt: die Perspektive folgender Überlegungen handelt nicht davon, was astrophysikalisch über den Mond gesagt, sondern was intrahalluzinatorisch durch ihn gesehen werden kann. Während die techno-imperialen Okkupationspraxen der lunaren Landnahme heutiger Weltraumnationen samt des flankierenden medialen Suspense immer neue Konkurrenzeskalationen um geplante Mondsiedlungen, astrokoloniale Bodenschatznutzung und geostrategische Außenposten für imperial-intergalaktische Kaperungen in Umlauf bringen, bleibt die poetische Seite sehnsüchtiger und wehmütiger Betrachtungsformen des Mondes zwar dauerhaft durch die milliardenschwere und technikberauschte Spaceavantgarde massiv bedrängt, doch ästhetisch mehr oder weniger unbeeindruckt. Denn sobald der Mond (er)scheint, d.h. in Erscheinung tritt und nicht in Besitz genommen wird, verändert sich vieles. Die melancholische Stimmung kann sich durchaus in depressive Verstimmtheit steigern, die ängstliche in Panik und die glückselige in Euphorie; nun wimmelt es in Mondnächten von Lykanthropen, Werwölfen, Blutsaugern, aber eben auch von Sehnsüchtigen, Liebestaumelnden und libidinösen Mondlichtduschern im anrührenden Gefolge Peter Pans.

Stets geht es in neurokinetischen Steigerungserfahrungen dieser Art darum, ein wenig aus sich selbst herauszutreten und diesem Irritationsmoment standzuhalten. Die hartnäckige Kraft des Mondes zur Transformation der emotionalen Gemütslagen, psychogenen Gestimmtheiten und empfundenen Weltaggregatszustände lässt den Menschen etwas sehen, das mehr ist als eine kulturgeschichtliche, lange anhaltende, aufgeladene Projektion irdischer Verhältnisse in Richtung Mond[2]. Es ist ja auch die imaginäre Gegenrichtung, sich selbst als Erdenbewohner aus der vermeintlichen lunaren Außenperspektive in Augenschein zu nehmen. Die Natur retten hieße dann aber praktisch mindestens auch, den Mond vor der kommerziellen Verschacherung, interstellaren Vermüllung, vor debilem Reichtumstourismus und besonders vor der militärisch-robotischen Zurichtung im 21. Jh. zu bewahren, um den meditativen Rücksturz mensch-

---

[2] Grundlegend zu den kulturhistorischen Kontexten der Mondthematik: B. Brunner, *Mond. Die Geschichte einer Faszination*, München 2011.

licher Phantasien aus dem Orbit ins eigene zerebrale Zentrum nicht vollständig zu verlieren und zu zerstören.

Neben dieser pragmatisch notwendigen, doch unwahrscheinlichen Konstellation, verfolgt Rettung aber noch ein weiteres Ziel. Anhand der astro-imperialistischen Mondphantasien der hegemonialen Weltraumnationen unserer Tage wäre ein Bewusstsein davon wachzuhalten, dass der Mond als zugleich evident prägnanter, doch auch mannigfach geträumter, teils gefürchteter, teils ersehnter Gegenstand mit rätselhaften Wirkungen auf die Erdbewohner einwirkt und diese mit ihrem eigenen Traumgeschehen versorgt[3]. Die Unlesbarkeit seiner unbestimmten und geheimnisvollen Oberfläche ist für den lunaren Voyeurismus vor der ersten Mondlandung samt ihres mitgelieferten Bildarsenals eine Voraussetzung dafür, das angehäufte Wissen über dieses Himmelsobjekt nicht vollends an die Stelle einer poetisch gestimmten himmlischen Wahrheitserkundung treten zu lassen. Problematischer als die seit der Apollozeit fortlaufenden Annahmen einer kinematographisch gefakten Verschwörung ist doch wohl der Schwur der Akteure selbst, dieses Eroberungsprojekt zu realisieren und als ontologische Menschheitsbeglückung auszuweisen. Ideologische Anmaßungen jener Art hatte auch Günther Anders vor Augen, als er im Anschluss an den Apollo-Rausch antimetaphysisch darauf verwies, dass wir »durch die Erweiterung unserer Welt nicht erweitert werden«[4].

Sowohl als naturgegebener Gegenstand als auch durch Vorstellungen hergestellter, als zugleich Faktum und als Artefakt tendiert der Mond als Objekt der Begierde nach Wissen und nach kulturell Imaginärem dazu, beide Sphären zu entgrenzen und zu überschreiten: die epistemische Sphäre hin zum Halluzinatorischen (Startplatz für weitere ratsuchende Raummissionen, lunare Schollen für Rüstungsimplementierungen, Außensiedlung für interstellare Menschheitserweiterungen, Urlaubsressort für monetär liquide Vergnügungssüchtige etc.) und die phantasmagorische hin zum tatsächlichen Wirkungszusammenhang ihrer psychonautischen Annahmen.

Die hierbei emergierenden Wissensformen erklärend zu unterscheiden, wäre ein möglicher Aufgabenbereich philosophierender

---

[3] Vgl. hierzu: A. Kluge, J. Vogl, *Soll und Haben. Fernsehgespräche*, Zürich/Berlin 2009, S. 285 ff.
[4] G. Anders, *Der Blick vom Mond. Reflexionen über Weltraumflüge*, München 1994, S. 26; zum Bilderarsenal der Mondlandung bes. S. 112 ff.

Fundamentalreflexion. Ein weiterer bestünde mitunter darin, den Verlust des ehedem ungenutzt zweckfreien Raumes des Mondes auch als eine menschheitsgeschichtlich folgenschwere Transformation der ästhetischen Sphäre selbst ins Bewusstsein zu bringen. Hiermit wäre auch angesprochen, inwieweit eine wenig aussagekräftige naturphilosophische Reflexionsbemühung durch eine kulturästhetische ersetzt werden müsste, um nicht bloß die kulturellen Mondartefakte hinreichend einzuordnen und zu begreifen. Deren Wandlungen selbst wären als ein Indiz dafür zu sehen, die Fragen nach der rätselhaften Natürlichkeit des Mondes als kosmische Leinwand mit verdeckter Hinteransicht und nach der natürlichen Rätselhaftigkeit irdischer Existenz unter veränderte Vorzeichen zu stellen. Und diese Sichtweise wiederum muss von einer kontemplativen Betrachtungsweise der Natur unterschieden werden, die den Mond als ein dessen Zeichen- und Sinnhaftes dementierendes und suspendierendes »Ding-in-Erscheinung betrachtet, das weder zu verstehen noch mißzuverstehen ist.«[5]

2.

Hans Blumenberg hat insbesondere darauf verwiesen, dass gerade durch die Denktradition der Aufklärung die poetische Seite des Mondes als eigenständiges Refugium eines anderen phantasierenden Wissens freigesetzt wurde. In seinen ironischerweise astronoetische Gedankenexperimente bezeichneten hellsichtigen Reflexionsepisoden zum Mond wird eine phänomenologisch ausschweifende philosophierende Perspektive verfolgt, die weder im ästhetisch kontemplativen Modus verharrt noch die robusten Naturtheorien begleitend zu kommentieren trachtet[6].

Im Kern wird der Gedanke verfolgt, dass nicht nur die methodischen Verfahrensweisen und Aussagencluster im Rahmen von technischen, naturwissenschaftlichen und poetischen Betrachtungen, Behauptungen und Einstellungen differieren, sondern dass sie erst gar nicht denselben Objektbereich verhandeln. Dies zumal, da »jede Wissensform zugleich mit ihren referentiellen Systemen auch einen

---

[5] M. Seel, *Eine Ästhetik der Natur*, Frankfurt a.M. 1991, S. 46.
[6] H. Blumenberg, *Die Vollzähligkeit der Sterne*, Frankfurt a.M. 1997, S. 161 ff., 470 ff.

begrenzten Platz für die entsprechenden Subjektpositionen einräumt, dass sie also die Prämissen liefert, unter denen man sich im Verhältnis zu diesem Wissen artikuliert«[7]. Wer folglich über den Mond spricht, impliziert stets auch eine Rückschau von der bislang höchsten extraterrestrischen Aussichtsplattform auf die Erde und nimmt hierbei eine eingeschränkte und einschränkende Wissensposition voller normativer Implikationen ein. Deren Relevanz vermag sich allerdings nur durch den Abgleich mit einer konkurrierenden Perspektive Geltung zu verschaffen.

Blumenbergs idiosynkratische Theoriearbeit der Astronoetik folgt nun einer Linie, die keineswegs dem positiven Mondwissen gegenüber ignorant ist.[8] Vielmehr werden dessen begleitende Phantasieräume hinsichtlich der basalen Erdrückschau ausgelotet, um zugleich der Grundfrage nachzugehen: Was hieße es, den Mond als Naturgegenstand zu denken und welche Vorstellungsweisen, Wahrnehmungsformen und Reflexionsstufen treffen dabei aufeinander? Hierzu gehört etwa auch die Beobachtung des markanten Widerspruchs zwischen der Genese des Wissens über Naturzusammenhänge und dem Umstand, dass dieses Wissen im Zuge der kosmologisch entzauberten, dann aufgeklärten kosmischen Ernüchterung gar nicht in die gängigen Alltagsvorstellungen aufgenommen wird bzw. relevanten Eingang findet.

Was geschieht denn wirklich auf dem langen Weg vom sinnerfüllten Kosmos zum profanisierten und stummen Weltall? In der Reflexion »Der Mond von einst war runder« etwa wird der Wechsel des Erscheinungsbildes der sichtbaren Mondoberfläche und seiner Lesarten als Gesicht und Landschaft in der mythischen und nachmythischen Weltansicht angesprochen. Da jedoch erst im Laufe der Zeit die wissenschaftliche Einsicht ins Spiel kommt, dass die Rotation des Mondes sich mit der Tagesdrehung der Erde synchronisiert hat, setzt sich in der Neuzeit allmählich das Wissen durch, dass der Mensch immer nur der gleichen Mondseite ansichtig werden kann.

---

[7] J. Vogl, »Robuste und idiosynkratische Theorie«, in: *KulturPoetik* 2/2007, S. 249–258, hier S. 257.
[8] »Während eine robuste Theorie ihre Gegenstände (›die‹ Literatur, ›das‹ Wissen, ›die‹ Realien, ›die‹ Wissenschaft, ›die‹ Vernunft) immer schon kennt und darum keine Theorie benötigt, setzt ein idiosynkratisches Verfahren die Unerklärtheit seines Untersuchungsbereichs voraus und provoziert mit seiner analytischen auch eine theoretische Aktivität, mithin die Arbeit an der Adaptionsfähigkeit seiner Beschreibungen.« Ebd., S. 258.

Bemerkenswert an dieser erst spät bekannt gewordenen »Anomalie« kosmischen Zusammenhangs ist für Blumenberg, »wie wenig von unserem Wissen in unser Erleben – und damit ›Leben‹ – eingegangen ist. Welcher Mondschwärmer hätte je Erstaunen ausgedrückt, daß der Mond sich ›nicht drehen‹ will?«[9]

Blumenberg betreibt keine spekulative naturphilosophische Betrachtung des Trabanten, sondern treibt den Widerpart von nachkopernikanischer wissenschaftlicher Expertise und lebensweltlicher Bedeutung des Mondes bis an den Punkt, an dem »das Wissen von der schmalen Zone der zureichenden Bedingungen« in eine Einheit übergeht, in »der sich Ausdruck und Stimmung, Vertrautheit und Vertraulichkeit, Geborgenheit und Diskretion vereinigen«[10]. Da eine Mondnacht weder per se Gegenstand naturwissenschaftlicher oder lyrischer Betrachtung sein kann, vermag gerade die Abgrenzung von den wissenschaftlichen Fakten eine nüchterne und genaue Sichtweise hervorzubringen. Wenn nämlich Wissenschaft »bei solcher Art von Thematisierungen des ihr selbst Unthematischen nicht ausgeschaltet oder als Inbegriff von ›Positivismus‹ degradiert« wird. Vielmehr avanciert Wissenschaft »zum Instrument der Erzeugung von Aufmerksamkeiten für das scheinbar Fernliegende.«[11]

Auch in diesem planetaren Themenkontext zielt Blumenbergs Philosophieren darauf ab, »den Gebrauch von theoretischen Befunden als deskriptive Metaphorik«[12] zu markieren, also Metaphorik als einen epistemischen Raum auszuweisen, in dem elementare und ansonsten verborgene Sachverhalte sichtbar werden, die für weitergehende Überlegungen Anschlüsse liefern. Als Beispiel führt er in der Miniatur »Singularität des Erdmondes« die Gravitationskraft der Erde als Bedingung für den aufrechten Gang des menschlichen Zweibeiners mit überschwerem Kopf an, um vom naturepistemischen Schwerebild zu einer lebensphilosophischen Volte überzugehen: »Beinahe sind wir uns zu schwer; wären wir es nicht, hätten wir keine Luft zum Atmen, so wie das leichtfüßige Hüpfen der behelmten Astronauten auf dem Mond die optische Mitteilung dafür enthielt, daß man auf dem Mond keinen Atem – außer dem von der Erde mitgebrachten – haben kann, weil auf ihm das Lebensgewicht so leicht

---

[9] H. Blumenberg, *Die Vollzähligkeit der Sterne*, Frankfurt a. M. 1997, S. 170.
[10] Ebd., S. 172.
[11] Ebd.
[12] Ebd., S. 173.

wäre. Beinahe ein optisches Signal, den Utopien des leichten Lebens nicht zu trauen«[13].

Offenkundig besteht ein Fixpunkt dieser phänomenologischen Naturbetrachtung darin, robustes Wissen und idiosynkratisches Ansinnen weder scharf voneinander abzugrenzen noch in eine antagonistische Position zu stellen. An deren Berührungsflächen und Kreuzungspunkten wird vielmehr eine das Denken stimulierende und die Narrationen erweiternde Metaphorik kenntlich gemacht, die einen philosophischen Gedanken ermöglicht. Natur philosophierend zu denken hieße dann u. a. auch über sie so zu sprechen, dass nicht bloß naturhafte Sachverhalte partikular erklärt werden, sondern zugleich lebensweltliche Vorstellungsräume so tangiert werden, dass neue Metaphoriken des noch Unverstandenen im Hinblick auf lebensweltliche Phänomene und Kontexte in Erscheinung treten können.

Blumenbergs Erkenntnisinteresse zielt darauf ab, die »Ohnmacht des Wissens gegenüber der Anschauung« zu behaupten, wofür auch die Behauptung steht, die monströs durchgeführten Mondexpeditionen hätten »keinen Anspruch auf dauerhafte Integration ins Bewußtsein erheben können.« Da schließlich die »physiognomische Anwesenheit« der Mondkontur als eine mäßigende und milde, im Gegensatz zur unerbittlichen Sonne durch die »Nachsicht eines geliehenen Lichts« undespotische charakterisiert wird, erscheint auch deren ansichtige »aktive Optik« als »geduldig, nachsichtig, gleichgültig, mitleidslos.«[14]

Der Mond ist für Blumenberg eine gerade durch die Aufklärung selbst freigesetzte poetische Erscheinung und nicht bloß eine Erscheinung in der Poesie, die aufzuklären wäre. Amüsante Formulierungen, wie die, beim Anblick des Mondes seien weder »Mondcremes noch Mondbrillen« von Nöten, lassen sich indes nicht bloß als kaustische Schrullen oder poetisierende Meriten lesen. Diese skurrile Metaphorisierung reagiert vielmehr auf Schopenhauers im Stück »Der Mond als poetische Erscheinung« zitierten Hinweis, der Sonne vermöge man nicht ins Gesicht zu schauen, weswegen allein der Mond ein »Freund unsers Busens«[15] sei. Damit wird narrativ philosophierend nach proto- und nicht postfaktischen Sprachbildern gesucht, die ihrerseits eine bedeutsame und stimmige, doch naturwissenschaftlich

---

[13] Ebd.
[14] Ebd., S. 175.
[15] Ebd., S. 176.

irrelevante Naturbeobachtung erschließen, dass nämlich die Ansichtigkeit des Mondes nur eine gedämpfte Erscheinung der Sonne auf Umwegen sei, die Sonne nur indirekt mäßig scheine, wenn der Mond sichtbar ist.

Stößt man sich nicht an der epistemischen Banalität dieser Bemerkung, wird deutlich, inwieweit Blumenberg grundsätzlich daran interessiert ist, im Modus eines phänomenal assoziativen Kombinierens eine philosophierende Sprechweise hervorzubringen, die weder streng kategorisiert noch die naturkundliche Fachterminologie bloß populär zu illustrieren beabsichtigt. Der Hinweis auf »Mondbrille« und »Mondcreme« wäre damit kein semantischer Gag, was er auch ist, sondern eine Metapher für ein tatsächliches Naturphänomen, allerdings im Spiegel der ästhetischen Brechung, so dass das Tatsächliche indirekter lunarer Schwachsonnenstrahlung als ein Etwas in Bezug auf Wahrnehmungsqualitäten des Empfängers gesehen wird und nicht bloß als gewusste reine, d.h. isolierte Faktizität.

In methodischer Hinsicht – darüber gibt etwa die Mondmeditation »Die Singularität des Mondes« Auskunft – zielt Blumenbergs Astronoetik darauf ab, die lebensweltliche Besonderheit des Mondes auf dessen solitäre Naturhaftigkeit zurückzuführen. Das Wesentliche der Verklammerung von Natur und Lebenswelt wird mittels phänomenologisch »freie(r) Variationen«[16] erschlossen, die das jeweils Faktische stets bloß als Ausschnitt eines grundsätzlich umfassenderen Möglichen denken, um auf dem Wege einer versetzenden Optik möglichst »mehr zu sehen« und mehr hervorzubringen. Und da die »sinnliche Singularität« dieses einzigartigen Himmelskörpers auch die »Wahrnehmung ohne Wissen« stimuliert, vermag Blumenberg faktisches Mondwissen mit kulturell erzeugten ästhetischen Sichtweisen über das Himmelsobjekt sowie mit möglichen lebensweltlich relevanten Reflexionen zu einem philosophierenden Konglomerat mehrfacher Bedeutungsmöglichkeiten und Sinnoptiken kombinierend zu verdichten (z.B. »Wie riecht der Mond?«[17]).

Diesem phänomenologischen Theorietyp mangelt es jedoch an einem soliden Zeichenbegriff, der es ermöglicht, den Mond dezidiert als Signum artifizieller Semantiken zu lesen. Eine semiotische Lesart verknüpft ebenfalls »das erstaunlich Einfache mit dem erstaunlich Komplizierten, und das erstaunlich Technische mit dem erstaunlich

---

[16] Ebd., S. 471.
[17] Ebd., S. 478f.

Magischen«[18], betont aber zudem den technisch entzauberten Mond als reines Transformationszeichen »glücklicher Unvernunft«. Ein solches Zeichen bringt einen komplexen kinematografischen, ikonografischen und narrativen Halluzinationsraum vielfältiger künstlerischer und banaler Artefakte hervor und schreibt sich in diesen ein.

»Der Mond ist auf der Seite des Unterdrückten, des Verbotenen, des Geheimen, des Vermischten. Die Sonne ist Arbeit, der Mond ist Begehren. Die Sonne ist duale Ordnung, der Mond zyklischer Tanz, die Sonne ist, was sie ist, der Mond ist je nachdem«[19]. Georg Seeßlen weist damit auf den »anhaltende(n) Konflikt des romantischen mit dem positivistischen Flügel des Bürgertums« hin, denn die »einen wollen auf den Mond, die anderen in seinem Schein zurück.« In beiden Fällen wird der Mond als Zeichen für etwas gesehen und von etwas gedeutet. Gerade weil er nur kosmischer Abfall ist, von wo (bislang) nichts Besonderes zu holen ist, eignet er sich bestens als Zeichen nützlicher schöner Nutzlosigkeit für Geheimnisvolles, Alterität und Ungeheures und nicht als Lebensweltmetaphoriken stimulierender Sinneseindruck, wie bei Blumenberg ausgeführt.

Mit einem erstaunlich hoffnungsvollen Gedanken Adornos aus den »Minima Moralia« (»Sur l'eau«) lässt sich ein gehaltvoller Einwand auch gegen Mondbenutzung formulieren: »Vielleicht wird die wahre Gesellschaft der Entfaltung überdrüssig und läßt aus Freiheit Möglichkeiten ungenützt, anstatt unter irrem Zwang auf fremde Sterne einzustürmen«[20]. Wenn diesbezüglich etwas aus postromantischen Kinderbüchern des Typs »Der kleine Häwelmann« zu lernen ist, dann dies: Du sollst *erstens* den Mond nicht mit eigenem Ballast belästigen und *zweitens* Deine Wunschphantasmen nicht in die Umlaufbahn despotischer Willkürkolonialismen überführen. Wie sollte mit dem pädagogischen Ethos Theodor Storms jedoch einem US-Techniker der Apollomission oder den chinesischen Entwicklern der Raumsonde Chang'e 4, die auf der Mondrückseite geparkt wurde, zu erklären sein, dass sie an einer lunaren Belästigungsmission teilhaben? Jeder Naturbeherrschung und jeder Naturverwüstung geht doch stets eine Naturbelästigung voraus, die ihre eigene drastische Dreis-

---

[18] G. Seeßlen, *L'une. Postlunatische Dialektik*, www.getidan.de/gesellschaft/georg_Seesslen/ 3350/l'une-postlunatische-dialektik, (23.07.2020).
[19] Ebd.
[20] Th. W. Adorno, *Minima Moralia. Reflexionen aus dem beschädigten Leben*, Frankfurt a. M. 2001, S. 297.

tigkeitshalluzinatorik als solche nicht erfasst. Zu erklären wäre etwa, dass die Antriebsenergien für orbitale Erkundungen gemäß dem Kinderbuch »Peterchens Mondfahrt« allein darin bestehen, irdisches Unglück des Naturhaften – Maikäfer Sumsemanns abgeschlagenes und versehentlich auf den Mond verwunschenes sechstes Beinchen – durch eine beherzte Mission rasch wieder zurückzuholen, nicht jedoch den Mond selbst zu belästigen oder gar zu okkupieren.

3.

Aus der narrativen Perspektive eines erweiterten apokalyptischen Anthropozäns ließe sich unschwer erkennen, inwieweit die Technoavantgarden dieser Erde nichts anderes betreiben, als die ausgedehnte Verschrottung der Natur auf den nächsten orbitalen Etagen weiterzuführen. Versteht man unter Apokalyptik schlicht den Versuch, »die Welt von ihrem Ende her zu evaluieren«[21], um zu einer moralischen Urteilsposition finaler Evidenz zu gelangen, dann ließe sich wohl das gesamte Unterfangen himmelsstürmender Astronautik und planetarer Filialhalluzinatorik als neues irrationales Kapitel dieses apokalyptischen Anthropozäns beschreiben, nicht jedoch als Mühe um dessen naturbesorgte deeskalierende Zähmung. Ganz gleich, ob man nun die wissenschaftliche Exzellenz solcher Unternehmungen im Auge hat oder den kapitalintensiven expansiven Drang, kommode Außenstationen für die Hominiden des Post- bzw. Neoanthropozäns zu installieren: die kosmisch erweiterten Naturverhältnisse werden ebenso einem destruktiven, unethischen und irrationalen Objektivierungszwang unterworfen. »Sobald die Menschen der Erdoberfläche imstande sind, Implantate ins Nichts zu setzen und diese mit Transplantaten von Lebenswelten zu füllen, sind sie auch imstande, ihresgleichen temporär in diese Welt- und Umwelt-Imitate zu versetzen und mit den Versetzten in eine Art von ontologischer Kommunikation zu treten.«[22]

---

[21] P. Sloterdijk, »Das Anthropozän – Ein Prozeß-Zustand am Rande der Erd-Geschichte?«, in: Ders., *Was geschah im 20. Jahrhundert?*, Berlin 2016, S. 7–43, hier S. 13.
[22] P. Sloterdijk, »Starke Beobachtung. Für eine Philosophie der Raumstation«, in: Ders., *Was geschah im 20. Jahrhundert?*, Berlin 2016, S. 177–184, hier S. 179.

Was hat der Mond mit all dem zu tun? Wenn er nur ein kontingent rotierender, gravitierender und unwirtlicher Gesteinsklumpen sein sollte: nichts. Falls er jedoch Teil einer komplexen und schützenswerten Natur wäre: alles, weil er damit Adressat des antianthropozänischen ethischen Imperativs sein könnte. Du sollst die Natur nicht kränken und belästigen! Wer im Lichte anthropozäner Konstellationen an naturbewahrenden Gegenkräften mitzuwirken beabsichtigt, darf keine Probleme exportieren, sondern muss Hoffnungen importieren. Erst dann, wenn die zugleich technisch machbaren und halluzinatorisch aberwitzigen Praktiken vergangener und weiterhin geplanter Mondbenutzungen als jeweilige partikulare Verwirklichungen von gesellschaftlichen Allgemeinabstraktionen verstanden werden, lässt sich eine aussichtsreiche und realistische Kritik der instrumentellen Apokalyptik formulieren.

Das allgemein Abstrakte (Fortschritt, Forschung, das technisch Machbare, das Wachstums- und Optimierungsparadigma, Visionen der Menschheitszukunft etc.) wird zu einer praktischen Kategorie, indem von der konkreten Vielfalt der Naturphänomene abgesehen wird und die konkreten Naturbezüge einem Prinzip der dreifach nutzbringenden Unterwerfung unter das Gewinn-, das Beherrschungs- und das Expansionsprinzip anheimfallen. Dem Mond wird auf diese abstrahierende Weise etwas von seiner Natur genommen, indem man ihn mit Menschenmaterial übersät und seine Vielfalt vereinfacht, zugleich aber wird in der ideologischen Halluzination der Naturbeherrschung die Gewalt des Subjektes gegen seine eigene Natur ausgeblendet.

Zu erinnern wäre an dieser Stelle auch an Walter Benjamins Unterscheidung von Naturbeherrschung und Beherrschung des Naturverhältnisses, die er in seiner Gedankenprosa »Einbahnstraße« vorgenommen hat: »Naturbeherrschung, so lehren die Imperialisten, ist Sinn aller Technik. Wer möchte aber einem Prügelmeister trauen, der Beherrschung der Kinder durch die Erwachsenen für den Sinn der Erziehung erklären würde? Ist nicht Erziehung vor allem die unerlässliche Ordnung des Verhältnisses zwischen den Generationen und also, wenn man von Beherrschung reden will, Beherrschung der Generationsverhältnisse und nicht der Kinder? Und so auch Technik nicht Naturbeherrschung: Beherrschung vom Verhältnis von Natur und Menschheit«[23].

---

[23] W. Benjamin, *Einbahnstraße*, Frankfurt a. M. 1955, S. 124 f.

Befördert wird die oben angesprochene Ausblendung auch dadurch, dass der Mond als anthropozäner Schrottplatz und Faktum immer weniger dazu dienen kann, ein wirkungsvolles Artefakt der aufschlussreichen irdischen Selbstbetrachtung zu sein. Philosophisch zu fassen wären die tieferliegenden Umstände, wie der lunar-ästhetische Projektionsraum über selbstbetrachtende irdische Winzig- und Bedeutungslosigkeiten sich allmählich zu einer dystopischen Kinomaschinerie wandelt, um Narrative interstellarer Industrialisierung und ihrer Nebeneffekte zu generieren. In Duncan Jones agoraphobem Film »Moon« (2009) etwa erodiert nicht nur die technisch gestörte Verständigung mit der Erde, sondern auch die psychomentale Verfassung des lunar-hospitalistischen Protagonisten. Doch die raffiniert aufgeworfenen Fragen nach Sinn, Identität und Zugehörigkeit ergeben sich aus den unmittelbaren Folgen des isolierten und langen Fabrikeinsatzes auf dem Erdtrabanten, nicht jedoch aus der mondseitigen Beobachterperspektive auf die Erde.

Diesen selbstreferentiellen Betrachtungstypus spricht Franz Kafka 1903 in einem Brief an Oskar Pollak an, wenn er darin skurril über die menschliche Erleichterung ausführt: Mit ihr verhalte es sich so, als ob jemand sich auf den Mond begebe, um die Erde »von dort aus anzusehen, denn dieses Bewußtsein, von einer solchen Höhe und Ferne aus betrachtet zu werden, gäbe den Menschen eine wenn auch winzige Sicherheit dafür, dass ihre Bewegungen und Worte und Wünsche nicht allzu komisch und sinnlos wären, solange man auf den Sternwarten kein Lachen vom Monde her hört«[24]. Derartige Mondbetrachtungen deuten darauf hin, dass es eines ästhetischen Vorstellungsraumes des Naturgegebenen bedarf, um die zu begutachtenden irdischen Zwecke und Interessen aus der gedachten und behaupteten Position unbeteiligter Beobachter erster Ordnung in Augenschein zu nehmen.

Diese Anordnung hatte auch Walter Benjamin im Sinn, als er 1933 in seinem humorvollen Hörspiel »Lichtenberg. Ein Querschnitt«[25] Mitglieder der Mondakademie die zugleich unergiebigen wie insgesamt unerfreulichen Erdbewohner beobachten und erforschen ließ. Mit den Instrumenten »Spectrophon«, »Parlamonium«

---

[24] Brief von Franz Kafka an Oskar Pollak vom 8. November 1903, https://homepage.univie.ac.at/werner.haas/1903/br03-002.htm, (23.07.2020)
[25] W. Benjamin, »Lichtenberg. Ein Querschnitt«, in: Th. Küpper, A. Nowak (Hrsg.), *Walter Benjamin. Rundfunkarbeiten*, Berlin 2017, S. 126–161.

und dem »Oneiroskop« vermag alles Irdische gesehen und gehört, lästige Menschenrede in erträgliche Sphärenmusik verwandelt sowie die Träume der Erdlinge visualisiert werden. Was hierbei letztlich in Gesprächen mit Lichtenberg und mit Verweisen auf Paul Scheerbart deutlich wird, ist der Umstand, dass die Allianz von Menschheit und Technik sich nach wie vor ausschließlich an der Ausbeutung der Natur, nicht jedoch an ihrer Bewahrung orientiere.

Zwar hatte Benjamin mit diesem skurrilen Hörexperiment noch nicht die gefährdete und zu verschonende Naturhaftigkeit des Mondes selbst im Blick, doch deutet sich bereits thematisch an, welche blinde Benutzungslogik einer selbstbezüglich ausufernden und unkritischen Technikhörigkeit grundsätzlich inhärent ist und wie nötig eine bewahrende Praxis des Naturgedenkens sei. Wie hätten wohl Benjamins Mondreflexionen ausgesehen, wäre ihm bekannt gewesen, dass inzwischen nach 80 Missionen ca. 800 Gegenstände als veritabler Astroschrott hinterlassen wurden, darunter etwa Urinbeutel, Defäkationssammelvorrichtungen, Golfbälle, Feuchttücher, Werkzeuge, Kameras, Messgeräte, zerschellte Raumsonden und geparkte Fahrzeuge, eine Bibel, Andenken, Flaggen, CDs, die Feder eines Falken und ein Olivenzweig aus Gold als Friedenssymbol?

Welche Erklärungen hätte er dafür gehabt, dass eine fundamentale Kritik an dieser entsetzlichen Mondbenutzung in unseren die Raumfahrt erschreckend affirmierenden Massenmedien nahezu keine Rolle spielt? Nicht zuletzt wohl auch deshalb, weil in ihnen Adornos Gedanke aus den »Minima Moralia« völlig fremd ist, wonach Philosophie jener Versuch wäre, die Dinge vom Standpunkt der Erlösung aus zu betrachten und nicht, so ließe sich ergänzen, vom Standpunkt eines Fortschritts- und Wachstumsparadigmas. Den Mond nicht als ein beliebig verfügbares Nutzobjekt zu denken, sondern als eine zu schützende Natursphäre gegenüber destruktiven, expansiven und profitablen Unternehmungen jeder Art, hieße für den philosophischen Blick, den Trabanten von dessen zweiter megalomanischen Kaperungswelle unserer Tage bewahren zu wollen. Nicht zuletzt auch deshalb, um die leidlich antiquiert poetischen Ressourcen für metatropische Selbstbetrachtungen in der Ära seiner Entzauberung nicht ganz ad acta legen zu müssen.

All dies böte reichlich neuen Stoff für aktuelle astronoetische und anthropologische Erkundungen des Typus Blumenberg. War im Märchen vom »Mann im Mond« noch die Idee eines heterotopen Straflagers zentral, so kreisen zeitgenössische Phantasmen eher um planetare Produktionsstätten und lunare Habitate für freiwillige kosmische und astrotouristische Kollektive: »Ein Riesenmagnet, doch er bleibt nun links liegen: / Die Konvois ins All ziehen vorüber an ihm«[26]. Aber sie werden auch dort landen, so wie etwa in John Grays Film »Ad Astra« (2019) die Kurzstrecken-Raumfahrt zum Riesenmagneten bereits kommerzialisiert ist.

Eine philosophisch begründete Kritik dieser Planungen kann sich vermutlich nicht allein aus klassischen naturphilosophischen Sichtweisen oder Diskursen über das Naturschöne speisen. Um weder trivialen und allein ästhetischen Sichtweisen des Mondkitsches noch der Mondsentimentalität oder Mondgleichgültigkeit zu folgen, müsste hingegen der zivilisationskritische Gedanke stark gemacht werden, dass die astro-avantgardistischen Kapitaleliten nicht im Namen der Menschheit zu neuen visionären planetaren Ufern aufbrechen, sondern vielmehr darauf ausgerichtet sind, das terrestrische Ökodesaster outzusourcen. Es ginge um nichts weniger, als in der aufmerksamen Mondbegegnung der Menschen, die selbst Natur sind, eine doppelte Transzendenz zu beachten: deren eine Dimension markiert die zu verteidigende Unverfügbarkeit der Natur, eine weitere die ethische Relevanz ihrer Schönheit.

Hinsichtlich eines möglichen Beitrages der Ästhetik für eine Ethik der Natur würde ich für eine perfektionsästhetische Theorieperspektive plädieren, die »in der Ästhetik zwar nicht die Grundlage, wohl aber die Vollendung der Ethik sieht«[27]. Damit ist angesprochen, dass ein gutes Leben nur dann als gelungen gelten kann, wenn für eine ethische Haltung zur Natur auch ästhetische Sichtweisen und Begründungen herangezogen werden, die zwar nicht unerlässlich sind, auf die jedoch keineswegs verzichtet werden sollte. Daraus folgt zweierlei für die Mondbewahrung als Naturverhältnis und die Kritik des hegemonialen Monddispositivs: zum einen hat eine ethisch verantwortungsvolle Sichtweise der Natur den Mond in diese Sichtweise einzubeziehen; und zweitens liefern die ästhetischen Artefakte rund um den Mond reichlich Material für die Begründung ethischer Naturbeziehungen zum Erdtrabanten. Wie könnte man etwa, einmal ästhetisch von Debussys »Clair de Lune« innenbeleuchtet, noch

---

[26] D. Grünbein, *Cyrano oder Die Rückkehr vom Mond*, Berlin 2014, S. 47.
[27] J. Früchtl, »Die Möglichkeiten einer ästhetischen Ethik der Natur«, in: J. Zimmermann (Hrsg.), *Ästhetik und Naturerfahrung*, Stuttgart 1996, S. 59–76, hier S. 60.

ethisch legitimiert den vier Zielen der begonnenen NASA-Mission
Lunar Reconnaissance Orbiter (LRO) zustimmen wollen:

(1) sichere Landeplätze auffinden,
(2) die Ressourcen auf dem Mond lokalisieren,
(3) die Strahlungsumgebung auf dem Mond erkunden und
(4) Schlüsseltechnologien demonstrieren und verifizieren.[28]

Bereits im gescheiterten »Mondvertrag« (Agreement Governing the Activities of States on the Moon and Other Celestial Bodies) von 1979, der als Erweiterung des bestehenden »Weltraumvertrages« (1967) vorgesehen war, ist z.B. erlaubt, dass die Vertragsstaaten Besatzungen und Gerätschaften auf oder unter der Mondoberfläche deponieren dürfen (Artikel 8) sowie die lunaren Naturschätze erschließen und bewirtschaften können (Artikel 11)[29]. Ethisch begründete grundsätzliche Verbote der Mondbenutzung (bis auf militärische Planungen und kriegerische Handlungen) sind vertraglich dort allerdings nicht vorgesehen.

Dabei käme es vor allem darauf an, den Mond in das gedankliche Verständnis eines zu bewahrenden Naturgefüges derart aufzunehmen, dass dessen wie auch immer geartete Benutzung sakrosankt erscheint. Solche ethischen Begründungen, die auf Unterlassungen und Verschonungen ausgerichtet sind, können sich auf reichhaltige und mannigfache ästhetische Artefakte stützen, die zwar keine diesbezüglich unmittelbare Begründungsevidenz und unmittelbaren Handlungsanleitungen für Mondverschonung liefern, wohl aber deren diskursive Ressourcen inspirieren können.

Der ästhetisch begründete Einwand reklamiert im Kern, die imaginäre Projektionsfläche des Mondes für irdische Belange nicht durch aktuell geplante lunare Habitate so zu verschandeln, dass keine Träumereien, Seelenwanderungen und Phantasiereisen zum guten alten Mond mehr möglich sind, ohne dem futuristischen Schrott des 21. Jh. optisch ansichtig werden zu müssen und diesem sowohl unablässig als auch unwiderruflich gedanklich zu begegnen. Wer nach dem Beginn der von den global playern der Weltraumfahrt geplanten Nie-

---

[28] Lunar Reconnaissance Orbiter (LRO), www.uni-muenster.de/imperia/md/content/planetology/lroc/lro_fact_sheet-deutsch.pdf, (23.07.2020)
[29] Siehe hierzu: www.un.org/Depts/german/uebereinkommen/ar34068-oebgbl.pdf, (23.07.2020)

derlassungen von »Moon Village«[30] ab 2025 seinen Blick auf die Mondoberfläche richtet, wird weder den erhabenen Naturkörper selbst, noch jemals wieder die eigene innerpsychische Sehnsuchtsbühne auf einem schwach beleuchteten Gesteinsklumpen sehen können, ohne gewiss zu sein, dass dort oben alles Mögliche im Gange ist, das sowohl Naturwahrnehmung toxisch trübt als auch unkontaminierte Kontemplation für immer verunmöglicht.

Soll der Mond etwa von weiteren Verschandelungen, Kaperungen und Betretungen verschont werden, diese Position jedoch nicht allein durch vorrangig politische, ökonomische oder technikskeptische Motive begründet sein, so müssten auch ästhetische Gewissheiten samt sich hieran anschließende ethische Sichtweisen dafür ins diskursive Spiel gebracht werden, weswegen neuerliche Mondbesatzungen und Mondbesetzungen prinzipiell zu unterlassen sind. Ein zugleich kritischer wie fraglos folgenloser Hinweis darauf, dass bislang beispielsweise kein Wissensstand der Monderforschung (Selenologie) Menschen davon abgehalten hat, im Mond mehr und anderes zu sehen als ein tristes sonnenbeleuchtetes Objekt, muss um einen dezidiert ästhetischen Einwand erweitert werden, um an Schärfe zu gewinnen. Gerade weil es heute auch vor allem um den strategischen Wettbewerb der Bilder, Projektionen, Halluzinationen, optischen Visionen und kulturellen Narrative über die Weltraum- und Raumfahrthegemonie geht, scheint mir ein ästhetisch begründetes Plädoyer für einen nicht technifizierten Imaginationsraum irdischer Mondbetrachtung von Belang zu sein.

Eine durch Eroberungsfantasien getriebene Raumfahrtpolitik, die ihre vorauseilenden Bilder nicht aus dem kulturellen Imaginationsschatz der zu schützenden und zu bewahrenden Natur gewinnt, was sie bekanntlich nicht tut, ist ästhetisch erblindet, ethisch höchst problematisch und sittlich verwerflich. Getrieben von einem unstillbaren szientifischen und instrumentellen Quantifizierungswahn wird zugleich jegliches Ethos unterminiert und durch ein pathologisches Pathos der Weltraumfahrt ersetzt, das als unverzichtbare Vision für die Zukunft der Menschheit deklariert wird.

Betreten verboten! Deontologisch wäre damit ein selbstbegrenzender Imperativ formuliert, der sowohl das Naturphänomen Mond vor den Übergriffen des vergesellschafteten und autohypnotischen

---

[30] Vgl. etwa: www.esa.int/Education/Teach_with_the_Moon/ESA_Euronews_Moon _Village; https://moonvillageassociation.org, (23.07.2020)

Naturphänomens Mensch und seinen kapitalisierten Machtgelüsten bewahren will, als auch diesen vor sich selbst. Verbunden ist ein solcher offenkundig ohnmächtiger und in praktischer Hinsicht wirkungsloser Gedanke mit dem Wunsch, endlich mit dem Unfug aufzuhören, die Natur, gerade auch die extraterrestrische, erobern und beherrschen zu wollen. Hinter dem Mond zu leben, bliebe insofern allemal eine passable Option dafür, diesen Unternehmungen grundsätzlich nicht zustimmen zu wollen.

Literatur

Theodor W. Adorno, *Minima Moralia. Reflexionen aus dem beschädigten Leben*, Frankfurt am Main 2001.
Günther Anders, *Der Blick vom Mond. Reflexionen über Weltraumflüge*, München 1994.
Walter Benjamin, *Einbahnstraße*, Frankfurt am Main 1955.
Walter Benjamin, »Lichtenberg. Ein Querschnitt«, in: Th. Küpper, A. Nowak (Hrsg.), *Walter Benjamin. Rundfunkarbeiten* (= Walter Benjamin. Werke und Nachlaß. Kritische Gesamtausgabe, Bd. 9.1), Berlin 2017, S. 126–161.
Hans Blumenberg, *Die Vollzähligkeit der Sterne*, Frankfurt am Main 1997.
Bernd Brunner, *Mond. Die Geschichte einer Faszination*, München 2011.
Joachim Fischer, »Weltraumfahrt im Blick der modernen Philosophischen Anthropologie«, in: J. Fischer, D. Spreen (Hrsg.), *Soziologie der Weltraumfahrt*, Bielefeld 2014, S. 21–40.
Josef Früchtl, »Die Möglichkeiten einer ästhetischen Ethik der Natur«, in: J. Zimmermann (Hrsg.), *Ästhetik und Naturerfahrung*, Stuttgart 1996, S. 59–76.
Durs Grünbein, *Cyrano oder Die Rückkehr vom Mond*, Berlin 2014.
Franz Kafka, *Brief von Franz Kafka an Oskar Pollak vom 8. November 1903*, https://homepage.univie.ac.at/werner.haas/1903/br03-002.htm, (23.07.2020).
Alexander Kluge, Joseph Vogl, *Soll und haben. Fernsehgespräche*, Zürich/Berlin 2009.
Martin Seel, *Eine Ästhetik der Natur*, Frankfurt a. M. 1991.
Georg Seeßlen, *L'une. Postlunatische Dialektik*, www.getidan.de/gesellschaft/georg_seesslen/3350/l'une-postlunatische-dialektik, (23.07.2020).
Peter Sloterdijk, »Das Anthropozän – Ein Prozeß-Zustand am Rande der Erd-Geschichte?«, in: Ders., *Was geschah im 20. Jahrhundert?*, Berlin 2016, S. 7–43.
Peter Sloterdijk, »Starke Beobachtung. Für eine Philosophie der Raumstation«, in: Ders., *Was geschah im 20. Jahrhundert?*, Berlin 2016, S. 177–184.

Jens Birkmeyer

Joseph Vogl, »Robuste und idiosynkratische Theorie«, in: *KulturPoetik* 2/2007, S. 249–258.

Westfälische Wilhelms-Universität Münster, *Lunar Reconnaissance Orbiter (LRO)* (www.uni-muenster.de/imperia/md/content/planetology/lroc/lro_fact_sheet-deutsch.pdf, (23.07.2020).

III. Bildungsphilosophisch-didaktische Zugänge

Arne Dittmer & Ulrich Gebhard

In der Sprache zeigen sich unsere Beziehungen zur Natur.

Eine naturpädagogische Perspektive

1. Einleitung: Sprache und Sprechende

Mit welcher Sprache wir über Natur reden, ist eine andere Frage als die, mit welcher Haltung wir über sie reden. In diesem Aufsatz werden wir beide Perspektiven aufeinander beziehen, denn in der Rede über die Natur spiegelt sich zugleich auch unsere Beziehung zur Natur und damit auch der Wert, den wir der Natur zuschreiben, sei es in psychologischer, ästhetischer, ethischer, ökologischer oder auch ökonomisch-instrumenteller Hinsicht.

Ausgangspunkt unserer Überlegungen ist die bildungstheoretisch und kulturpsychologisch unterfütterte pädagogisch-didaktische Leitidee der *Zweisprachigkeit*[1], bei der davon ausgegangen wird, dass die Bedeutung einer Sache, eines Phänomens sich im Wechselspiel subjektivierender und objektivierender Zugänge konstituiert. In diesem Prozess der Sinnkonstitution bewegen wir uns in unterschiedlichen »Sprachen«. Den objektivierenden, wissenschaftlichen Beschreibungen und Erklärungen stehen subjektivierende, lebensweltlich verankerte Vorstellungen gegenüber. In unserer Sprache erscheint Natur als vieldeutiges Symbol. Im Prozess der symbolischen Aufladung wird Natur zu einer Art von Sinninstanz[2] und auch das Phänomen anthropomorpher Naturinterpretationen kann als Ausdruck des menschlichen Sinnbedürfnisses aufgefasst werden. Solche Symbolisierungen verraten etwas darüber, in welcher Beziehung wir

---

[1] U. Gebhard, »Intuitive Vorstellungen bei Denk und Lernprozessen: Der Ansatz der Alltagsphantasien«, in: D. Krüger, H. Vogt (Hrsg.), *Theorien in der biologiedidaktischen Forschung*, Berlin 2007, S. 117–128.
[2] U. Gebhard, »Wie viel ›Natur‹ braucht der Mensch? ›Natur‹ als Erfahrungsraum und Sinninstanz«, in: G. Hartung, T. Kirchhoff (Hrsg.), *Welche Natur brauchen wir? Analyse einer anthropologischen Grundproblematik des 21. Jahrhunderts*, Freiburg 2014, S. 249–274.

zur Natur stehen bzw. welche Beziehung wir uns wünschen *(Kapitel 2)*.

Dass in der Rede über die Natur auch die Haltung des Sprechers bzw. der Sprecherin zum Ausdruck kommt, wird aus einer intuitionistischen Perspektive vertieft und anhand der naturästhetischen Wahrnehmung und einer sich hierauf gründenden naturethischen Wertschätzung veranschaulicht *(Kapitel 3)*. Der ästhetisch, sinnlich wahrgenommene Naturraum ist ein Ort der Selbst- und Weltbegegnung. Als naturwissenschaftlich konzeptualisierter Ort bereichert Natur unser Wissen über die Welt und ist insbesondere essentiell für unsere Existenz und die Existenz zukünftigen Lebens. Als Ort der Selbst- und Weltbegegnung ist Natur ein Ort, an dem der Mensch zu sich kommen und emotional berührende Erfahrungen machen kann. Dazu bedarf es einer Sprache, die erstens die Sinndimension von Naturbeziehungen transportiert, die zweitens der Pluralität der Weltzugänge gerecht wird und die drittens auch die atmosphärische Wirkung und das meditative und utopische Potential von Naturaufenthalten ausdrückt. In der Sprache finden zusätzlich unsere moralischen Intuitionen ihren Ausdruck. Das Phänomen *Natur* lässt sich also sprachlich nicht auf eine Bedeutungsfacette reduzieren. Dieser Gedanke wird durch den Ansatz der »Zweisprachigkeit« und des hiermit verknüpften Wechselspiels von objektivierenden und subjektivierenden Zugängen zur Natur dargestellt *(Kapitel 4)*.

Die Art, wie wir über Natur reden, spiegelt unsere Haltung gegenüber Natur. Eine hier offene Haltung kann einem szientistischen Reduktionismus entgegenwirken *(Kapitel 5)*. Der Naturpädagogik und Umweltbildung kann es nicht allein um ökologische Erklärungen gehen, sondern darum, Naturbeziehungen anzubahnen und diese Beziehungen bzw. auch widerstreitende Naturverhältnisse sprachlich zum Ausdruck zu bringen. So wird im Kontext von Umweltbildung neben einem angemessenen Umgang mit der Natur auch die Frage berührt, was wir über Natur wissen bzw. überhaupt wissen können und wie wir mit Natur und auch den Grenzen unseres Wissens umgehen können. Der Beitrag schließt mit Überlegungen, wie subjektivierende und objektivierende Zugänge in naturpädagogischen Kontexten gleichberechtigt Eingang finden können, um im Sinne besagter *Zweisprachigkeit* sowohl der biologisch-ökologischen Dimension von Naturphänomenen gerecht zu werden als auch bildungswirksame, sinn- und beziehungsstiftende Naturerfahrungen zu ermöglichen. Doch dies ist nicht als eine harmonische Sprachvielfalt zu denken, sondern erfolgt durchaus spannungsreich mit Brüchen und Widersprüchen. Diese naturpädagogischen Antinomien werden abschließend vor dem Hintergrund unserer symboltheoretischen und intuitionistischen Perspektiven ausgeführt.

2. Natur als Symbol

»Natur« ist ein Wort, ein Begriff, dessen semantischer Gehalt sich nicht nur auf die Eigenschaften des Objekts oder Objektbereichs bezieht, sondern – je nachdem, wie wir den Begriff verwenden – auch etwas über die Beziehung zwischen Objekt und Subjekt aussagt. Denn in der Art und Weise, wie wir über Natur sprechen, spiegelt sich auch, in welcher Beziehung wir zu ihr stehen und wie wir uns als Menschen ihr gegenüber in ein Verhältnis setzen. So wird im Verhältnis des Menschen zur äußeren Natur stets auch sein Verhältnis zu sich selbst sichtbar. Das gilt historisch insofern, als die jeweilige Auffassung von Natur, der jeweilige Naturbegriff, als ein Ausdruck des Selbstverständnisses des Menschen interpretiert werden kann[3]. Und das gilt ebenso für die einzelnen Subjekte: Die Erfahrungen, die wir in und mit der Natur machen, sind auch Erfahrungen mit uns selbst – nicht nur, weil wir es sind, die diese Erfahrungen machen (das wäre trivial) – sondern weil Naturphänomene Anlässe sind, uns auf uns selbst – auch sprachlich – zu beziehen[4]. »Natur« wird auf diese Weise zu einem Merkzeichen, zum Symbol von Aspekten des eigenen Selbst oder – wie Caspar David Friedrich es sagt – zur Membran subjektiver Erfahrungen und Leiden.

Diese Verbindung von Natur-Erfahrung und Selbst-Erfahrung ist sprachlich vermittelt. Ein äußeres Phänomen (z. B. die Natur, aber auch die Kunst oder Musik) wird zu einer besonderen, subjektiv bedeutsamen inneren Erfahrung. Eine Erfahrung kommt oder kommt nicht, sie ist ein zugefallenes Geschenk, mehr eine Sache der Atmosphäre als eine Sache der zielgerichteten Entscheidung. Auf diese Verbindung von Innen und Außen, von Subjekt und Objekt, von Selbst und Welt setzt die Naturerlebnispädagogik insofern, als durch Natur-

---

[3] L. Schäfer, *Das Baconprojekt*. Frankfurt/M. 1993.
[4] U. Gebhard, »Zur psychodynamischen Bedeutung der nicht-menschlichen Umwelt im Allgemeinen und der Natur im Besonderen«, in: E. Pfeifer (Hrsg.), *Natur in Psychotherapie und Künstlerischer Therapie, Band 1*. Gießen 2018.

erlebnisse eine Änderung der Subjekte im Hinblick auf den Umgang mit Natur erhofft wird.

Naturräume fungieren insofern auch als ein Symbolvorrat, der dem Menschen für Selbst- und Weltdeutungen zur Verfügung steht. So zielt bspw. das Konzept der Therapeutischen Landschaften[5] nicht nur auf die physischen Attribute von Natur und Landschaft, sondern v. a. auf deren symbolische und kulturelle Bedeutung. Es kommt eher auf die symbolisierende subjektive Bedeutung (»inner meaning«[6]) von Natur und Landschaft an, als auf deren gleichsam objektiven Attribute. Denn es ist gerade der symbolische Weltzugang, der es uns gestattet, unser Leben als ein sinnvolles zu interpretieren[7].

Ernst Cassirer hat den Menschen als »animal symbolicum« bezeichnet, wonach alle Formen menschlicher Weltwahrnehmung Akte symbolischer Sinngebungen sind. Der menschliche Weltbezug, der Bezug zur nichtmenschlichen wie menschlichen Umwelt ist danach notwendig ein symbolischer. Der zentrale Begriff der Cassirerschen Semiotik ist der der »symbolischen Form«. Darunter »soll jene Energie des Geistes verstanden werden, durch welche ein geistiger Bedeutungsgehalt an ein konkretes sinnliches Zeichen geknüpft und diesem Zeichen innerlich zugeeignet wird«.[8]

Die Umwelt des Menschen ist ein sowohl diskursiv-sprachliches als auch präsentatives Symbolsystem. Für den Bezug des Menschen zu den äußeren Dingen ist das ein folgenschwerer Gedanke: Zwischen Ich und Welt, zwischen Subjekt und Objekt, zwischen Innen und Außen gibt es einen dritten Bereich, der vermittelnd den Kontakt herstellt. Damit wird sowohl Subjektivität als auch Objektivität konstituiert. Diesen Gedanken nehmen wir in Kapitel 4 mit den Begriffen Subjektivierung und Objektivierung wieder auf.

Beispielhaft sei diese symbolische Ebene für den Wald bzw. den Baum erläutert. Der Wald wird häufig für den Inbegriff von »Natür-

---

[5] U. Gebhard, T. Kistemann, »Therapeutische Landschaften: Gesundheit, Nachhaltigkeit, ›gutes Leben‹«, in U. Gebhard, T. Kistemann (Hrsg.), *Landschaft – Identität – Gesundheit. Zum Konzept der Therapeutischen Landschaften,* Wiesbaden 2016, S. 1–17.

[6] W. Gesler, »Therapeutic landscapes: Medical issues in light of new cultural geography«, in: *Social Science and Medicine* 34 (7)/ 1992, S. 735–746.

[7] U. Gebhard, »Naturverhältnis und Selbstverhältnis«. In: *Scheidewege* 35 2005, S. 243–267.

[8] E. Cassirer, *Wesen und Wirkung des Symbolbegriffs,* Darmstadt 1996, S. 175.

lichkeit« gehalten und mit Wohlbefinden und Erholung assoziiert[9]. Ungeachtet der Tatsache, dass der Wald natürlich ein Kulturphänomen ist, wird er als »reine« Natur interpretiert, und zwar nicht in erster Linie wegen ökologischer und biologischer Zusammenhänge, sondern wegen seines geradezu ideologisch-symbolischen Gehalts.[10]

So zeigen volkskundliche Untersuchungen zum Walderleben bei Erwachsenen in Deutschland, dass animistisch-symbolische Vorstellungen ein essentielles Element bei ihren Walderlebnissen sind. Der Wald kann Symbol sein für Ruhe, Freiheit, Schönheit und wird mit Lebendigkeit, Entspannung, Entlastung und Zufriedenheit assoziiert. Natürlich fungiert hier der Baum als symbolische Projektionsfläche, was mit den Erlebnisqualitäten, die wir bei der Beziehung zu Bäumen haben können, zusammenhängt. Bäume haben Individualität und damit gewissermaßen Persönlichkeit. Der Wald im Allgemeinen und einzelne Bäume im Besonderen können eine persönliche Bedeutung erlangen und damit in Geschichten, Mythen und Legenden eingebaut werden.

Der Wald steht allerdings nicht nur für positiv getönte Gedanken und Gefühle. In vielen Märchen und Mythen werden geheimnisvolle und auch bedrohliche Aspekte des Waldes betont. Das gilt nicht nur für die Welt der Geschichten, sondern kann auch in aktuellen Befragungen zur Wirkung des Waldes bestätigt werden.

Diese ambivalenten Bedeutungen von Wald und Baum machen sie für eine psychodynamische Verwendung in besonderer Weise geeignet, weil widersprüchliche psychische Zustände einen symbolischen Anker finden können. Die psychische Wirksamkeit von nichtmenschlichen Umweltelementen wird dabei wesentlich ermöglicht durch die symbolische Repräsentanz unserer Welterfahrung oder besser: Weltbeziehung. Auf diese Weise kann Natur zu einem Resonanzraum und damit in gewisser Weise auch zu einer Sinninstanz werden.[11]

Die Bedeutungen, die Naturphänomene in symbolischer Hinsicht haben, sind natürlich keine Eigenschaften der Natur, sondern

---

[9] A. Braun, *Wahrnehmung von Wald und Natur*, Opladen 2000.
[10] A. Lehmann, »Alltägliches Waldbewusstsein und Waldnutzung«, in: A. Lehmann, K. Schriever (Hrsg.), *Der Wald – Ein deutscher Mythos?*, Berlin 2000, S. 23–38.
[11] Vgl. U. Gebhard, »Wie viel ›Natur‹ braucht der Mensch? ›Natur‹ als Erfahrungsraum und Sinninstanz«, in: G. Hartung, T. Kirchhoff (Hrsg.), *Welche Natur brauchen wir? Analyse einer anthropologischen Grundproblematik des 21. Jahrhunderts*, Freiburg 2014, S. 249–274.

(sprachliche) Schöpfungen des Menschen. Vor diesem Hintergrund kann mit der Erfahrung von Natur auch die Erfahrung des eigenen Selbst verknüpft sein, indem die Natur genutzt wird, sich selbst zu beschreiben und zu verstehen. Die Natur kann symbolisch zum Spiegel des Menschen werden und deshalb treten in unseren Naturbeziehungen auch Selbstaspekte zu Tage und werden uns so zugänglich.

In literarischen Zeugnissen und Berichten von Naturerfahrungen fällt neben dem verbreiteten anthropomorphen Deutungsmuster für Naturphänomene auch die häufige Verwendung von Natursymbolen zur Interpretation des Menschen bzw. sich selbst auf. Man kann verwurzelt sein wie ein Baum oder fromm wie ein Lamm. Der grünende Frühling kann zum Hoffnungsträger werden oder wie können uns fühlen wie ein Fisch im Wasser.

Man könnte derartige Symbolisierungsprozesse in logischer Umkehrung zu anthropomorphen Interpretationen »physiomorphe« Interpretationen nennen. Durch diesen Deutungsmusterzirkel – anthropomorph gedeutete Naturobjekte werden durch physiomorphe Deutungsmuster wieder zurück auf das Subjekt bezogen[12] – können die mit Bedeutung versehenen Naturobjekte zu Selbstaspekten werden. Selbstverständlich bedingen sich physiomorphe und anthropomorphe Symbole und Deutungsmuster gegenseitig. Das, was wir als Natursymbole im Kontext physiomorpher Deutungsmuster als Element unseres Selbstverständnisses und damit unseres Identitätsgefühls nehmen, entspringt zugleich anthropomorphen Projektionen und umgekehrt.

3. Ästhetische Natur als Ort der Selbst- und Weltbegegnung

In Momenten der ästhetischen Wahrnehmung von Naturobjekten oder Naturräumen werden wir ihrer symbolischen Bedeutung intuitiv gewahr. Schon Kant behauptet einen Zusammenhang zwischen der Wertschätzung des Naturschönen und einer »guten Seele«. Das ist die These, »dass ein unmittelbares Interesse an der Schönheit der Natur zu nehmen […] jederzeit ein Kennzeichen einer guten Seele sei; und dass, wenn dieses Interesse habituell ist, es wenigstens eine dem moralischen Gefühl günstige Gemütsstimmung anzeige, wenn

---

[12] Vgl. G. Keil, *Kritik des Naturalismus*, Berlin 1993.

es sich mit der Beschauung der Natur gerne verbindet«[13]. Alexander von Humboldt spricht in vergleichbarem Sinn von der kathartischen Funktion von Naturerfahrungen. Naturerfahrung wirkt »erheiternd und lindert, stärkt und erfrischt den ermüdeten Geist, besänftigt oft das Gemüt, wenn es schmerzlich in seinen Tiefen erschüttert oder vom wilden Drange der Leidenschaften bewegt ist«[14]. In diesem Sinn ist häufig auch das Argument zu hören, dass – da die ökologischen, ökonomischen, ethischen Argumentationen für den Naturschutz allesamt logisch widerlegbar seien, einzig die Schönheit der Natur als Argument für deren Erhalt für den Menschen übrig bleibe.

Seel behauptet in diesem Zusammenhang, dass für ein gutes Leben das Naturschöne grundlegend sei. Natur sei deshalb zu erhalten oder zu schützen, weil schöne Natur ein Raum für freie und nichtinstrumentelle menschliche Lebensweisen ist. Ein gutes Leben erfordert also die Möglichkeit der Erfahrung des Naturschönen. Diese ästhetische Anerkennung der Natur macht für Seel das wesentliche Moment aus. Seel betrachtet Natur als die »unersetzliche Möglichkeit des Lebens des Menschen«[15] und ist der Ansicht, dass ihr deshalb auch moralische Anerkennung gebührt. Seel unterscheidet drei Weisen der ästhetisch-sinnlichen Wahrnehmung von Natur: die »Kontemplation« als Modus sinnfremder Naturbegegnung (Versinken im Spiel der Naturerscheinungen), die »Korrespondenz« als Modus sinnhafter Naturbegegnung (bewusste Bezugnahme zur eigenen Lebenswelt) und die »Imagination« als Modus bildhafter Naturbegegnung (Anregung der Phantasie, neue Vorhaben und Visionen). Das ungehinderte und beglückende Zusammenspiel dieser Komponenten macht das »Gute« an der naturästhetischen Wahrnehmung bzw. eines entsprechenden Lebens aus. Eine derartige Erfahrung ist subjektiv beglückend und ist deshalb um ihrer selbst willen wertvoll: »Die kontemplative Wahrnehmung verweilt bei den Erscheinungen, die ihr Gegenstand aufweist, sie ergeht sich in den Unterscheidungen, die sie ihrem Gegenstand abgewinnt, ohne darüber hinaus auf eine Deutung zu zielen.«[16] Diese Art der Wahrnehmung zielt auf das in gewisser Weise sinnfreie Spiel der Naturphänomene und ist nicht zu

---

[13] I. Kant, *Kritik der Urteilskraft*, Werke in zwölf Bänden, Bd. X, Frankfurt/M, (1790) 1977, S. 395.
[14] A. von Humboldt, *Kosmos. Entwurf einer physischen Weltbeschreibung*, Frankfurt/M. (1845) 2004, S. 3.
[15] M. Seel, *Ethisch-ästhetische Studien*, Frankfurt/Main 1996, S. 243.
[16] M. Seel, *Eine Ästhetik der Natur* Frankfurt/M 1991, S. 39.

verwechseln mit irgendeiner Art von mystischer oder magischer Naturauffassung. Versteht man die ästhetische Wahrnehmung zugleich als ein intuitives Werturteil, bei dem die Gedächtnisinhalte (Wissen über Naturräume und Naturobjekte wie eben auch die symbolische Bedeutung) nicht explizit ins Bewusstsein kommen, dann sind es nicht Mythos oder Magie, die hier wirken, sondern simultan ablaufende sozial- und kognitionspsychologisch zu verstehende Wirkmechanismen von Wahrnehmung, Informationsverarbeitung und Bewertung.[17] Der Moralforscher Joshua Greene spricht diesbezüglich von unserer moralischen Kamera.[18] Natur-Symbolisierungen und auch die ästhetische Wirkung von Natur können aus dieser Perspektive auch als naturethische Intuitionen interpretiert werden. In Intuitionen äußern sich symbolische Bedeutungen und ästhetische Wertschätzungen.

Böhme beschreibt in seinem anthropologisch-phänomenologischen Ansatz ästhetische Naturerfahrungen als ein Wahrnehmen bzw. Empfinden von Atmosphären: Die Atmosphären, die wir bei Naturerfahrungen erleben können, sind Ausdruck der emotionalen Bedeutungen, die wir als Folge unserer Beziehung zur Natur mit dieser verbinden[19]. Das Erleben von Atmosphären findet in einem Übergangsbereich zwischen wahrnehmendem Subjekt und den objektivierbaren Phänomenen der Natur statt[20]. Eine Atmosphäre wird in der Interaktion zwischen Subjekt und Objekt für das Subjekt wahrnehmbar. So führen beispielsweise die Umgebungsqualitäten einer Landschaft zu einer bedeutungsvollen Atmosphäre, die Grundlage dafür ist, dass Menschen bestimmte Landschaftstypen als »schöne Natur« wahrnehmen. Wir erleben und empfinden insofern bei Naturerlebnissen nicht die Natur (an sich), sondern Atmosphären, in der und in die Naturaspekte und Selbstanteile zusammenfließen. Die Atmosphären werden also nicht einsinnig von den Naturphänomenen verursacht, sondern sind ein Amalgam von Selbst und Welt. In die Atmosphäre fließen Selbstanteile und Weltanteile zusammen und dies kann als eine ästhetische Erfahrung interpretiert werden.

---

[17] A. Dittmer, U. Gebhard, »Stichwort Bewertungskompetenz: Ethik im naturwissenschaftlichen Unterricht aus sozial-intuitionistischer Perspektive«, in: *Zeitschrift für Didaktik der Naturwissenschaften* 18 Band?/2012, S. 81–98.

[18] J. D. Greene, »Beyond Point-and-Shoot Morality: Why Cognitive (Neuro)Science Matters for Ethics«, in: *Ethics* 124 (4)/ 2014, S. 695–726.

[19] G. Böhme, *Atmosphäre: Essays zur neuen Ästhetik*. Berlin 2014.

[20] Vgl. M. Hauskeller, *Atmosphären erleben*. Berlin 1995.

Ästhetische Naturwahrnehmungen ereignen sich nebenbei. Der Naturraum wird als bedeutsam erlebt, in dem man eigene Bedürfnisse erfüllen, in dem man eigene Phantasien und Träume schweifen lassen kann und der auf diese Weise eine persönliche Bedeutung bekommt. In dieser Hinsicht kann Naturerfahrung auch sinn- und identitätsstiftend sein. Es ist der Freiraum, der die Natur für Kinder wie Erwachsene so attraktiv macht. Positive Wirkungen von Naturerfahrungen entfalten sich nicht so ohne weiteres, wenn Natur verordnet wird, wenn allzu umstandslos Naturorte zu Lernorten gemacht werden.

4. Zweisprachigkeit: Subjektivierung und Objektivierung

Bei Naturerfahrungen wird die Natur nicht nur mit naturwissenschaftlichen Kategorien gleichsam objektiv erfasst, sondern gleichzeitig mit mannigfachen persönlichen subjektiven Bedeutungen aufgeladen. Die dargelegten als Symbolisierungen verstandenen Anthropomorphisierungen und Ästhetisierungen sind dafür Beispiele. Um dieses Phänomen – dass nämlich Natur sowohl objektiviert als auch subjektiviert werden kann – theoretisch in den Blick zu nehmen, ist die kulturpsychologische Unterscheidung von Subjektivierung und Objektivierung hilfreich.[21]

Objektivierung und Subjektivierung stellen je eine besondere Art der Beziehung dar, die das Individuum (Subjekt) zu einem Gegenstand (Objekt) entwickelt. Unter Objektivierung ist in Anlehnung an den Kulturpsychologen Boesch die »objektive«, systematisierte Wahrnehmung, Beschreibung und Erklärung der empirischen Welt zu verstehen.[22] Bei der Subjektivierung dagegen handelt es sich um die symbolischen Bedeutungen der Dinge, die in subjektiven Vorstellungen, Phantasien und Konnotationen zum Ausdruck kommen.

---

[21] U. Gebhard, »Symbole geben zu denken. Zur Bedeutung der expliziten Reflexion von Metaphern und Phantasien in Lernprozessen«, in: C. Spieß, K.-M. Köpcke (Hrsg.), *Metapher und Metonymie. Theoretische, methodische und empirische Zugänge*, Berlin 2015, S. 269–296.
[22] E. E. Boesch, *Kultur und Handlung. Einführung in die Kulturpsychologie*, Bern 1980.

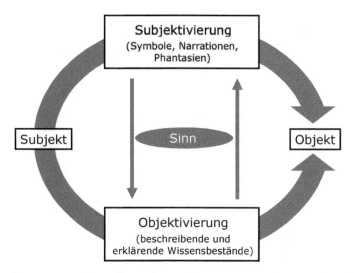

Abb. 1 Die Grundkonstellation der Sinnkonstitution zwischen Subjekt und Objekt, zwischen Subjektivierung und Objektivierung.[23]

Subjektivierung und Objektivierung erweisen sich dabei keineswegs als alternative Zugänge zu den Dingen der Welt, sondern stets als gleichzeitig bzw. komplementär, wobei natürlich der Schwerpunkt je nach Tätigkeit jeweils verschoben sein kann. Der Künstler und der Wissenschaftler setzen selbstverständlich andere Akzente in der Gestaltung ihres Weltbezugs – eine Erfahrung, die den Mann ohne Eigenschaften von Robert Musil folgendes Dilemma formulieren lässt: »Ein Mann, der die Wahrheit will, wird Gelehrter; ein Mann, der seine Subjektivität spielen lassen will, wird vielleicht Schriftsteller, was aber soll ein Mann tun, der etwas will, das dazwischen liegt?«[24]

Das subjektive Gefühl von Sinn kann dann entstehen, wenn wir uns nicht auf eine Seite dieser Polarität schlagen (müssen), sondern gelassen beiden »Lesarten« nachsinnen. Gefragt ist also eine Art von *Zweisprachigkeit*. Sinn stiftet danach die aufgenommene und symbolisch gestaltete Beziehung zwischen erlebter Wirklichkeit und dem Bild von uns selbst. Die Welt objektivierend zu »erkennen«, bedeutet, da wir dabei notwendig auch subjektivieren, zugleich eine Stärkung

---

[23] U. Gebhard, *Kind und Natur. Die Bedeutung der Natur für die psychische Entwicklung*. Wiesbaden 2020, S. 68.
[24] R. Musil, *Der Mann ohne Eigenschaften*, Reinbek bei Hamburg 1978, S. 254.

des Selbst. Das wird subjektiv als sinnvoll interpretiert und erlebt. Bis auf weiteres. Denn das sinnvolle Lesen bleibt provisorisch.

Im naturwissenschaftlichen Unterricht werden Kinder und Jugendliche häufig angehalten, ihre subjektivierende Sicht der Dinge unter Verschluss zu halten, um den Aufbau des »reifen« objektivierenden Weltbildes nicht zu stören. Dem ist jedoch entgegenzuhalten, dass sich beide Zugänge keineswegs stören müssen, dass auch nicht die subjektivierende als die frühere, kindliche abzulösen ist durch die objektivierende, erwachsene. Vielmehr handelt es sich um zwei zwar zu unterscheidende, jedoch lebenslang wirksame Symbolsysteme, die nicht ontogenetisch nacheinander zu denken sind, sondern stets nebeneinander bzw. komplementär. Am Beispiel der Anthropomorphismen wird deutlich, dass die Tendenz des kindlichen Weltbildes, die Welt im Lichte des eigenen Selbst zu interpretieren und demzufolge auch zu beseelen, nicht durch das objektivierende Denken abgelöst wird, sondern durch dieses sekundäre Denken ergänzt bzw. komplettiert wird.

5. Modi der Weltbegegnung und naturpädagogische Antinomien

In Natur- und Umweltbildungskontexten dominieren oft die objektivierenden Perspektiven der Ökologie und des Naturschutzes bzw. die Vermittlung naturwissenschaftlichen Wissens über Organismen und Lebensräume. Die Sprache der Naturwissenschaften ist eine, in der symbolische, auf das Mensch-Natur-Verhältnis bezogene Interpretationen und die Artikulation und Reflexion der ästhetischen Wahrnehmung keinen Raum haben und sich aus naturwissenschaftlicher Logik als Zugänge zur Natur disqualifizieren. Im letzten Abschnitt dieses Essays möchten wir auf die Bedingungen eingehen, unter denen in Bildungskontexten Menschen Raum gegeben werden kann, um in Momenten der Naturbegegnung zweisprachig im Sinne Musils zwischen Gelehrten und Schriftsteller bzw. Gelehrte und Schriftstellerin, zwischen Subjektivierung und Objektivierung hin und her zu pendeln.

Baumert[25] spricht von vier unterschiedlichen Modi der Welt-

---

[25] J. Baumert, »Deutschland im internationalen Bildungsvergleich«, in: N. Killius, J. Kluge, L. Reisch (Hrsg.), *Die Zukunft der Bildung*, Frankfurt/M. 2007, S. 100–150.

begegnung (kognitiv-instrumentelle Modellierung der Welt, ästhetisch-expressive Begegnung und Gestaltung, normativ-evaluative Auseinandersetzungen, Probleme konstitutiver Rationalität) und ordnet sie jeweils verschiedenen Wissenschaften und Fächern zu. Problematisch ist hierbei, wenn Grenzen gezogen und die Modi der Weltbegegnung disparaten fachlichen Zugängen zugeordnet werden, bspw. der kognitiv-instrumentelle Zugang den Naturwissenschaften und der ästhetisch-expressive der Kunst und der Literatur. Denn selbst auf der biologischen Exkursion, die eindeutige naturwissenschaftliche Lernziele verfolgt, wirkt Natur ästhetisch und ist potentiell ein Erfahrungsraum, in dem Lernende wie Lehrende Naturräumen und Naturobjekten sinnlich-ästhetisch und vor dem Hintergrund ihrer biographisch und kulturell geprägten Symbolisierungen begegnen.

Möchte man also Menschen dazu führen, dass sie lernen, aus naturwissenschaftlicher Perspektive angemessen über Natur zu reden und zugleich in die Lage kommen, über die Bedeutung von Natur zu sprechen, dann stehen Naturpädagogik und Umweltbildung vor der Herausforderung, dass es nicht die eine richtige Art und Weise gibt, Natur zu konzeptualisieren und dass die Zugänge zur Natur und Verständnisse von Natur sich im Widerstreit befinden können.

Das pädagogisch-didaktische Leitbild der Zweisprachigkeit soll nicht suggerieren, dass die verschiedenen Arten und Weisen, über Natur zu denken und zu sprechen, widerspruchslos sind oder wir unterschiedliche Sprachen gleichzeitig sprechen könnten. Daher ist die Idee der Zweisprachigkeit nicht trivial und bezüglich ihrer Implikationen für das pädagogisch-didaktische Handeln möchten wir hier an die Dilemma-Struktur pädagogischen Handelns anknüpfen, wie sie mit dem Begriff des *pädagogischen Paradoxes*[26] zum Ausdruck gebracht wird. So wie wir in heteronomen Strukturen die Autonomie von Kindern und Jugendlichen fördern wollen, so möchte man in naturpädagogischen und umweltbildenden Kontexten Naturbeziehungen und Werthaltungen gegenüber Natur fördern und zugleich ein naturwissenschaftlich distanziertes Verständnis von Naturphänomenen vermitteln. In Anlehnung an Helspers Antinomien pädagogi-

---

[26] H. Peukert, »Die Erziehungswissenschaft der Moderne und die Herausforderungen der Gegenwart«, in: D. Benner, D. Lenzen, H.-U. Otto (Hrsg.), *Erziehungswissenschaft zwischen Modernisierung und Modernitätskrise* (Zeitschrift für Pädagogik: 29. Beiheft), Weinheim-Basel 1992, S. 113–127.

schen Handelns[27] findet naturbezogene Bildungsarbeit unter den Bedingungen naturpädagogischer Antinomien statt. Drei Antinomien möchten wir im Folgenden erläutern.

(1) *Der Naturraum als Lernort und zugleich Kulisse der Selbst- und Weltbegegnung.*
Als Lernorte dienen Naturräume, um bspw. naturschutzrelevantes, biologisch-ökologisches Wissen zu vermitteln. Naturräume werden durchwandert oder auch für Spiele und andere Aktivtäten genutzt. Aber aus einer streng naturwissenschaftlichen Perspektive verliert der spielerisch und sinnlich wahrgenommene Naturraum seine ökologische Bedeutung. Der kritische Vorbehalt lautet, dass die Natur, wenn sie lediglich als Kulisse für menschliche Bedürfnisse dient, in den Hintergrund tritt und die naturästhetische Wahrnehmung so zu einer Nicht-Wahrnehmung und somit Abwertung der ökologischen Natur führe[28]. Die negative Konnotation des Kulissen-Arguments erscheint aber in einem anderen Licht, wenn man den Naturraum aus naturästhetischer Perspektive interpretiert. Denn im Moment der ästhetischen Wahrnehmung kann Natur symbolisch interpretiert und sinnkonstituierend auf das eigene Dasein bezogen werden. In dieser Antinomie muss man sich nicht für die ästhetisch oder die ökologisch-biologische Natur entscheiden und Ästhetik gegen naturwissenschaftliche Mathematisierungen und Modellierungen ausspielen, sondern anerkennen, dass Naturräume sowohl Lernorte als auch Kulissen und Bühnenbilder für das eigene, menschliche Erleben sind.

(2) *Bildungsarbeit bewegt sich in einem Spannungsverhältnis zwischen den sinnkonstituierenden, subjektivierenden, beziehungsstiftenden Wahrnehmungen, Empfindungen, Bedeutungszuschreibungen einerseits und objektivierenden, ökologischbiologischen, distanzierenden Wissensbeständen andererseits.*
Bildung, gerade auch in Hinblick auf unsere Naturbeziehungen, be-

---

[27] W. Helsper, »Antinomien und Paradoxien im professionellen Handeln«, in M. Dick, W. Marotzki, H. Mieg (Hrsg.), *Handbuch Professionsentwicklung*, Bad Heilbrunn 2016, S. 50–62.
[28] J. Ritter, »Landschaft. Zur Funktion des Ästhetischen in der modernen Gesellschaft«, in: ders., Subjektivität, Frankfurt/M. 1974, S. 141–164; K. Ott, »Naturästhetik, Umweltethik, Ökologie und Landschaftsbewertung. Überlegungen zu einem spannungsreichen Verhältnis«, in: W. Theobald (Hrsg.), Integrative Umweltbewertung. Theorie und Beispiele aus der Praxis, Berlin 1998, S. 221–246.

darf der Pluralität der Perspektiven, Raum für Erfahrungen, freies Erleben und Kreativität. Neben der Förderung einer objektivierenden, naturwissenschaftlich-ökologischen Sprache bedarf es auch einer Sprache und einer kollektiven Reflexion, die das ästhetische, intuitive Wahrnehmen von Natur und der Perspektive des Individuums Raum gibt. Die Herausforderung besteht darin, dass sich die Umweltbildung und Naturpädagogik vor szientistischen Engführungen ebenso schützen muss wie vor Mystifizierungen, beispielsweise durch unreflektierte Anthropomorphismen.

Aus Bildungsperspektive geht es aber nicht nur darum, dass Menschen die Möglichkeit haben, sprachlich ihr Naturverständnis und ihr Naturverhältnis zu artikulieren, sondern auch darum – und hier erhält die Frage nach der angemessenen Rede über die Natur auch eine wissenschaftspropädeutische Bedeutung – einem naturwissenschaftlichen Reduktionismus bzw. Szientismus entgegenzuwirken. Eine reflektierte naturwissenschaftliche Sicht ist sich auch ihrer Wissensgrenzen bewusst. Naturphänomene werden innerhalb der Naturwissenschaften kontrovers interpretiert und können in naturwissenschaftlichen Erklärungen nicht vollständig erfasst werden. Die lebensweltliche, symbolische Bedeutung von Natur steht der Bescheidenheit eines selbstaufgeklärten Wissenschaftsverständnisses gegenüber. Das Verständnis von Natur ist nicht auf die Sprache der Naturwissenschaften zu reduzieren, bedarf ihrer aber, um sie rational erfassen zu können.

(3) *Die didaktische Inszenierung steht in einem Widerspruch zur Notwendigkeit des selbstregulierten, freien Erlebens in der Natur.*
Pädagogisch-didaktisches Handeln – und dies gilt insbesondere unter den Prämissen professions- und kompetenztheoretischer Paradigmen – ist i. d. R. darauf ausgerichtet, mit den richtigen Methoden und Aufgabenstellungen Lerneffekte zu steuern. Auch wenn Schülerorientierung und Situiertheit des Lernens eine große Rolle spielen, so misst sich der Erfolg pädagogisch-didaktischen Handelns in Bildungsinstitutionen gemeinhin an seinen Ergebnissen. Eine solche Ziel- und Effizienzorientierung aber steht im Widerstreit zum ästhetischen Gewahrwerden von Natur, sei es in den Momenten der Kontemplation, der Korrespondenz oder der Imagination (Seel) oder durch die atmosphärische Wirkung von Naturräumen (Böhme). Das freie Spiel der Sinne bedarf der Muße und braucht Raum für Kreativität, Nachdenk-

lichkeit und Eigensinn. All das ist auch durch pädagogisch-didaktische Inszenierungen möglich, aber eben mit dem Bewusstsein, das jegliche Inszenierung Naturerfahrungen ermöglichen und zugleich auch verhindern können. Naturerfahrungen und Bildungsprozesse kann man fördern, aber nicht bewirken.

Literatur

Jürgen Baumert, »Deutschland im internationalen Bildungsvergleich«, in: Nelson Killius, Jürgen Kluge, Linda Reisch (Hrsg.), *Die Zukunft der Bildung*, Frankfurt/M. 2007, S. 100–150.
Gernot Böhme, *Atmosphäre: Essays zur neuen Ästhetik*, Berlin 2014.
Ernst Eduard Boesch, *Kultur und Handlung. Einführung in die Kulturpsychologie*, Bern 1980.
Anette Braun, *Wahrnehmung von Wald und Natur*, Opladen 2000.
Ernst Cassirer, *Wesen und Wirkung des Symbolbegriffs*, Darmstadt 1996.
Arne Dittmer, Ulrich Gebhard, »Stichwort Bewertungskompetenz: Ethik im naturwissenschaftlichen Unterricht aus sozial-intuitionistischer Perspektive«, in: *Zeitschrift für Didaktik der Naturwissenschaften* 18, 2012, S. 81–98.
Ulrich Gebhard, »Naturverhältnis und Selbstverhältnis«. In: *Scheidewege* 35, 2005, S. 243–267.
Ulrich Gebhard, »Intuitive Vorstellungen bei Denk und Lern-prozessen: Der Ansatz der Alltagsphantasien«, in: Dirk Krüger, Helmut Vogt (Hrsg.), *Theorien in der biologiedidaktischen Forschung*, Berlin 2007, S. 117–128.
Ulrich Gebhard, »Wie viel ›Natur‹ braucht der Mensch? ›Natur‹ als Erfahrungsraum und Sinninstanz«, in: Gerald Hartung, Thomas Kirchhoff (Hrsg.), *Welche Natur brauchen wir? Analyse einer anthropologischen Grundproblematik des 21. Jahrhunderts*, Freiburg 2014, S. 249–274.
Ulrich Gebhard, »Symbole geben zu denken. Zur Bedeutung der expliziten Reflexion von Metaphern und Phantasien in Lernprozessen«, in: Constanze Spieß, Klaus-Michael Köpcke (Hrsg.), *Metapher und Metonymie. Theoretische, methodische und empirische Zugänge*, Berlin 2015, S. 269–296.
Ulrich Gebhard, »Zur psychodynamischen Bedeutung der nicht-menschlichen Umwelt im Allgemeinen und der Natur im Besonderen«, in: Erik Pfeifer (Hrsg.), *Natur in Psychotherapie und Künstlerischer Therapie*, Bd. 1, Gießen 2018.
Ulrich Gebhard, *Kind und Natur. Die Bedeutung der Natur für die psychische Entwicklung*, Wiesbaden 2020, S. 68
Ulrich Gebhard, Thomas Kistemann, »Therapeutische Landschaften: Gesundheit, Nachhaltigkeit, ›gutes Leben‹«, in: Ulrich Gebhard, Thomas Kiste-

mann (Hrsg.), *Landschaft – Identität – Gesundheit. Zum Konzept der Therapeutischen Landschaften*, Wiesbaden 2016, S. 1–17.

Wilbert Gesler, »Therapeutic landscapes: Medical issues in light of new cultural geography«, in: *Social Science and Medicine* 34(7)/ 1992, S. 735–746.

Joshua D. Greene, »Beyond Point-and-Shoot Morality: Why Cognitive (Neuro)Science Matters for Ethics«, in: *Ethics* 124 (4)/ 2014, S. 695–726.

Michael Hauskeller, *Atmosphären erleben*, Berlin 1995.

Alexander von Humboldt, *Kosmos. Entwurf einer physischen Weltbeschreibung*, Frankfurt/M. (1845) 2004.

Werner Helsper, »Antinomien und Paradoxien im professionellen Handeln«, in Michael Dick, Winfried Marotzki, Harald Mieg (Hrsg.), *Handbuch Professionsentwicklung*, Bad Heilbrunn 2016, S. 50–62.

Immanuel Kant, *Kritik der Urteilskraft*, Werke in zwölf Bänden, Bd. X, Frankfurt/M. (1790) 1977.

Geert Keil, *Kritik des Naturalismus*, Berlin 1993.

Albrecht Lehmann, »Alltägliches Waldbewusstsein und Waldnutzung«, in: Albrecht Lehmann, Karin Schriever (Hrsg.), *Der Wald – Ein deutscher Mythos?*, Berlin 2000, S. 23–38.

Robert Musil, *Der Mann ohne Eigenschaften*, Reinbek bei Hamburg 1978.

Konrad Ott, »Naturästhetik, Umweltethik, Ökologie und Landschaftsbewertung. Überlegungen zu einem spannungsreichen Verhältnis«, in: Werner Theobald (Hrsg.), *Integrative Umweltbewertung. Theorie und Beispiele aus der Praxis*, Berlin 1998, S. 221–246.

Helmut Peukert, »Die Erziehungswissenschaft der Moderne und die Herausforderungen der Gegenwart«, in: Dietrich Benner, Dieter Lenzen, Hans-Uwe Otto (Hrsg.), *Erziehungswissenschaft zwischen Modernisierung und Modernitätskrise* (Zeitschrift für Pädagogik: 29. Beiheft), Weinheim-Basel 1992, S. 113–127.

Joachim Ritter, »Landschaft. Zur Funktion des Ästhetischen in der modernen Gesellschaft«, in: ders., *Subjektivität*, Frankfurt/M. 1974, S. 141–164.

Lothar Schäfer, *Das Baconprojekt*. Frankfurt/M. 1993.

Martin Seel, *Ethisch-ästhetische Studien*, Frankfurt/M. 1996.

Martin Seel, *Eine Ästhetik der Natur*, Frankfurt/M. 1991.

Reinhard Schulz

Über die Grenzen einer Vermittlung verschiedener Dimensionen des Redens über die Natur

Einleitung

> *Das Gesagte ist nicht das Gezeigte.*
> *Das Gesagte umschreibt seinen Gegenstand,*
> *das Gezeigte nimmt ihn in die Hand?*
> *Wieweit es stimmt, weiß ich nicht.*
> Herta Müller[1]

Mit der Protestbewegung »Fridays for Future« scheint über die Klimakrise das Thema Natur in der »Mitte der Gesellschaft« angekommen zu sein. Plötzlich ist in Deutschland eine sozial-ökologische Wende über *Die Grünen* hinaus auch zum Thema der großen Koalition in einem so genannten »Klimakabinett« geworden und ein politisches Wetteifern um zukünftige ökologische Konzepte, mit denen man die Wählerinnen und Wähler zu einer nachhaltigen Lebensweise ermuntern will, ist im vollen Gange. Dass die natürlichen Lebensgrundlagen in Gefahr sind und die Politik gut daran täte, Naturgesetzen eine entsprechende Beachtung zu schenken, scheint vor dem Hintergrund einer ungebrochen zerstörerischen kapitalistischen Produktionsweise in den Parlamenten inzwischen angekommen zu sein. Darüber hinaus hat der Schulterschluss von »Fridays for Future« mit »Scientists for Future« den Wissenschaften etwas von der Legitimation zurückgegeben, die sie durch die Transformation zum »Unternehmen Universität«[2] leichtfertig aufs Spiel gesetzt hatte. Plötzlich erscheint es wieder möglich, dass neben dem durch Politik

---

[1] H. Müller, »Wie lange dauert für immer?«, *Frankfurter Allgemeine Zeitung*, 4. August 2019, S. 38.
[2] R. Münch, »Unternehmen Universität«, in: *Aus Politik und Zeitgeschichte* (APuZ) 45, Beilage zur Wochenzeitung Das Parlament, 2. November, Frankfurt/M. 2009, S. 10–16.

und Wirtschaft angetriebenen wissenschaftlichen *Wettbewerb*[3] um »Drittmittel« für die (Auftrags-)Forschung auch die *Solidarität* konkurrierender Forschergemeinschaften bei der Interpretation der nicht zu tolerierenden negativen Konsequenzen dieses Wettbewerbs wieder Beachtung finden können, wie sich das im kollektiven Schulterschluss bei »Scientists for Future« gegenwärtig dokumentiert. Vielleicht hat der jugendliche Protest an der politischen Ignoranz gegenüber der Klimakrise die Bewusstwerdung der Unvereinbarkeit eines gleichzeitigen Menschheitsinteresses an der rücksichtslosen Ausbeutung der Natur mit dem überlebensnotwendigen Erhalt der Natur auf eine neue Stufe gehoben und das soll hier zum Anlass genommen werden, über unser gesellschaftliches Naturverhältnis und wie wir darüber »reden« neu nachzudenken. Dieses Naturverhältnis als ein »gesellschaftliches« zu bezeichnen, ist der historischen Entwicklung geschuldet, dass in der Moderne unser Verhältnis zur Natur nicht anders als gesellschaftlich vermittelt gedacht werden kann. Dabei ist diese Vermittlung keineswegs auf unseren durch Reproduktion und Arbeit bestimmten »Stoffwechsel mit der Natur« (Marx)[4] beschränkt, sondern umfasst auch zunehmend unser kulturelles Naturverhältnis, das sogar den Gedanken eines »Endes der Natur«[5] möglich gemacht hat, wenn unser Reden über Natur essentialistisch oder positivistisch verkürzt würde. Im ersten Fall würde Natur zu einer unserer Erkenntnis unzugänglichen »Natur an sich«[6] hypostasiert, im zweiten unter Maßgabe einer strikten Trennung von Natur- und Geisteswissenschaften[7] allein wissenschaftlich in Erscheinung treten können. Eine in dieser Weise geführte Endzeitdebatte um die Natur läuft möglicherweise Gefahr, die Abdankung eines die Naturwissen-

---

[3] J. Mittelstraß, »Die Universität der Gesellschaft. Die Leiden der Universität setzen sich unbeirrt fort. Erst war es die Politisierung, dann ihre Didaktisierung, zuletzt die Ökonomisierung. Jetzt stehen die Zeichen auf Ökologisierung? Wie vernünftig ist das denn?«, *Frankfurter Allgemeine Zeitung*, 23. Juli 2018, Nr. 168, S. 6.

[4] R. Schulz, »Stoffwechsel«, in: Joachim Ritter und Karlfried Gründer (Hrsg.), *Historisches Wörterbuch der Philosophie*, Bd. 10, Basel 1998, Sp. 190–197.

[5] M. Hampe, *Tunguska oder das Ende der Natur*, München 2011, B. Latour, *Kampf um Gaia. Acht Vorträge über das Neue Klimaregime*, Berlin 2017.

[6] Entsprechend dem »Ding an sich«: I. Kant, *Kritik der reinen Vernunft*, Hamburg (2. Aufl. 1787) 1976, S. 25.

[7] H. Bachmaier, E. P. Fischer (Hrsg.), *Glanz und Elend der zwei Kulturen. Über die Verträglichkeit der Natur- und Geisteswissenschaften*, Konstanz 1991; F. O. Engler, J. Renn, *Gespaltene Vernunft. Vom Ende des Dialogs zwischen Wissenschaft und Philosophie*, Berlin 2018.

schaften übergreifenden Interesses an der Natur und an der Naturphilosophie mit befördert zu haben, wobei sowohl an der anhaltenden Blüte der Naturwissenschaften wie auch einer unter dem Eindruck der ökologischen Krise zu beobachtenden Ausbreitung von sozialökologischen Lebensformen (Urban Gardening, solidarische Ökonomie, Commons-Bewegung, Energiegenossenschaften, NGOs) kein Zweifel bestehen kann. Wenn aber das Interesse an den Naturwissenschaften vorrangig als ein technisches und jenes an sozial-ökologischen Lebensformen als ein marktkritisches oder postmaterielles interpretiert werden kann, würde ein »Reden über die Natur« auch weiterhin nicht im Mittelpunkt des gesellschaftlichen Interesses stehen.

Obwohl jeder Mensch zu Lebzeiten ein Stück leiblicher Natur verkörpert und ihn diese in seinem Tun und Lassen tagtäglich auf »Schritt und Tritt« durchdringt und begleitet, entsteht der paradoxe Eindruck, dass ein Nachdenken und Reden über *die Natur* anscheinend inzwischen ort- und zeitlos geworden ist. Bei genauerem Hinsehen würde dann der gegenwärtige Gebrauch des Naturbegriffs vor allem ein metaphorischer sein, wie er uns z.B. in den Werbestrategien der Gesundheits-, Ernährungs- und Tourismusindustrien tagtäglich vor Augen geführt wird. Wie aber soll ein weitgehend auf Wellness, Konsum und Schaulust beschränktes Eigen- und Nahinteresse an der Natur für ein dem längerfristigen Erhalt der Natur dienendes Ferninteresse sensibilisieren können, das sich von den zahlreichen natürlichen Bedrohungen (Stürme, Überschwemmungen, Brände, Gletscherschmelze, Hitze, Trockenheit) auf eine solche Weise beeindrucken ließe, dass es auch Konsequenzen für das eigene Denken und Handeln nach sich zieht? Denn eine solche Parteinahme für die bedrohte Natur, z.B. in Gestalt eines Konsumverzichts, könnte sich ja mit dem »immer mehr« unseres die Natur zerstörenden Lebensstils (immer mehr SUVs, immer mehr Flugreisen, immer mehr Kreuzfahrten) als unvereinbar erweisen. Werden wir vielleicht sogar daran gehindert, diese uns anscheinend so fern liegenden Zusammenhänge selbstkritisch beurteilen zu können, weil wir i.U. zu Naturvölkern und vormodernen Gesellschaften *keinen* unmittelbaren Naturbezug mehr erleben oder ihm ausgesetzt sind? Und würde dann ein noch so ehrgeizig betriebener akademischer Wiederbelebungsversuch von Naturphilosophie[8] daran auch nichts ändern können, weil davon

---

[8] T. Kirchhoff, N.C. Karafyllis, D. Evers, B. Falkenburg, M. Gerhard, G. Hartung, J. Hübner, K. Köchy, U. Krohs, T. Pothast, O. Schäfer, G. Schiemann, M. Schlette,

kaum etwas aus dem akademischen Diskurs in die Gesellschaft übergeschwappt? Vor dem Hintergrund dieser und weiterer Fragen soll das in unserem unverantwortlichen Ressourcenverbrauch zum Ausdruck kommende Desinteresse an dem Erhalt unserer natürlichen Lebensbedingungen von verschiedenen Seiten her problematisiert werden. Der Grundgedanke ist dabei der einer schleichenden Entfremdung von der Natur, der auf das von Günther Anders schon früh am Beispiel des Fernsehkonsums beschriebene Auseinanderklaffen von Herstellen und Vorstellen[9] zurückgehen könnte. Damit verbindet sich die These, dass das bei der Bewältigung der Klimakrise zu beobachtende Vertrauen auf *technische* Herstellungspraktiken dazu führen kann, dass unsere *natürlichen* Vorstellungen von und mit der Natur davon ebenfalls in Mitleidenschaft gezogen werden können. Da wir es hierbei weniger mit einem theoretischen als mit einem existentiellen Problem zu tun haben könnten, sollen zunächst die einander wechselseitig durchdringenden leiblichen (Fühlen), wahrnehmenden (Zeigen) und gedanklichen Dimensionen (Reden) unseres Naturverhältnisses hervorgehoben werden. Abschließend wird dann zu bedenken gegeben, dass die zwischen diesen Dimensionen angenommene Spannung zwar ästhetisch reflektiert, aber nur unter (produktiven) Schwierigkeiten philosophiedidaktisch bearbeitet werden kann.

Fühlen, Zeigen, Reden

> *Du wirst verstehen, aber du wirst nicht mehr sehen.*
> *In allen Dingen muss ein Geheimnis bleiben,*
> *das uns zum Sehen bringt. Was wir verstanden haben,*
> *ist verloren.*
> Lukas Bärfuss[10]

Im Kulturkreis der westlichen Moderne dürften die Vorstellungen von der Natur vorrangig über den Fächerkanon der Schulen und dabei vor allem durch die Naturwissenschaften geprägt werden. Fortschreitende Urbanisierung, Industrialisierung, Automatisierung und

---

R. Schulz, F. Vogelsang (Hrsg.), *Naturphilosophie. Ein Lehr- und Studienbuch*, 2., aktualisierte und durchgesehene Auflage, Tübingen 2020.
[9] G. Anders, *Die Antiquiertheit des Menschen*, Bd. 1, München (1956) 6. Aufl. 1983, S. 99–211.
[10] L. Bärfuss: *Hagard*, München 2019, S. 105.

Digitalisierung, gepaart mit einer weit reichenden Umstrukturierung von der Arbeits- zur Dienstleistungsgesellschaft, führen darüber hinaus bei den meisten Menschen zu einer nachlassenden persönlichen Berührung mit der äußeren Natur. Wenn dann auch noch die natürlichen Prozesse immer erfolgreicher digital simuliert werden können[11], werden die Anlässe einer direkten Konfrontation mit der widerständigen Materialität der Natur immer seltener. Dem arbeitet auch ein naturwissenschaftlicher Unterricht zu, in dem digitale Lernsoftware eine immer breitere Verwendung findet. Ein vielleicht erhoffter kompensatorischer Effekt, dass bei einer naturfernen städtischen Lebensweise der naturwissenschaftliche Unterricht für die ausbleibenden Erfahrungen *mit* der Natur »einspringen« könnte, erweist sich als trügerisch, wenn nur noch *über* die Natur geredet wird. Waldkindergärten und -schulen beziehen daher ihre Attraktivität nicht zuletzt daraus, dass sie eine Ausnahme von der Regel zu bieten scheinen.[12] Im Normalfall wird die Schule aber eher zur Agentin eines naturwissenschaftlichen Weltbildes, bei der im Reden über die Natur in der Regel von einer Gesetzmäßigkeit Kantischer Prägung Gebrauch gemacht wird, ohne von deren metaphysischer Herkunft auch nur etwas zu ahnen[13]. Hier rächt sich, dass zwischen einem Reden über die Natur und der Theoriesprache der Naturwissenschaften manchmal nur schwer unterschieden werden kann. Damit besteht aber die Gefahr, dass in der reflexiven Bezugnahme auf unser natürliches Gefühlsleben mit und in der Natur Gedanken beteiligt sein können, die auf den theoretischen Voraussetzungen naturwissenschaftlichen Expertenwissens beruhen. Daraus kann ein eigenes Problemfeld von »Fühlen, Zeigen und Reden« entstehen, wenn ein »… zäh am Staunen«[14] orientiertes (Sich)Zeigen von Natur in ein gefühltes Phänomen und ein artikulierbares Konstrukt getrennt werden. In erster Linie wäre dabei an das Lebendige zu denken, das sich in einer spezifisch heranwachsenden Form, die wir auch selbst sein kön-

---

[11] R. Lankau, *Kein Mensch lernt digital. Über den sinnvollen Einsatz neuer Medien im Unterricht*, Weinheim 2017.
[12] U. Gebhard, »Natur in Bildung und Erziehung«. In: T. Kirchhoff et.al., *Naturphilosophie. Ein Lehr- und Studienbuch*, S. 261–270.
[13] »Ich behaupte aber, daß in jeder besonderen Naturlehre nur so viel eigentliche Wissenschaft angetroffen werden könne, als darin Mathematik ist.« In: I. Kant, *Metaphysische Anfangsgründe der Naturwissenschaft*, Erlangen (1786) 1984, S. VIII.
[14] M. Wagenschein, *… zäh am Staunen. Pädagogische Texte zum Bestehen der Wissensgesellschaft*, Seelze-Velber 2002.

nen, *zeigt* und mit dieser auch wieder vergeht[15], wohingegen der Wechsel der Jahreszeiten durch eine zyklische Wiederkehr unvergänglich erscheint. Wir haben aber nur eine naturwissenschaftliche Gesetzmäßigkeit, etwa in Gestalt der Photosynthese, die gleichermaßen auf die individuelle (sterbliche) Pflanze wie auch auf die irdischen (unsterblichen) Materie- und Energiekreisläufe Anwendung findet. Indem das Reden in den und über die Naturwissenschaften und folglich auch im naturwissenschaftlichen Unterricht an Schulen aber an konstruktivistischen Lernzielen festhält, muss es das an den natürlichen Phänomen orientierte eigene Erleben und Fühlen notwendigerweise ausblenden, obwohl in einem das Fühlen und Reden vereinigenden Zeigen auf ein natürliches lebendiges Geschehen beide Momente ineinander spielen.

Auswege aus diesem Dilemma könnten nur dann gefunden werden, wenn für den Unterschied eines Redens über die Natur und der Theoriesprache der Naturwissenschaften sensibilisiert würde. Denn wenn Theoriesprache vorrangig auf Wissen, Bildungssprache auf Reflexion und Umgangssprache auf Vorwissen und Literalität[16] abzielen sollen, macht es einen guten Sinn, Fach- und Bildungssprache eher mit der Theoriesprache der Naturwissenschaften und demgegenüber Umgangssprache und Literalität mit dem Reden über die Natur in Verbindung zu bringen, da letzterem der Theoriestatus und die Systematik oft fehlen, die der Theorie- und Bildungssprache eigen sind. In jedem Reden über die Natur werden aber mehr oder weniger bewusst Fragmente verschiedener naturwissenschaftlicher Theoriesprachen mit einbezogen, die in Verbindung mit der mitgebrachten Umgangssprache der Lernenden ein gemeinsames Reden im Unterricht in Gestalt einer hybriden Unterrichtssprache in Gang halten sollen. Die Wahrung dieses sprachlichen Balanceakts stellt hohe Anforderungen an das Geschick der jeweiligen Lehrenden, die zwischen dem systematischen Anspruch der Theoriesprache und dem verstehenden Anspruch[17] des gemeinsamen Redens über die Natur vermitteln müssen, ohne die eine Perspektive auf Kosten der anderen auszuklammern. Daneben fordern im naturwissenschaftlichen Unterricht sym-

---

[15] A. Weber, *Alles fühlt: Mensch, Natur und die Revolution der Lebenswissenschaften*, Berlin 2014.

[16] W. J. Ong, *Oralität und Literalität. Die Technologisierung des Wortes.* Opladen 1987.

[17] R. Schulz, »Verstehende Naturverhältnisse«, in: T. Kirchhoff et.al., *Naturphilosophie. Ein Lehr- und Studienbuch*, S. 217–223.

bolische Darstellungen, Graphiken und Tabellen zusätzlich ein *Darüber*-Reden heraus, ohne auf ein fertiges Theoriegerüst zurückgreifen zu können, das im Fachunterricht erst noch schrittweise im Austausch von Lehrenden und Lernenden angeeignet werden soll. Damit werden einer fachlich präzisen Benennung des Gezeigten zwar gewisse Grenzen gesetzt, gleichzeitig können aber über den artikulierten Sinn hinaus noch weitere Dimensionen des Verstehens wie Zeigen, Üben, experimentelles Vor- und Nachmachen ins Spiel gebracht werden, bei denen je nach Fachkultur in spezifischer Weise »Fühlen, Zeigen und Reden« miteinander verwoben sein können. An einem Beispiel wie der natürlichen Erfahrung von Kraft und Gegenkraft kann die Notwendigkeit einer Sensibilisierung sowohl für den Kontext wie auch für das Wechselspiel verbaler und nonverbaler Momente besonders gut illustriert werden. So hat Kraft im Physikunterricht eine andere Bedeutung als im Sport-, Kunst- oder Musikunterricht. Das Reden darüber unterscheidet sich nicht minder im Inhalt, im Stil, im Vokabular und in der grammatikalischen Konstruktion und berührt daher gleichzeitig mal mehr und mal weniger fachsystematische, semantische, performative und praktische Gesichtspunkte. Für eine Hinführung zu diesen Unterscheidungen ist die Kontextabhängigkeit des verwendeten Begriffs und das Schwanken zwischen einer sprachlichen (z. B. Theoriesprache der Physik) und gefühlten Dimensionen des Kraftausübens und -aushaltens (z. B. im Sportunterricht) das vielleicht wichtigste didaktische Hilfsmittel, denn welchen Sinn sollte ein »Reden über Kraft« unabhängig vom jeweiligen Kontext überhaupt haben können? Ein Reden über die »Natur« der Kraft schließt also stets ein eigenes Kraftgefühl und/oder ein Zeigen von Wechselwirkungen mit verschiedenen anderen Kräften mit ein, über das sich von Fall zu Fall das Fühlen und Zeigen *von* Kräften oder auch das Reden *über* Kraft verkörpern kann. Wittgensteins Spätphilosophie ist ein verlässlicher theoretischer Rahmen, um diese unhintergehbare Verwobenheit von Sprachspiel und Lebensform besser verständlich machen zu können[18]. Das Ziel eines in diesem Sinne erweiterten naturwissenschaftlichen Unterrichts läge dann weniger in der unterweisenden *Ersetzung* des lebensweltlichen Vorverständnisses durch ein vorherrschend naturwissenschaftliches Theorieverständnis *über* die Natur, sondern vielmehr (wie am Beispiel der Kraft gezeigt) in der

---

[18] L. Wittgenstein, *Philosophische Untersuchungen*, Frankfurt/M. 1971, §19, S. 24. und §23, S. 28. J. Schulte, *Wittgenstein. Eine Einführung*. Stuttgart 1989, S. 142–148

gemeinsamen *Reflexion* des Zusammenhangs jeweiliger Phänomene und Konstruktionen von Beispielen *aus der* Natur.

Mit Kant über eine ästhetische Dimension der Natur reden[19]

> *Also heißt die Natur hier erhaben, bloß weil sie die Einbildungskraft zu Darstellung derjenigen Fälle erhebt, in welchen das Gemüt die eigene Erhabenheit seiner Bestimmung, selbst über die Natur, sich fühlbar machen kann.*
>
> Immanuel Kant[20]

Der Mensch bleibt in allem, was er ist und tut, *fühlend, zeigend und redend* in das Gefüge der Natur eingebunden. Daneben hat ein im Wechselspiel von Lebens- und Kulturwissenschaften hervorgebrachtes immer genaueres Wissen um die *natürlichen* Voraussetzungen unserer *kulturellen* Eigenschaften einen traditionellen Gegensatz von Naturalismus und Humanismus inzwischen aufgehoben und die Frage nach der kulturellen Stellung des Menschen in der Natur stellt sich daher heute neu. Kant stand nach dem Abschluss seiner ersten beiden Kritiken über die reine und praktische Vernunft vor einem vergleichbaren Problem, als er die dabei entstandene »Kluft«[21] zwischen Erkenntnistheorie und Ethik bzw. zwischen Kausalität und Freiheit zum Thema machte. Mit der *Kritik der Urteilskraft* hat er in der Auseinandersetzung mit der lebendigen Natur den Versuch unternommen, neben der kausalanalytisch verfahrenden Untersuchung der Natur nach dem Vorbild der neuzeitlichen Physik zusätzliche ästhetische und teleologische Gesichtspunkte gegenüber der Natur herauszuarbeiten. Dabei wird in der *Kritik der Urteilskraft* das Augenmerk auf die Notwendigkeit einer für den Menschen jederzeit notwendigen Orientierung in der Welt gerichtet, welche unsere empirischen Erkenntnisse *über* die Natur um die ästhetischen Erfahrungen *mit* der Natur erweitern solle. Im Rahmen dieses Orientierungsbedürfnisses ist Kants metaphorische Redewendung von einer

---

[19] Die Argumentation in diesem Kapitel ist angelehnt an: R. Schulz, »Über das ästhetische Naturverhältnis des Menschen«, in: K. u. P. Seele (Hrsg.), *Ordnungen im Übergang*, Baltmannsweiler 2012, S. 94–110.
[20] I. Kant: *Kritik der Urteilskraft*, Frankfurt/M. (1790) 1977, S. 186.
[21] Ebd., S. 83.

»Technik der Natur« von besonderem Interesse, da von dort her ein anderer als der naturwissenschaftliche Gesichtspunkt gegenüber der Natur transzendentalphilosophisch begründet werden kann. Kant redet gleich an mehreren Stellen von einer »Technik der Natur«, so in der ersten Fassung der Einleitung der *Kritik der Urteilskraft* und weiterhin in den Paragrafen 23, 71, 72, 78 und 80. Dabei ist es bemerkenswert, dass diese Formel sowohl zwischen der ästhetischer Urteilskraft mit dem Gegenstandsbereich der Kunst und der teleologischen Urteilskraft mit dem Gegenstandsbereich des Lebendigen (Kant spricht von »organisierten Wesen«[22]), wie auch einer mechanistischen kausalen und einer teleologischen an Zwecken orientierten Denkweise vermitteln soll. Kant definiert im §72 die »Technik der Natur« wie folgt:

»Wir wollen, indem wir das Verfahren (die Kausalität) der Natur, wegen des Zweckähnlichen, welches wir in ihren Produkten finden, Technik nennen, diese in die absichtliche (technica intentionalis), und in die unabsichtliche (technica naturalis), einteilen. Die erste soll bedeuten: daß das produktive Vermögen der Natur nach Endursachen für eine besondere Art von Kausalität gehalten werden müsse; die zweite: daß sie mit dem Mechanism der Natur im Grunde ganz einerlei sei, und das zufällige Zusammentreffen mit unseren Kunstbegriffen und ihren Regeln, als bloß subjektive Bedingung, sie zu beurteilen, fälschlich für eine besondere Art der Naturerzeugung ausgedeutet werde.«[23]

Im Hinblick auf ein ästhetisches Naturverhältnis des Menschen werden von Kant die »technica intentionalis« und die »technica naturalis« einander gegenübergestellt. Anders als in den kausalanalytisch verfahrenden Wissenschaften ist uns unter Zuhilfenahme von für unsere alltägliche Orientierung in der Welt jederzeit notwendigen Begriffen und Metaphern immer nur ein situationsgebundenes Verständnis der Natur möglich. Die Spezifizierung dieser Begriffe, denen wir in Gestalt bestimmter symbolischer Formen Gültigkeit verleihen, kann z. B. mit anschaulichen Bildern und Metaphern aus Kunst und Literatur erfolgen. Auch wenn Kant den »Naturzweck« (z. B. in Gestalt einer harmonischen kosmischen Ordnung nach antikem Vorbild) als »Fremdling in der Naturwissenschaft«[24] abgelehnt hatte, so tragen wir aus Plausibilitätserwägungen die aus den alltäglichen

---

[22] Ebd., §65, S. 319–324.
[23] Ebd., S. 341.
[24] Ebd., S. 340.

Reinhard Schulz

Zweckordnungen unseres Lebenszusammenhangs geläufigen technischen Vorstellungen (z. B. des Bewegens, Wohnens, Besorgens, Ernährens) laut Kant auf eine unvermeidliche Weise als »Zweckähnlichkeit« an die lebendige Natur heran. Wir projizieren also unsere technischen Vorstellungen *von* der Natur *in* die Natur. (die Sonne geht auf und geht unter, der Wind steht still, die Sonne scheint, die Vögel ziehen, die Tiere wandern). Als endliche in unserer Erkenntnisfähigkeit beschränkte Wesen können wir Menschen aber gar nicht wissen, ob die Natur analog zu unserem Handeln zweckmäßig organisiert ist oder nicht. Jedes über die Kausalanalyse der Naturwissenschaften hinausgehende ästhetische Verstehen der Natur beinhaltet daher eine an den Rationalitätsstandards der Naturwissenschaften gemessene irrationale Komponente. Kant trägt diesem wissenschaftlich nicht erklärbaren für unsere Orientierung aber notwendigen Irrationalismus aber Rechnung, indem er die Denkfigur einer »Technik der Natur« auf die Ästhetik ausdehnt. Er schreibt:

»Die selbständige Naturschönheit entdeckt uns eine Technik der Natur, [...] so daß diese nicht bloß als zur Natur in ihrem zwecklosen Mechanism, sondern auch als zur Analogie mit der Kunst gehörig, beurteilt werden müssen. Sie erweitert also wirklich zwar nicht unsere Erkenntnis der Naturobjekte, aber doch unsern Begriff von der Natur, nämlich als bloßem Mechanism, zu dem Begriff von eben derselben als Kunst: welches zu tiefen Untersuchungen über die Möglichkeit einer solchen Form einladet.«[25]

Kant hält also über die Erfahrung der Kunst eine Erweiterung unseres Beurteilungsvermögens über die Natur für möglich, ohne dass damit ein objektiver Erkenntnis- bzw. Wissenszuwachs verbunden sein könnte. Es handelt sich vielmehr um eine in der Natur Zweckähnlichkeiten aufsuchende »als ob«- Perspektive:

»Um sich also auch nicht der mindesten Anmaßung, als wollte man etwas, was gar nicht in die Physik gehört, nämlich eine übernatürliche Ursache, unter unsere Erkenntnisgründe mischen, verdächtig zu machen: spricht man in der Teleologie zwar von der Natur, als ob die Zweckmäßigkeit in ihr absichtlich sei, aber doch zugleich so, daß man der Natur, d. i. der Materie, diese Absicht beilegt: wodurch man [...] anzeigen will, daß dieses Wort hier nur ein Prinzip der reflektierenden nicht der bestimmenden Urteilskraft bedeute.«[26]

---

[25] Ebd., S. 166 f.
[26] Ebd., S. 332 f.

Vermittlung verschiedener Dimensionen des Redens über die Natur

In dem Maße, in dem sich die Lebenswissenschaften[27] durch methodische und technische Fortschritte von der sinnlich-leiblichen Erfahrung der Menschen weiter entfremden (Gentechnologie, KI- und Nanoforschung), werden durch diese Forschungen die traditionellen Unterscheidungen zwischen dem Natürlichen und dem Künstlichen immer fragwürdiger, die in der vorwissenschaftlichen von uns gemeinsam geteilten Lebenswelt aber nach wie vor in Kraft sind[28]. Aus der *Kritik der Urteilskraft* kann man lernen, dass es die Aufgabe der »reflektierenden Urteilskraft«[29] ist, zwischen Lebenswelt und biologischer Forschung »ästhetisch« zu vermitteln, indem den wissenschaftlichen Begriffen korrespondierende Dimensionen des Fühlens, Zeigens und Redens zur Seite gestellt werden, die auch von einem anderen als einem wissenschaftlichen Gesichtspunkt aus plausibel gemacht werden können. Ein von der naturwissenschaftlichen *Erklärung* unterschiedenes ästhetisches Naturverhältnis ermöglicht darüber hinaus eine zur *Beurteilung* aufrufende Reflexionsform im Umgang mit der äußeren und inneren Natur. Beim Gebrauch der reflektierenden Urteilskraft handelt sich daher vor allem um eine Einladung zum inneren Dialog, zum Gespräch, zu gemeinsamer Wahrnehmung, zu Spaziergängen in der Natur oder zu künstlerischer Aufmerksamkeiten und Praktiken verschiedenster Formen. Die Kunst ist dabei nicht von der Welt verschieden, durch sie erscheint dieselbe (natürliche) Welt über Metaphern, Analogien, Bilder, Gleichnisse, Märchen usw. aber noch einmal anders und damit sprechender, vielsagender und reicher als im einzelwissenschaftlichen Zugriff. Eine in menschlicher Gemeinschaft geübte gemeinsame künstlerische Praxis oder sprachliche Verständigung kann dazu beitragen, aus eigener Anstrengung angemessener über die Natur reden zu lernen und dabei Formen des Ausdrucks zu finden, mit denen wir unsere Mitmenschen besser erreichen können. Alle Reflexionsbemühungen

---

[27] R. Schulz, »Naturphilosophische Fragen an die Lebenswissenschaften«, in: Myriam Gerhard, Christine Zunke (Hrsg.), *Wir müssen die Wissenschaft wieder menschlicher machen. Aspekte und Perspektiven der Naturphilosophie*, Kassel 2010, S. 183–201.
[28] »Je rücksichtsloser nun die Intervention durch die Zusammensetzung des menschlichen Genoms hindurchgreift, umso mehr gleicht sich der klinische Stil des Umgangs an den biotechnischen Stil des Eingriffs an und verwirrt die intuitive Unterscheidung zwischen Gewachsenem und Gemachtem, Subjektivem und Objektivem – bis hinein in den Selbstbezug der Person zu ihrer leiblichen Existenz.« In: J. Habermas, *Die Zukunft der menschlichen Natur. Auf dem Weg zu einer liberalen Eugenik?*, Frankfurt/M. 2001, S 85
[29] I. Kant, *Kritik der Urteilskraft*, S. 334 ff.

bleiben also im Unterschied zur theoretischen Erkenntnisform stets offen und anschlussfähig für weitere Gesichtspunkte und die Erfahrung von Kunst, Literatur und Dichtung über die Natur kann uns das in idealer Weise vor Augen führen. Es war daher ein kluger Schachzug von Kant, unser kulturelles Naturverhältnis unter Bezugnahme auf die Kunst als ein ästhetisches zu qualifizieren, wobei Kant weder eine Vorstellung von der modernen Kunst noch von den modernen Lebenswissenschaften haben konnte. Der Abstraktionsgrad beider stellt die reflektierende Urteilskraft mittlerweile aber vor ganz neue Herausforderungen, weil unser natürliches Vorstellungsvermögen sowohl in der abstrakten Kunst wie in der Nanowelt in den Hintergrund getreten ist und als ein hilfreiches Korrektiv für bedeutsame Lebensentscheidungen zunehmend überfordert erscheint:

»Die Voraussetzung der unser Dasein umwälzenden Technik ist die moderne Wissenschaft. Aber diese Wissenschaft ist geistig der tiefe Einschnitt der Menschheitsgeschichte, der – im Unterschied von der Technik – nur wenigen Menschen ganz bewußt, von wenigen nur wirklich mitgetan wird, während die Masse der Menschen in vorwissenschaftlichen Denkformen weiterlebt und von den Wissenschaftsresultaten Gebrauch macht, wie früher Naturvölker von europäischen Zylinderhüten, Fräcken und Glasperlen.«[30]

Schwierigkeiten bei einer philosophiedidaktischen Auseinandersetzung mit der Natur

> *Bildung gewinnt man nicht*
> *durch den Einbruch ins oberste Stockwerk.*
> *Nur wenn wir dabei sind,*
> *wie unser Wissen sich bildet, kann es uns bilden.*
> Martin Wagenschein[31]

Der Ertrag der bisherigen Überlegungen lief auf eine Entgegensetzung von Naturwissenschaft und Ästhetik, von Erklären und Beurteilen bzw. von Konstruktionen und Phänomenen hinaus. Aber kann der Sinn der Philosophiedidaktik sich bei dem Thema Natur darauf beschränken, für diese Unterschiede zu sensibilisieren? Und wie steht es um die Dimensionen von *Denken* und *Handeln*, die für

---

[30] K. Jaspers, *Der philosophische Glaube*, München 1954, S. 126.
[31] M. Wagenschein, *... zäh am Staunen. Pädagogische Texte zum Bestehen der Wissensgesellschaft*, S. 129.

den schulischen Philosophie- und Ethikunterricht zentral sind, bei der bisherigen Fokussierung auf das *Fühlen, Zeigen und Reden* von und über Natur aber noch gar keine Rolle gespielt haben? Ist es damit getan, in einem solchen Unterricht zu zeigen, dass über Natur auch noch anders als in den Naturwissenschaften gedacht und geredet werden kann?

»Ästhetik ist der Widerspruch der Philosophie gegen die Totalitätsansprüche des rationalen Denkens. Dass es sie überhaupt gibt, dass sie überhaupt als eigene philosophische Disziplin entstehen konnte, ist eine historische Reaktion auf das, was man den Absolutismus des logischen Intellekts in der neuzeitlichen Philosophie nennen könnte. […] In der deutschsprachigen Philosophie des 17. und 18. Jahrhunderts fasste man diesen Bereich und überhaupt alle affektiven Regungen, die durch äußere Wahrnehmungen verursacht werden, unter dem Begriff der *Sinnlichkeit* zusammen (eine Übersetzung des lateinischen »sensibilitas«). Diese Sinnlichkeit, dieses *Ich fühle*, wurde im Gefolge von Descartes vollständig dem Leib und seinen undifferenzierten Bedürfnissen zugeschlagen und deshalb der Erkenntnis des Verstandes, dem *Ich denke*, streng untergeordnet. Wie alles andere auch musste sich die derart ausgegrenzte Sinnlichkeit jetzt immer wieder vor dem Richterstuhl der alles beherrschenden Ratio verantworten.«[32]

Heute wäre es an der Zeit, die Dominanz dieses »Richterstuhls«, der sich idealtypisch im »Absolutismus« der neuzeitlichen Naturwissenschaft und Technik verkörpert und zur Unterordnung des *Ich fühle* geführt hat, zur Schicksalsfrage der Natur zu erklären. Denn über die derzeitige Klimakrise ist uns eine *Verletzlichkeit*[33] der Natur bewusst geworden, mit der die Philosophie des 17. und 18. Jahrhunderts noch nicht konfrontiert sein konnte. Damit eröffnet sich aber eine dramatischere Perspektive, die über den Widerspruch von rationalem Den-

---

[32] M. Schüller (Hrsg.), *Texte zur Ästhetik. Eine kommentierte Anthologie*, Darmstadt 2013, S. 9 f.
[33] Wie jede Metapher hat auch die der »Verletzlichkeit« ihre eigenen Stärken und Schwächen. So soll und kann nicht in Abrede gestellt werden, dass die Natur auch ohne den Menschen auskommt, was umgekehrt jedoch nicht der Fall ist. G. Schiemann, »Jenseits der Naturverhältnisse: Natur ohne Menschen«, in: T. Kirchhoff et.al., *Naturphilosophie. Ein Lehr- und Studienbuch*, S. 248–253. Verletzlichkeit schließt an die gegenwärtig breit geführte Debatte um das »Anthropozän« an. Vgl. E. Ehlers, *Das Anthropozän. Die Erde im Zeitalter des Menschen*, Darmstadt 2008. Dabei kann der diagnostizierte Verlust der Balance der Erdsysteme auch bestehende Zeichensysteme und Wissensformen in Mitleidenschaft ziehen. Darüber muss nicht nur in der Gesellschaft, sondern auch in einer zeitgemäßen Philosophiedidaktik gesprochen werden können.

ken und Ästhetik weit hinausgeht, weil die existentielle Verletzlichkeit eines jeden Menschen mit der natürlichen Verletzlichkeit der Natur über die Klimakrise so in Resonanz tritt[34], dass es zum Vor- oder Nachteil beider zum Thema gemacht werden könnte. »Schwierigkeiten« in der Auseinandersetzung mit dem Thema Natur im Philosophieunterricht wären immer dann unvermeidlich, wenn an überlieferten Dichotomien wie denen von Denken und Fühlen, Natur und Kunst, wissenschaftlichem Denken und Ästhetik, Verletzlichkeit des Menschen und Erhabenheit der Natur oder auch von Anthropologie und Ethik im Sinne einer Trennung von der »Natur« und der Vernunft des Menschen festgehalten würde, was einer Leugnung der Verletzlichkeit der Natur gleichkäme. »Schwierigkeiten« bzw. »Beunruhigungen«[35] sollten daher heute in einem produktiven Sinne im Zentrum einer jeden philosophiedidaktischen Auseinandersetzung mit dem Thema Natur stehen und die Geschichte der Naturphilosophie sollte als Kontrastfolie herangezogen werden, um auch andere Sichtweisen (z. B. der Romantischen Naturphilosophie) kennen lernen zu können.

Das eingangs behauptete heutige Desinteresse an der Natur könnte von daher auch auf die beunruhigenden Impulse der Klimakrise zurückgehen, die zu unseren grenzenlosen Ansprüchen, gefräßigem Konsum und übertriebenen Selbstoptimierungswahn und das alles auch noch auf Kosten der zukünftigen Generationen, für die der Philosophie- und Ethikunterricht heute betrieben wird, so gar nicht passen wollen. Das Thema Natur fordert daher konsequenterweise ein *neues Denken*, weil herkömmliche Denkmuster einer auf Naturbeherrschung fokussierten Naturwissenschaft, einer auf den Vernunftgebrauch fokussierten Aufklärungsphilosophie, einer auf die Natur des Menschen fokussierten Anthropologie oder einer auf Kritik fokussierten Ästhetik für sich genommen dem Thema Natur auf der Basis des etablierten Lehrbuchwissens nicht mehr gerecht werden können. Jede dieser Perspektiven befördert unter Leugnung der mit ihr verbundenen »Schwierigkeiten« die Reproduktion der in der Gesellschaft sowieso schon bestehenden »Einbahnstraßen« wie dem

---

[34] H. Rosa, »Die Natur als Resonanzraum und als Quelle starker Wertungen«. In: G. Hartung, T. Kirchhoff (Hrsg.), *Welche Natur brauchen wir? Analyse einer anthropologischen Grundproblematik des 21. Jahrhunderts*, Freiburg u. a. 2014, S. 123–141.
[35] Die Lehrveranstaltungen der Reihe »Beunruhigung als didaktisches Prinzip« sind seit 2014 mein Beitrag zur Fachdidaktik Philosophie und Werte & Normen in Oldenburg.

»Wissenschaftsaberglauben«[36], der Ethiküberforderung angesichts des technischen Fortschritts, der Anthropologie angesichts von KI und Robotik oder der Vernunftmüdigkeit angesichts der Legitimationsprobleme von Wissenschaft heute in einer konsumorientierten und die Zukunft vergessenden Gesellschaft. Dem einleitenden Vorschlag, den Einstieg für das Thema Natur im Wechselspiel von *Fühlen, Zeigen* und *Reden* zu suchen, kann daher eine zeitgemäße Naturphilosophie vor allem dann besser gerecht werden, wenn es ihr »um eine *Einheit in der Pluralität,* um die Integration eines vielstimmigen Nachdenkens über Natur, das auch eine Naturphilosophie jenseits der akademischen Disziplinen nicht von vornherein ausschließt«[37] gehen soll.

Literatur

Günther Anders, *Die Antiquiertheit des Menschen,* Bd. 1, München (1956) 6. Aufl. 1983.
Helmut Bachmaier, Ernst Peter Fischer (Hrsg.), *Glanz und Elend der zwei Kulturen. Über die Verträglichkeit der Natur- und Geisteswissenschaften,* Konstanz 1991.
Lukas Bärfuss: *Hagard,* München 2019.
Eckart Ehlers, *Das Anthropozän. Die Erde im Zeitalter des Menschen,* Darmstadt 2008.
Fynn Ole Engler, Jürgen Renn, *Gespaltene Vernunft. Vom Ende des Dialogs zwischen Wissenschaft und Philosophie,* Berlin 2018.
Ulrich Gebhard, »Natur in Bildung und Erziehung«, in: Thomas Kirchhoff et al. (Hrsg.), *Naturphilosophie. Ein Lehr- und Studienbuch,* Tübingen 2020, S. 261–270.
Jürgen Habermas, *Die Zukunft der menschlichen Natur. Auf dem Weg zu einer liberalen Eugenik?,* Frankfurt am Main 2001.
Michael Hampe, *Tunguska oder das Ende der Natur,* München 2011.
Karl Jaspers, *Die geistige Situation der Zeit,* Berlin et al. (1932) 1979.
Karl Jaspers, *Der philosophische Glaube,* München 1954.
Immanuel Kant, *Kritik der reinen Vernunft,* Hamburg (2. Aufl. 1787) 1976.
Immanuel Kant, *Metaphysische Anfangsgründe der Naturwissenschaft,* Erlangen (1. Aufl. 1786) 1984.
Immanuel Kant, *Kritik der Urteilskraft,* Frankfurt/M (1790) 1977.
Thomas Kirchhoff, Nicole C. Karafyllis, Dirk Evers, Brigitte Falkenburg, Myriam Gerhard, Gerald Hartung, Jürgen Hübner, Kristian Köchy, Ulrich

---

[36] K. Jaspers, *Die geistige Situation der Zeit,* Berlin u. a. (1932) 1979, S. 128.
[37] T. Kirchhoff et.al., *Naturphilosophie. Ein Lehr- und Studienbuch,* S. 90.

Krohs, Thomas Pothast, Otto Schäfer, Gregor Schiemann, Magnus Schlette, Reinhard Schulz, Frank Vogelsang (Hrsg.), *Naturphilosophie. Ein Lehr- und Studienbuch*, 2., aktualisierte und durchgesehene Auflage, Tübingen 2020.

Ralf Lankau, *Kein Mensch lernt digital. Über den sinnvollen Einsatz neuer Medien im Unterricht*, Weinheim 2017.

Bruno Latour, *Kampf um Gaia. Acht Vorträge über das Neue Klimaregime*, Berlin 2017.

Jürgen Mittelstraß, »Die Universität der Gesellschaft. Die Leiden der Universität setzen sich unbeirrt fort. Erst war es die Politisierung, dann ihre Didaktisierung, zuletzt die Ökonomisierung. Jetzt stehen die Zeichen auf Ökologisierung? Wie vernünftig ist das denn?« *Frankfurter Allgemeine Zeitung*, 23. Juli 2018, Nr. 168, S. 6.

Herta Müller, »Wie lange dauert für immer?« *Frankfurter Allgemeine Zeitung*, 4. August 2019, S. 38.

Richard Münch, »Unternehmen Universität«, in: *Aus Politik und Zeitgeschichte* 45, Beilage zur Wochenzeitung Das Parlament, 2. November, Frankfurt 2009, S. 10–16.

Walter J. Ong, *Oralität und Literalität. Die Technologisierung des Wortes*, Opladen 1987.

Hartmut Rosa, »Die Natur als Resonanzraum und als Quelle starker Wertungen«. In: Gerald Hartung, Thomas Kirchhoff (Hrsg.), *Welche Natur brauchen wir? Analyse einer anthropologischen Grundproblematik des 21. Jahrhunderts*, Freiburg/München 2014, S. 123–141.

Gregor Schiemann, »Jenseits der Naturverhältnisse: Natur ohne Menschen«. In: Thomas Kirchhoff et al, (Hrsg.), *Naturphilosophie. Ein Lehr- und Studienbuch*, Tübingen 2020, S. 248–253.

Marco Schüller (Hrsg.), *Texte zur Ästhetik. Eine kommentierte Anthologie*, Darmstadt 2013.

Joachim Schulte, *Wittgenstein. Eine Einführung*, Stuttgart 1989.

Reinhard Schulz, »Stoffwechsel«, in: Joachim Ritter, Karlfried Gründer (Hrsg.), *Historisches Wörterbuch der Philosophie*, Bd. 10, Basel 1998, Sp. 190–197.

Reinhard Schulz, »Naturphilosophische Fragen an die Lebenswissenschaften«., in: Myriam Gerhard, Christine Zunke (Hrsg.), *Wir müssen die Wissenschaft wieder menschlicher machen. Aspekte und Perspektiven der Naturphilosophie*, Kassel 2010, S. 183–201.

Reinhard Schulz, »Über das ästhetische Naturverhältnis des Menschen«, in: Katrin und Peter Seele (Hrsg.), *Ordnungen im Übergang*, Baltmannsweiler 2012, S. 94–110.

Reinhard Schulz, »Verstehende Naturverhältnisse«, in: Thomas Kirchhoff et al. (Hrsg.), *Naturphilosophie. Ein Lehr- und Studienbuch*, Tübingen 2020, S. 217–223.

Martin Wagenschein, *... zäh am Staunen. Pädagogische Texte zum Bestehen der Wissensgesellschaft*, Seelze-Velber 2002.

Andreas Weber, *Alles fühlt: Mensch, Natur und die Revolution der Lebens-wissenschaften*, Berlin 2014.
Ludwig Wittgenstein, L., *Philosophische Untersuchungen*. Frankfurt/M. 1971.

Klaus Feldmann

Welche Bedeutung hat *Natur* für uns? – Philosophisch-ethische und ethikdidaktische Überlegungen zum Begriff *Natur*

Die Frage, was Natur bedeutet, legt eine Unklarheit in Bezug auf ihren Begriff nahe: Während diese Frage in der Regel entweder nicht gestellt oder mit Verweis auf die gegebene Natur eindeutig beantwortet wurde, bringen die heute möglichen Veränderungen von Natur – auch unserer eigenen –, die fortschreitende Technisierung unserer Lebensumwelt sowie das Wissen um die inner- und interkulturelle Unterschiedlichkeit und Vergänglichkeit von Naturauffassungen vielgestaltige Antwortmöglichkeiten mit sich. Was Natur für uns bedeutet, welche Teile unserer Lebenswelt wir als natürlich erfahren und welchen Wert Natur in den verschiedenen Kontexten für uns hat, scheint sich einer generellen Festlegung zu entziehen[1].

Die Darstellung aktueller vom Menschen mitverursachter Naturkatastrophen und die ihnen zugrundeliegenden Szenarien vom Wandel des Klimas, der Bedrohung der Artenvielfalt und der Zerstörung der Natur als Lebensraum des Menschen rufen gegenwärtig zu einem verantwortlicheren Umgang des Menschen mit *der* Natur auf. Dies entspricht auch den Befindlichkeiten in den Ergebnissen der Shell-Jugendstudie *Jugend 2019*, wonach fast drei von vier Jugendlichen die Angst vor Umweltverschmutzung als ihr Hauptproblem benennen[2].

Angesichts dieser Ausgangslage – der Unbestimmtheit des Naturbegriffs verbunden mit drängenden Problemen einerseits und des Auftrags andererseits, im Philosophie- und Ethikunterricht die Frage nach Natur zu behandeln, ergeben sich für meinen Beitrag folgende Schritte: Zuerst werde ich versuchen das, was mit Natur sinnvoller-

---

[1] Vgl. G. Hartung, Th. Kirchhoff, »Welche Natur brauchen wir? Anthropologische Dimensionen des Umgangs mit Natur«, in: Dies. (Hrsg.), *Welche Natur brauchen wir? Analyse einer anthropologischen Grundproblematik des 21. Jahrhunderts*, Freiburg 2014, S. 11–34, hier S. 11.
[2] Vgl. Shell Deutschland Holding (Hrsg.), *Jugend 2019. Eine Generation meldet sich zu Wort*, Weinheim u. a. 2019, S. 15.

weise gemeint sein kann, genauer zu fassen, die Bedeutung des Naturbegriffs für uns in diesem Kontext zu explizieren. In einem zweiten Schritt verorte ich die Frage nach unserem Umgang mit *Natur* in einem ethischen Kontext, um schließlich drittens ethikdidaktische Perspektiven für das so gefasste Unterrichtsthema im Rahmen des Ethik-Unterrichts zu entwickeln.

1. Bedeutung des Begriffs Natur

Was *Natur* für uns bedeuten kann, erscheint in unserer Alltagswelt zwar häufig als selbstverständlich, ist aber angesichts der Forderung nach einem verantwortlichen Umgang mit ihr gerade fraglich: Worauf soll sich das Handeln des Menschen mit der Natur beziehen? Auf die Erhaltung des gegenwärtigen Zustandes der Natur, sind doch alle Naturformen in einem stetigen Wandel und die Menschheit verändert doch mit dem Ziel ihres Überlebens seit Jahrtausenden aktiv ihre natürlichen Umwelten? Oder geht es um eine maßvolle Steuerung der Naturveränderung, auch wenn uns doch die bedingenden Faktoren und die Komplexität ihrer Wechselwirkung weitgehend unbekannt sind? Und ist letztlich in unseren umweltpolitischen, den Naturschutz betreffenden Überlegungen, tatsächlich *die* Natur als Referenzrahmen eines verantwortlichen Handelns gemeint, oder geht es vielmehr nur um die Erhaltung eines nützlichen Zustandes für uns und nachfolgende Generationen[3]?

Diese Fragen stellen uns vor erhebliche Probleme – umso mehr noch, verschwimmen doch durch Entwicklungen in den modernen Natur- und Lebenswissenschaften die Grenzen zwischen Natur und Technik, zwischen Natur und Kultur in einem erheblichen Maße[4]. Von einem umfassenden Naturbegriff, geschweige denn -konzept kann nicht mehr die Rede sein, so wie etwa Aristoteles in seiner Physik Natur (physis) noch als das fassen konnte, was von selbst ist, in sich eine Zielbestimmung enthält und dem Bereich der Technik, dem vom Menschen hervorgebrachten, gegenübergestellt ist[5]. Ebenso hilft hier die Konzeption des moderneren Descartes kaum weiter, der Na-

---

[3] Vgl. G. Hartung, Th. Kirchhoff, *Welche Natur brauchen wir?*, S. 12.
[4] Vgl. Ebd.
[5] Vgl. Aristoteles, *Physik*, Bücher I-IV, Erster Halbband, Hamburg 1987.

tur im Sinne seines Dualismus als ein Materielles, Ausgedehntes dem Geist entgegenstellt[6]. Die Idee von *der Natur* löst sich auf, die Frage nach einem verantwortlichen Umgang mit ihr ist durch die Einsicht in eine grundlegende Unklarheit von Gegenstand, Ziel und Mitteln nicht sinnvoll zu bearbeiten.

Angesichts dieser Feststellungen kommt es aber zugleich zu einer Irritation: Wir halten in vielen Kontexten fest an der Rede von *der Natur* und schreiben ihr dabei vielfach ganz selbstverständlich einen Wert zu, der jenseits ressourcenorientierter instrumenteller Kalküle fundiert ist. Soll das nicht als bloß naiver Sprachgebrauch gewertet werden, so stellt sich die Frage, wie diese zweideutige, ja scheinbar widersprüchliche Rede aufzufassen ist?[7]

Meines Erachtens handelt es sich, wie Hartung und Kirchhoff darlegen, um eine Überlagerung von zwei Naturauffassungen:

(1.) Einerseits existieren szientistische Naturauffassungen, die Verfügungsweisen über Natur durch eine analytisch-wissenschaftliche Methode und die Praxis des Experiments generieren und Orientierungswissen über und durch Natur ausschließen. So sind in den Naturwissenschaften längst regionale Naturbegriffe an die Stelle eines umfassenden Naturkonzepts getreten, welche die Rede von der Natur sinnlos erscheinen lassen.

(2.) Andererseits existieren unterschiedliche Formen sinnlich-ästhetischer Naturerfahrungen, die sich in symbolischen Bedeutungen und Wertungen manifestieren, wie sie auch für die Wahrnehmung kultureller Phänomene prägend sind. Nur vor ihrem Hintergrund ist die Rede von *der Natur* sinnvoll[8].

Ausgehend von dieser Unterscheidung lässt sich auch der Begriff der Naturphilosophie fassen: Insofern sie Natur als Gegenstand der Erfahrungswissenschaften thematisiert, bewegt sie sich im Feld der Wissenschaftstheorien der Naturwissenschaften, darüber hinaus reflektiert sie aber auch Grenzen, Geltungsansprüche und Relevanzen von jeglichen Naturverständnissen. Das Aufgabenfeld der Naturphilosophie lässt sich entsprechend der traditionellen Einteilung der Phi-

---

[6] Vgl. Descartes, *Meditationen*, Hamburg 2009.
[7] Vgl. G. Hartung, Th. Kirchhoff, *Welche Natur brauchen wir?*, S. 12 f.
[8] Vgl. ebd., S. 13.

losophie dreiteilen in die Analysen von Natur als Gegenstand theoretischer, praktischer und ästhetischer Urteile.[9]

Um die Bedeutung der Rede von *der Natur* für uns heute weiter zu plausibilisieren, scheint gerade ihre begrifflich ästhetische Komponente hilfreich zu sein, welche sich am Begriff der Landschaft fassen lässt. Als eine Schlüsselerzählung, die den Wandel von einem substanzialistischen Naturbegriff im antiken Sinne zu einer ästhetischen Landschaftswahrnehmung geistesgeschichtlich anzeigt, kann die Überlieferung von Petrarcas Besteigung des Mont Ventoux im 14. Jahrhundert gesehen werden[10]. Die Vehemenz, mit der Petrarca bei dem Erlebnis auf dem Gipfel des Berges den Wert der landschaftlichen Naturerfahrung zu Gunsten einer innerlichen, theoretisch schauenden Einsicht ablehnt, unterstreicht lediglich die geistesgeschichtliche Bedeutung, die Petrarca als frühem Repräsentanten der Moderne zugeschrieben werden kann. Er nennt als Grund für die Bergbesteigung »einzig die Begierde« und kann auch – im Unterschied zu seinen Zeitgenossen – durch seine Lebensbedingungen Natur frei von Verzwecklichung, frei von Mühsal in Form von Arbeit wahrnehmen[11]. Joachim Ritter bringt die Frage nach der Bedeutung von Natur als Landschaft im Ausgang von Petrarca auf den Punkt und verdeutlicht schließlich die konstitutive Rolle der Ästhetik für den modernen Naturbegriff:

»Warum wird die betrachtende ›Bewunderung‹ der Gipfel der Berge, der ungeheuren Fluten des Meeres, der weit dahinfließenden Ströme, der Kreisbahnen der Gestirne [...] zum Element einer neuen, bis dahin unbekannten Form der ›Theorie‹? Was heißt es, daß schließlich die ästhetische Auffassung der Natur als Landschaft nicht weniger universal wird, wie es ihr Begriff als Objekt der Wissenschaften ist?

Landschaft ist Natur, die im Anblick für einen fühlenden und empfindenden Betrachter ästhetisch gegenwärtig ist: Nicht die Felder vor der Stadt, der Strom als ›Grenze‹, ›Handelsweg‹ und ›Problem für Brückenbauer‹, nicht die Gebirge und die Steppen der Hirten und Karavanen (oder der Ölsucher) sind als solche schon ›Landschaft‹. Sie werden dies erst, wenn sich der Mensch ihnen ohne praktischen Zweck in ›freier‹ genießender An-

---

[9] Vgl. www.naturphilosophie.org (24. März 2020).
[10] Vgl. F. Petraca, *Die Besteigung des Mont Ventoux*, Stuttgart 2014.
[11] Vgl. J. Ritter, »Landschaft. Zur Funktion des Ästhetischen in der modernen Gesellschaft«, in: Ders., *Subjektivität. Sechs Aufsätze*, Frankfurt am Main 1974, S. 141–190, S. 150 f.

schauung zuwendet. Mit seinem Hinausgehen verändert die Natur ihr Gesicht.«[12]

Ritters Begriff der Landschaft als grundlegende ästhetische Kategorie der Naturwahrnehmung verdeutlicht: Landschaft ist nicht an und für sich vorhanden, sondern entsteht erst als Wahrnehmungsleistung der Betrachtenden. Am Rande kann erwähnt werden: Kunstgeschichtlich lässt sich dies durch die Entstehung der Landschaftsmalerei, der Entwicklung von Perspektivität und der Zentralisierung des Individuums in der Renaissancekunst unterstreichen. Philosophisch können für Ritters Analyse freilich Kants Ausführungen zum ästhetischen Urteil als grundlegend angesehen werden. Kant beschreibt das ästhetische Urteil in der Kritik der Urteilskraft als ein Gebiet der Erfahrung, das durch theoretische Erkenntnis und praktisches Handeln nicht erschlossen werden kann. Die Urteilskraft bezieht sich auf Natur in einer Weise, die nicht Erkenntnis und interessiertes Wollen, sondern lediglich Reflexion ist. Indem das Geschmacksurteil kein Erkenntnisurteil ist, kann es keine Wissenschaft vom Schönen und kein objektiv Schönes geben, sondern nur eine Kritik des Schönen. Die Empfindung des Schönen ist ein Gefühl der Lust, das vom Subjekt, nicht vom Objekt ausgeht und das nicht objektivierbar ist[13]. Entsprechend kann eine Landschaft mit Kant zwar als weniger schön eingestuft werden, zum Verlust der ästhetischen Kategorie der Landschaft, wie Piepmeier vermutet, führt sein Ansatz allerdings nicht[14].

Hat nun Petrarca im ausgehenden Mittelalter seine ästhetische Erfahrung der Landschaft als ketzerisch abgelehnt, lässt sich im Unterschied zu seiner Schilderung der sinnlich-ästhetische Zugang zur Natur in der Romantik als symbolisch aufgeladen bezeichnen: So lässt sich beispielsweise am Werk von Caspar David Friedrich ablesen, wie im Rahmen religiös-mythischer Motive – etwa in Bildern wie »Mönch am Meer« oder »Das Kreuz im Gebirge« – Landschaft selbst zum Medium des Göttlichen und Beseelten wird. Als Landschaft, nicht abgebildete, sondern vom Maler bzw. Betrachter geschaffene, wird sie mystisch-religiös zum Symbol der Hoffnung nachauf-

---

[12] Vgl. Ebd. S. 150 f.
[13] Vgl. I. Kant, *Kritik der Urteilskraft*, Hamburg 1990, §§ 28–31.
[14] Vgl. R. Piepmeier, *Das Ende der ästhetischen Kategorie »Landschaft«: zu einem Aspekt neuzeitlicher Naturverhältnisse*, Münster 1980.

klärerischer Ganzheit im Sinne eines geglückten Mensch-Natur-Verhältnisses.[15]

Meine andeutungshaften Ausführungen zum Begriff der Landschaft – vergleichbar ließen sich Überlegungen zur Gegenwartskultur in Bezug auf Wildnis anstellen[16] – sollten plausibel machen, warum die Rede von *der Natur* kein naiver Sprachgebrauch ist, sondern im Unterschied zur szientifisch naturwissenschaftlichen und objektivierten Detailbetrachtung keine widersprüchliche und zugleich wichtige Perspektive in der Rede über Natur darstellt.

In der Folge kommt es in der Beantwortung der Frage nach dem Umgang mit Natur darauf an, beide Perspektiven zu berücksichtigen, eine Bearbeitung ist jenseits dieser Opposition anzugehen. Denn – so lässt sich auf der Basis dieser Naturbegriffe feststellen – wir Menschen nehmen Natur, als eine uns begegnende, gegenständliche Wirklichkeit, bewusst und unbewusst, leiblich, affektiv und kognitiv, sowohl im Modus der Objektivierung als auch im Modus der Subjektivierung wahr – und dies geschieht nicht unabhängig voneinander[17]. Erst auf der Basis eines in dieser Weise interdisziplinär ausgeleuchteten Mensch-Natur-Verhältnisses kann auch in Bildungskontexten ein unverkürzter Begriff von Natur vermittelt werden.

2. Ethische Perspektiven

Natur als ein spezifisches Anwendungsfeld der Ethik rückt spätestens mit dem Ende der 1960er Jahre durch zunehmende Umweltverschmutzung und ökologische Krisen ins Zentrum der Reflexion, wie sie beispielsweise in internationalen Verlautbarungen des Club of Rome *The Limits to Growth* (1972) dokumentiert sind[18]. Dieser interdisziplinäre Zusammenschluss von Experten aus vielen Teilen der Welt hat sich zum Ziel gesetzt, die Zukunftsprobleme der Menschheit und des Planeten Erde zu erforschen und alternative Handlungsper-

---

[15] Vgl. D. Hokema, *Landschaft im Wandel? Zeitgenössische Landschaftsbegriffe in Wissenschaft, Planung und Alltag*, Wiesbaden 2013, S. 37.
[16] Vgl. V. Vicenzotti, *Der »Zwischenstadt«-Diskurs. Eine Analyse zwischen Wildnis, Kulturlandschaft und Stadt*, Bielefeld 2011.
[17] Vgl. G. Hartung, Th. Kirchhoff, *Welche Natur brauchen wir?*, S. 13.
[18] Vgl. D. Meadows, *Die Grenzen des Wachstums: Bericht zur Lage der Menschheit*, Stuttgart 1972.

Klaus Feldmann

spektiven in Bezug auf den Umgang mit natürlichen Grundlangen im ökonomischen und gesellschaftlichen Leben zu entwickeln.

Auch wenn der Gehalt und die Struktur dieser Veröffentlichung umstritten ist[19], treten bereits in diesem Stadium ethischer Reflexion des Umgangs der industriellen Welt mit Natur zwei grundlegende Haltungen hervor: Auf der einen Seite stehen Vertreter einer anthropozentrischen Position, die Natur lediglich als eine Ressource für den menschlichen Bedarf ansehen, die allerdings besser verwaltet und effizienter in einem nachhaltigen Sinne genutzt werden müsse. Auf der anderen Seite wird eine physiozentrische Position befürwortet, der gemäß ein grundsätzlicher Wechsel der menschlichen Naturverhältnisse gefordert ist. Danach dürfe der Mensch Natur nicht mehr bloß in einem instrumentellen Sinne verstehen und ihre Funktion letztlich in einer Verzwecklichung sehen, sondern sich als einen Teil des Naturganzen auffassen und der Natur einen Eigenwert zuschreiben[20]. Die Differenz durchzieht die Debatte der Naturethik bis heute, was sich etwa daran ablesen lässt, dass sich zeitgenössische Theorie- und Aktionszusammenhänge oder Denkströmungen wie die Fridaysfor-Future-Bewegung mit Blick auf diese grundlegenden Positionierungen qualifizieren lassen[21].

Die grundlegende Differenz zwischen Anthropozentrik und Physiozentrik hat für die philosophisch-ethische Reflexion von Natur einen zentralen Charakter. Entsprechend können bereits die bloßen Bezeichnungen Umweltethik, ökologische Ethik und Bioethik als anthropozentrisch bzw. reduktionistisch angesehen werden[22]. Im Unterschied dazu schlägt Angelika Krebs für dieses Feld der angewandten Ethik den Terminus *Naturethik* vor; Natur begreift sie als »dasjenige in unserer außermenschlichen Welt, das nicht vom Menschen gemacht wurde«, Naturethik als »philosophische Disziplin, die sich mit der Frage nach dem ethisch […] richtigen Umgang des Menschen mit der Natur befaßt.«[23]

So umfasst der Terminus Naturethik nach Krebs begrifflich sowohl anthropozentrische Theorieansätze als auch physiozentrische,

---

[19] Vgl. Ebd.
[20] Vgl. Ebd.
[21] Zum Begriff des Anthropozentrismus vgl. M. Schlitt, *Umweltethik. Philosophisch-ethische Reflexionen – Theologische Grundlagen – Kriterien*, Paderborn u.a. 1992.
[22] Vgl. A. Krebs, »Naturethik im Überblick«, in: Dies. (Hrsg.), *Naturethik. Grundtexte der gegenwärtigen tier- und ökoethischen Diskussion*, S. 337–379, hier S. 342.
[23] Vgl. A. Krebs, Naturethik im Überblick, S. 344.

die sich nochmals in Pathozentrik, Biozentrik und einen radikalen Physiozentrismus bzw. Holismus ausdifferenzieren.

Der Naturbegriff von Krebs scheint nach meinen bisherigen Ausführungen einem naiven Verständnis objektiv gegenständlich vorliegender Natur aufzusitzen. Meine Überlegungen im ersten Teil haben bereits gezeigt, dass zum Begriff der Natur zwar auch ihr gegenständlicher und vorfindlicher Charakter als Objekt gehört. Ihre Bedeutung für uns und damit auch ihre ethisch-praktische Dimension aber erst ästhetisch vermittelt erfasst werden kann und wir nur unter Berücksichtigung dieser beiden Ebenen sinnvoll von *der Natur* reden können.

Jedoch wäre dieses Urteil vorschnell: Krebs führt für die Positionen der Anthropozentrik und Physiozentrik eine weitere Hinsicht ein, die Differenz ihres moralischen und epistemischen Sinns[24]. Demnach betont Anthropozentrik zwar in moralischer Hinsicht eine problematische Exklusivität des Menschlichen, weiß allerdings in erkenntnistheoretischer Sicht berechtigt zu betonen, dass der Mensch das Konstitutivum für Erkenntnis- und Wertperspektiven ist. Hingegen erscheint das moralische Anliegen des Physiozentrismus – je nach Spielart – angesichts von Gleichheits- und Gerechtigkeitsforderungen bzw. Verantwortungsprinzipien wünschenswert, während dessen epistemische Seite angesichts eines sich einschleichenden Essentialismus erkenntnistheoretisch sehr fraglich anmutet. Wünschenswert erscheint in der Folge eine Position, die die epistemische Seite des Anthropozentrismus und die moralische des Physiozentrismus vereinen kann, ohne die jeweiligen Probleme konzeptionell mit aufzunehmen.

Für die Bearbeitung dieser Problematik und damit für die Möglichkeit einer Naturethik auf der Basis des zuvor skizzierten Naturbegriffs ist m. E. ein Rekurs auf Martins Seels Vorschlag der Rede von Natur sehr hilfreich[25]. Seel setzt bei der ästhetischen Anerkennung der Natur an. Sie ist im Unterschied beispielsweise zur wechselseitigen Anerkennung zwischen Personen einseitig vom Menschen ausgehend. Das bedeutet: Eine Ästhetik der Natur spricht von dem, was für den Menschen leiblich-sinnlich als Natur wahrnehmbar ist. Sie nimmt ihren Ausgang bei der lebensweltlichen Phänomenalität der Natur. Ihr Gegenstand sind die sinnenfälligen Gestalten dessen, was

---

[24] Vgl. A. Krebs, Naturethik im Überblick, S. 343–345.
[25] Vgl. M. Seel, *Eine Ästhetik der Natur*, Frankfurt am Main 1991.

alltäglich als Natur und natürliches Wirken im Unterschied zu menschlichem Wert und Handeln angesprochen wird. Genau hierin liegt auch der besondere Wert der Natur:

»Was wir in ästhetischer Absicht an der Natur suchen, sind Gebilde und Areale eines kontingenten Formlebens. Ästhetisch interessant, mit anderen Worten, ist Natur wegen ihrer nicht vom Menschen bewirkten Prozessualität, wegen der Selbständigkeit und Veränderlichkeit ihrer Gestaltungen, wegen der ungelenkten Fülle der Erscheinungen, die sie unseren Sinnen darbietet. In diesen Aspekten erscheint Natur anders als alles, was vom Menschen vollbracht werden kann.«[26]

Der Wert der Naturerfahrung liegt gerade in dem, was nicht Menschenwerk, nicht menschliche Formung und sinnhafte Setzung ist, in einer positiven Kontingenz der Naturerfahrung. In dieser Weise – eines paradoxen *Beisichseins im Anderen* – kann Natur eine Freiheit gegenüber kulturellen Entwürfen und Sichtweisen sein, die uns so für sich selbst ein Zweck ist, den wir nicht selbst bewirken können[27].

Vor diesem Hintergrund wird eine ästhetische Praxis des Menschen zum Dreh- und Angelpunkt einer ethischen Wertzuschreibung von Natur. Denn der Natur, so Seel, kann zwar ein »Eigenwert« zugeschrieben werden, dieser Eigenwert kommt der Natur aber nicht absolut, sondern *allein innerhalb* der ästhetischen Praxis des Menschen und *ihres* Eigenwertes zu. Natur ist in einem eigentümlichen Sinne zugleich *für-uns* und *nicht für-uns*[28]. Für-uns erschließt sich die Natur in einem epistemischen Sinn: Es ist unser Verständnis und unser Zugang zur Natur, welche sich durch eine ästhetische Erfahrung konstituieren. Zugleich begegnet uns in dieser Erfahrung Natur in einem praktischen Sinn als nicht für-uns, ihr Eigenwert im Sinne eines Nicht-Instrumentellen wird offenbar.

Für eine tragfähige Naturethik ist m. E. die erarbeitete Unterscheidung sehr wertvoll und wegweisend: Durch diese Unterscheidung wird deutlich, dass eine Ethik der Natur zum einen stets auf einem Verhältnis des Menschen zur Natur basiert, da nur er der Natur epistemisch einen Wert beimessen kann und zum andern die Natur als von uns nicht herstellbare in diesem Verhältnis als ein schüt-

---

[26] M. Seel, »Ästhetische und moralische Anerkennung der Natur«, in: A. Krebs (Hrsg.), *Naturethik. Grundtexte der gegenwärtigen tier- und ökoethischen Diskussionen*, Frankfurt am Main 1997, S. 307–330, hier: S. 315.
[27] Vgl. ebd.
[28] Vgl. M. Seel, *Ästhetische und moralische Anerkennung der Natur*, S. 319.

zenswerter Eigenwert sich offenbart. Der Gesamtzusammenhang lässt sich im Anschluss an Hans-Joachim Höhn als *anthroporelational* bezeichnen: In dem exklusiven menschlichen Verhältnis zur Natur wird diese selbst als ein Eigenwert deutlich, dadurch dieses Verhältnis selbst auch.[29]

In der Folge ist die Begegnung mit Natur als ästhetische Praxis insofern ein Dreh- und Angelpunkt für eine Naturethik, da diese Praxis sowohl für eine Ethik des guten Lebens als auch einer moralphilosophischen Ethik der Anerkennung eine Basis sein kann. Sind ästhetische Erfahrungen Bereicherungen der menschlichen Praxis bis hin zu Orten des Glücks[30], so bedarf es einer Erhaltung der Natur, um weiter diese Praxis für ein *gutes* menschliches Leben zu ermöglichen. Begründen lässt sich die Zuschreibung in der Eigenart der ästhetischen Wahrnehmung: Das Wahrgenommene, das wir um seiner selbst willen wahrnehmen und die Wahrnehmung sind wechselseitig aufeinander bezogen, beides hat einen Eigenwert, sowohl die Wahrnehmungshandlung als auch das Wahrnehmungsobjekt und ist aus der Erfahrung dieses Eigenwerts heraus schützenswert[31]. Über diese Forderung des Naturschutzes aus Gründen der Ethik des guten Lebens hinaus ergibt sich ebenfalls in Bezug auf eine Ethik der Anerkennung: Wechselseitig ist das mit der ästhetischen Praxis einhergehende Erfahren anderen Lebewesen zuzusprechen – relational – und ihnen dasjenige – vom Menschen – zu sichern, was gutes Leben darstellt.

3. Ethikdidaktische Perspektiven

In nahezu allen Bundesländern ist die Thematik des Umgangs mit Natur in Unterrichtsfächern wie Ethik und Philosophie vorgeschriebener Unterrichtsinhalt.

Meine Analysen des Naturbegriffs zeigten zwei Ebenen seiner Reflexion, eine stärker an Natur als Objekt der naturwissenschaftlichen Forschung orientierte und ein in der ästhetischen Wahrnehmung von Natur als Ganzer in ihrer Bedeutung für uns. Beide Ebenen

---

[29] Vgl. H.-J. Höhn, *Ökologische Sozialethik, Grundlagen und Perspektiven*, Paderborn 2001, S. 88–90.
[30] Vgl. M. Seel, *Ästhetische und moralische Anerkennung der Natur*, S. 316.
[31] Vgl. ebd., S. 317.

korrespondieren z. B. auch mit dem Bildungsplan in Baden-Württemberg, dem gemäß das Unterrichtsfach Ethik ein »Orientierungswissen zur ethisch-moralischen Urteilsbildung« zum Hauptziel hat. ›Ethisch-moralisch‹ meint hier,

»dass im Ethikunterricht die beiden Hauptfragen philosophischer Ethik »Wie soll ich handeln, um ein gutes beziehungsweise glückliches Leben zu führen?« und »Wie soll ich handeln, um moralisch gut zu handeln?« in gleichem Maße zu berücksichtigen« sind[32].

Bereits in meiner ethischen Reflexion des Naturbegriffs waren beiden Ebenen zentral. Im Folgenden werde ich andeuten, wie im Ethikunterricht konzeptionell mit der individualethischen Frage nach dem *guten Leben* und mit der sozialethischen Reflexion und Vermittlung von Grundsätzen einer Ethik des richtigen Handelns in Zusammenhang mit einer anthroporelationalen Naturethik umgegangen werden kann.

Die Arbeit auf der individualethischen Ebene des guten Lebens kann von einer Spannung zwischen gelingendem und misslingendem Leben getragen sein. Der Beitrag philosophischer Reflexion über Natur wendet sich hier der individuellen Erfahrungsdimension der Schülerinnen und Schüler zu, um schließlich ein Orientierungswissen in Bezug auf ihre Bedeutung für uns zu evozieren. So bietet sich beispielsweise das von Steffen Goldbeck vorgeschlagene Verfahren des *Selbst-Er-forschenden Philosophierens* an[33]. Goldbeck gewinnt aus den biographisch angelegten Schriften von Hannah Arendt, vor allem zu Rahel Varnhagen und Adolf Eichmann, ein Verfahren der Selbsterforschung, indem er aus ihren Schriften, welche von einer Mischung aus biographischen Schilderungen und autobiographischen Zeugnissen gekennzeichnet sind, das Verfahren des autobiographischen Selbsterzählens extrahiert. Individuelle Naturerfahrungen könnten so im Sinne Goldbecks einfühlend autobiographisch, schülerorientiert und zugleich distanziert, abstrahierend und an Problemen orientiert, zusammenschauend kommentierend auf den Begriff gebracht werden. Auch wenn Goldbeck sein Konzept mehr für Projektkontexte und weniger für den regulären Fachunterricht kon-

---

[32] Ministerium für Kultus, Jugend und Sport Baden-Württemberg (Hrsg.), *Bildungsplan der Sekundarstufe I für das Fach Ethik*, Stuttgart 2016, S. 3.
[33] Vgl. S. Goldbeck, *Selbst-Er-forschendes Philosophieren, Transformation des Konzepts »Selbst-Er-forschend Philosophieren« aus der existenziell-performativen Hermeneutik Hannah Arendts*, Dresden 2019.

zipiert, so scheinen mir die Elemente der narrativen Persönlichkeitserforschung, die er aus Arendts Schriften transformiert, für die Erschließung eines Naturbegriffs in Bezug auf eine Ethik des guten Lebens sehr zielführend, da mit ihnen die relationale Seite, die Beziehung der Schülerinnen und Schüler zur Natur erarbeitet und verbalisiert werden kann.

Für die sozialethische und moralphilosophische Dimension des Unterrichts bedeutet eine Auseinandersetzung mit der Frage nach der Bedeutung von Natur für uns in Lehr- und Lernprozessen zunächst, dass es nicht darum geht, im Unterricht des Faches Ethik Theorien der philosophischen Ethik lediglich zu reproduzieren, wie es mit Schülerinnen und Schülern der Oberstufe stärker die Regel ist. Dagegen geht es in der Unterrichtsarbeit zu dieser Dimension darum, Wert- und Prinzipienkollisionen in Verschränkungen mit konkreten Naturerfahrungen, anhand von konkret-situativem Material diskursiv und argumentativ zu thematisieren, mit dem Ziel, schließlich Orientierung in der Frage zu gewinnen. Anhand alltäglicher Lebensvollzüge – z. B. Ernährung, Verkehr, Kleidung, Konsum – lässt sich vor allem mit Blick auf Verantwortung zeigen, dass die verschiedenen Redeweisen über Natur als Grundlage dienen. In der Folge ergibt sich für die systematische Qualifikation von Lehrkräften des Faches, dass diese zum einen Kenntnisse der philosophischen Ethik erwerben und sich zum anderen mit der angewandten Ethik vertraut machen, so dass ein interdisziplinärer Zugang zur Frage der Bedeutung verschiedener Naturbegriffe in ethischer Absicht möglich wird[34]. Wiederum leuchtet ein, dass entlang von Fragen des Naturschutzes eine Vermittlung von Sach- und Erfahrungsebene möglich wird. Dabei sind aufgrund ihrer situativen Eingebundenheit und Konkretion Vorteile der Dilemma-Methode im Unterricht nicht von der Hand zu weisen, auch wenn sie mit Blick auf ihren Theoriehintergrund bei Kohlberg ihre Grenzen hat[35].

---

[34] Zum Verhältnis von Anwendung und Prinzipienorientierter Philosophie im Allgemeinen vgl. D. Borchers, »Angewandte Philosophie, »integrative Philosophiedidaktik« und »integrativer Philosophieunterricht««, in: Ch. Runtenberg u. a. (Hrsg.), *Angewandte Philosophie*, Dresden 2012, S. 21–37; im Besonderen zum Begriff der Angewandten Ethik vgl. K. Bayertz, »Praktische Philosophie als angewandte Ethik«, in: Ders. (Hrsg.), *Praktische Philosophie. Grundorientierungen angewandter Ethik*, Reinbek 1991, S. 7–47.

[35] Vgl. M.-L. Rathers, *Das moralische Dilemma im Ethik-Unterricht: Moralphiloso-*

4. Schluss

Ein bedeutungsvolles Verständnis von *Natur* lässt sich erzielen, wenn die Rede von ihr sowohl den theoretisch-szientifischen (epistemischen) als auch ihren ästhetischen Begriff berücksichtigt.

Mit Hilfe der ästhetischen Dimension des Naturbegriffs lässt sich eine ethische Reflexion des Umgangs mit Natur plausibilisieren: In der Naturwahrnehmung erfahren wir eine Relation zur Natur, die sie uns durch unsere menschliche Wertsetzung als schützenswert auch für andere bestimmen lässt.

Didaktisch-konzeptionell ergibt sich für die Arbeit am Begriff der Natur sowohl auf der individual- als auch der sozialethischen Ebene die Aufgabe, fach- bzw. ethikdidaktische Verfahren so anzulegen, dass sowohl individuelle als auch objektivierte Naturerfahrungen zur Sprache kommen und individualethischen Anliegen des guten Lebens als auch sozialethische des richtigen Handels verschränkt reflektiert werden können.

Literatur

Aristoteles, *Physik*, Bücher I-IV, Erster Halbband, Hamburg 1987.
Kurt Bayertz, »Praktische Philosophie als angewandte Ethik«, in: Ders. (Hrsg.), *Praktische Philosophie. Grundorientierungen angewandter Ethik*, Reinbek 1991, S. 7–47.
Dagmar Borchers, »Angewandte Philosophie, »integrative Philosophiedidaktik« und »integrativer Philosophieunterricht««, in: Christa Runtenberg u. a. (Hrsg.), *Angewandte Philosophie*, Dresden 2012, S. 21–37.
René Descartes, *Meditationen*, Hamburg 2009.
Steffen Goldbeck, *Selbst-Er-forschendes Philosophieren, Transformation des Konzepts »Selbst-Er-forschend Philosophieren« aus der existenziell-performativen Hermeneutik Hannah Arendts*, Dresden 2019.
Gerald Hartung, Thomas Kirchhoff, »Welche Natur brauchen wir? Anthropologische Dimensionen des Umgangs mit Natur«, in: Dies. (Hrsg.), Welche Natur brauchen wir? Analyse einer anthropologischen Grundproblematik des 21. Jahrhunderts, Freiburg 2014, S. 11–34.
Hans-Joachim Höhn, *Ökologische Sozialethik, Grundlagen und Perspektiven*, Paderborn 2001, S. 88–90.

---

phische Überlegungen zur Dilemma-Methode nach Lawrence Kohlberg, Dresden 2011.

Dorothea Hokema, *Landschaft im Wandel? Zeitgenössische Landschaftsbegriffe in Wissenschaft, Planung und Alltag*, Wiesbaden 2013.
Immanuel Kant, *Kritik der Urteilskraft*, Hamburg 1990.
Angelika Krebs, »Naturethik im Überblick«, in: Dies. (Hrsg.), *Naturethik. Grundtexte der gegenwärtigen tier- und ökoethischen Diskussion*, S. 337–379.
Dennis Meadows, *Die Grenzen des Wachstums: Bericht zur Lage der Menschheit*, Stuttgart 1972.
Ministerium für Kultus, Jugend und Sport Baden-Württemberg (Hrsg.), *Bildungsplan der Sekundarstufe I für das Fach Ethik*, Stuttgart 2016.
Francesco Petraca, *Die Besteigung des Mont Ventoux*, Stuttgart 2014.
Rainer Piepmeier, *Das Ende der ästhetischen Kategorie »Landschaft«: zu einem Aspekt neuzeitlicher Naturverhältnisse*, Münster 1980.
Marie-Luise Rathers, *Das moralische Dilemma im Ethik-Unterricht: Moralphilosophische Überlegungen zur Dilemma-Methode nach Lawrence Kohlberg*, Dresden 2011.
Joachim Ritter, »Landschaft. Zur Funktion des Ästhetischen in der modernen Gesellschaft«, in: Ders., *Subjektivität. Sechs Aufsätze*, Frankfurt am Main 1974, S. 141–190.
Michael Schlitt, *Umweltethik. Philosophisch-ethische Reflexionen – Theologische Grundlagen – Kriterien*, Paderborn u. a. 1992.
Martin Seel, *Eine Ästhetik der Natur*, Frankfurt/Main 1991.
Martin Seel, »Ästhetische und moralische Anerkennung der Natur«, in: Angelika Krebs (Hrsg.), *Naturethik. Grundtexte der gegenwärtigen tier- und ökoethischen Diskussionen*, Frankfurt/Main 1997, S. 307–33.
Shell Deutschland Holding (Hrsg.), *Jugend 2019. Eine Generation meldet sich zu Wort*, Weinheim u. a. 2019.
Vera Vicenzotti, *Der »Zwischenstadt«-Diskurs. Eine Analyse zwischen Wildnis, Kulturlandschaft und Stadt*, Bielefeld 2011.

Klaus Draken

Wie über Natur reden? –

Von der Selbstverständlichkeit zur Fragwürdigkeit des Naturbegriffs aus philosophiedidaktischer Perspektive

Unser problematischer Umgang mit der Natur ist aktuell in aller Munde. Das Thema Klimawandel hat die Frage nach einem ökologisch angemessenen Verhalten des Menschen nicht zuletzt über die *Fridays for Future-Bewegung*[1] wieder in das öffentliche Bewusstsein gerufen – obwohl es spätestens seit dem vom *Club of Rome* in Auftrag gegebenen Bericht »zur Lage der Menschheit«, der 1972 unter dem Titel *Die Grenzen des Wachstums*[2] veröffentlicht wurde, im öffentlichen Diskurs angekommen zu sein schien. Im Vorwort dieses Berichts bezeichnete sich der Club of Rome als »informeller Zusammenschluss«, der »Wissenschaftler der verschiedensten Provenienz, Industrielle, Wirtschaftler« und »Humanisten […] aus 25 über die ganze Erde verteilten Staaten« vereinigt. Philosophen wurden zu diesem Zeitpunkt nicht explizit genannt. Das Thema Natur ist also selbstredend Thema der Naturwissenschaften und mittlerweile auch unumgehbares Thema der Gesellschaftswissenschaften, sei es aus ökonomischer, sozialer oder politischer Perspektive. Was aber sollte der spezifische Beitrag des Fachbereiches Philosophie/Ethik an der Schule zu dieser Thematik sein? – Und wie kann er unseren Schülerinnen und Schülern als relevant und bedenkenswert vermittelt werden?

---

[1] Die am Klimawandel festgemachten Forderungen werden u. a. auf einer deutschsprachigen Homepage der Bewegung deutlich gemacht. Online: https://fridaysforfuture.de/forderungen/, 17.05.2020

[2] D. Meadows et al., *Die Grenzen des Wachstums. Bericht des Club of Rome zur Lage der Menschheit*. Reinbek bei Hamburg 1973.

Die Lehrplansituation am Beispiel Nordrhein-Westfalens

Um mich einer Antwort auf diese Fragen anzunähern, möchte ich zunächst die Lehrplansituation beispielhaft für Nordrhein-Westfalen beleuchten. In der Sekundarstufe I im Fach Praktische Philosophie wird der Begriff Natur im Fragenkreis 5 als »Die Frage nach Natur, Kultur und Technik«[3] angesprochen. Der Naturbegriff erscheint hier als Unterrichtsgegenstand nicht isoliert, sondern mit seinem Gegenbegriff der Kultur und dessen spezifischem Bereich der Technik. Die zu erreichende Sachkompetenz wird allgemein so formuliert, dass die Schülerinnen und Schüler »Grundfragen des Menschseins und des Umgangs mit der Natur reflektieren«[4]. So wird also die anthropologische Fragestellung mit der Frage nach dem Begriff der Natur verbunden. Konkret heißt es entsprechend für die Jahrgangsstufen 5–6, die Schülerinnen und Schüler »formulieren Grundfragen der menschlichen Existenz, des Handelns in der Welt und des Umgangs mit der Natur als ihre eigenen Fragen und identifizieren sie als philosophische Fragen«[5], und für die Jahrgangsstufen 7–9 bzw. 9–10, sie »entwickeln verschiedene Menschen- und Weltbilder sowie Vorstellungen von Natur und vergleichen sie«[6] bzw. »diskutieren kulturvergleichend Grundfragen menschlicher Existenz«[7]. Als inhaltliche Schwerpunkte werden »Leben von und mit der Natur« oder »Tiere als Mit-Lebewesen«[8] (Jg. 5–6), »Mensch und Kultur« oder »Technik – Nutzen und Risiko«[9] (Jg. 7–8) sowie »Wissenschaft und Verantwortung« oder »Ökologie versus Ökonomie«[10] (Jg. 9–10) angeboten. Hier scheint es also, dass zunächst ein Wechselverhältnis zwischen Mensch und Natur, dann die naturverändernde bzw. kulturschaffende Lebensweise des Menschen und zum Schluss die ethische Dimension dieser Lebensweise in den Fokus genommen werden sollen. Diese Lesart, so gestehe ich zu, ist bei der inhaltlich offenen Anlage des

---

[3] Ministerium für Schule und Weiterbildung (MSW) des Landes Nordrhein-Westfalen (Hrsg.), *Kernlehrplan Sekundarstufe I in NRW Praktische Philosophie*, Frechen 2008. S. 12.
[4] Ebd., S. 14.
[5] Ebd., S. 19.
[6] Ebd., S. 25.
[7] Ebd., S. 31.
[8] Ebd., S. 20.
[9] Ebd., S. 23.
[10] Ebd., S. 26.

kompetenzorientierten Lehrplans in NRW nur eine Interpretation, die im konkreten Unterricht auch mit abweichenden Schwerpunktsetzungen gefüllt werden kann. Dennoch scheinen mir an dieser Stelle zentrale Aspekte des Themas aus philosophischer Sicht sinnvoll angesprochen. Denn der Mensch ist der entscheidende Schlüssel, um sinnvoll über den Naturbegriff nachdenken zu können. Er ist einerseits als natürliches Wesen im Sinne einer evolutionär verstandenen Biologie untrennbarer Teil der Natur, andererseits gibt es ohne das Gegensatzpaar Mensch bzw. Kultur und Natur keine abgrenzende Funktion des Naturbegriffs, dann wäre schlicht alles Seiende Natur. Insofern muss Natur im Sinne einer Formulierung von Robert Spaemann als »ein ursprünglich [...] dem Zusammenhang menschlicher Praxis zugehöriger Begriff«[11] verstanden werden.

Im Fach Philosophie der Sekundarstufe II ist z. B. laut Kernlehrplan in Nordrhein-Westfalen kein spezifisches Inhaltsfeld vorgesehen, welches Natur zentral zu einem eigenständigen Thema macht. Aber implizit taucht der Naturbegriff in fast allen Inhaltsfeldern wieder auf. Z. B. im »Inhaltsfeld 1: Der Mensch und sein Handeln« ist es die »Abgrenzung von Mensch und Tier«, durch die sich die Schülerinnen und Schüler »der Sonderstellung des Menschen im Reich des Lebendigen bewusst werden« sollen – wiederum eine spezifisch anthropologische Fragestellung. In »Inhaltsfeld 3: Das Selbstverständnis des Menschen« wird die Frage »nach dem Menschen als Natur- und zugleich Kulturwesen« im selben Teilbereich der Philosophie gestellt und der Naturbegriff explizit gemacht. In »Inhaltsfeld 4: Werte und Normen des Handelns« soll es im Sinne »angewandter Ethik« u. a. um das »Problem der Verantwortung für die Natur« gehen. Selbst in »Inhaltsfeld 5: Zusammenleben in Staat und Gesellschaft« wird beim »Gesellschaftsvertrag als Prinzip staatsphilosophischer Legitimation« nach »der Konzeption des Naturzustandes und der Staatsform« gefragt, also der Naturbegriff in Zusammenhang mit einer staatsphilosophischen Fragestellung genutzt. Und in »Inhaltsfeld 6: Geltungsansprüche der Wissenschaften« »fragen Schülerinnen und Schüler nach dem spezifischen Vorgehen und dem Geltungs- und Objektivitätsanspruch der neuzeitlichen bzw. modernen Natur-

---

[11] R. Spaemann, »Natur«. In: H. Krings, H. M. Baumgartner, Ch. Wild (Hrsg.), *Handbuch Philosophischer Grundbegriffe*, Studienausgabe Bd. 4, München 1973, S. 957.

wissenschaften«[12] – also aus erkenntnistheoretischer Perspektive auf die Natur als Erkenntnisobjekt. Natur ist so in fast allen Inhaltsfeldern ein curricular zentraler Begriff und muss entsprechend im Sinne einer dazugehörigen philosophischen Frage reflektiert werden. Dabei scheint sein Bedeutungsgehalt durchaus unklar gefasst: Er ist mehrdeutig, denn Natur hat im Begriff »Naturzustand« der staatsphilosophischen Reflexion eine vollkommen andere Bedeutung als bei der ethischen Frage nach der menschlichen »Verantwortung für die Natur«. Er ist unklar, denn einerseits umfasst er den »Menschen als Naturwesen« und andererseits grenzt er sich von der durch ihn als »Kulturwesen« geschaffenen Welt ab. Er wird widersprüchlich bewertet, denn während die Naturwissenschaften die Natur als untergeordnetes Objekt vor allem zum Zwecke ihrer Beherrschbarkeit zu untersuchen begannen, geht es bei unserer Verantwortung für die Natur um ihren Schutz. Dabei kann ggf. sogar eine Gegenüberstellung von Natur als Objekt versus Natur als Subjekt vorgenommen werden. Im Zentrum dieser Unklarheiten steht aus meiner Sicht aber die unauflösbare Spannung, dass, während wir uns durch unsere »Sonderstellung [...] im Reich des Lebendigen« als Gegenüber der Natur verstehen, wir uns doch auch immer im Sinne eines in sie einbezogenen und von ihr abhängigen »Naturwesens« als unabtrennbaren Teil der Natur sehen müssen.

Grundlegende didaktische Prinzipien

Wenn man Schülerinnen und Schüler unvorbereitet fragt, inwiefern der Naturbegriff eine philosophisch zu hinterfragende unklare Kategorie darstellt, findet man i.d.R. zunächst wenig Problembewusstsein. Durch die alltägliche Begriffsverwendung erscheint Natur im Verständnis auf den ersten Blick eher klar. Natur wird von ihnen i.d.R. positiv bewertet, was den Naturbegriff sogar in pervertierter Form für Werbezwecke geeignet erscheinen lässt. Naturidentische Aromastoffe oder rein pflanzliche Wirkstoffe in Medikamenten – alles dies wird zur Verkaufsförderung genutzt. Dass naturidentisch eben nicht durch natürliche Prozesse entstanden bedeutet und dass

---

[12] Ministerium für Schule und Weiterbildung (MSW) des Landes Nordrhein-Westfalen (Hrsg.), *Kernlehrplan Sekundarstufe II Gymnasium/Gesamtschule in Nordrhein-Westfalen Philosophie*, Düsseldorf 2014, S. 17f.

rein pflanzliche Wirkstoffe auch zur Tötung von Lebewesen geeignet sind, wird im Bewusstsein zunächst ausgeblendet. Natur erscheint entsprechend uneingeschränkt erhaltenswert, wobei z. B. Gehlens Begriff des Menschen als Mängelwesen eine genau entgegengesetzte Notwendigkeit, nämlich die zu ihrer Umgestaltung, aufzeigt.[13] Das drängende Bewusstsein der Gefährdung unserer natürlichen Lebensgrundlage scheint die Natur als bedauernswertes Opfer auszuzeichnen, dabei setzt sich die WHO immer wieder zum ethisch gebotenen Ziel, natürliche Erreger lebensbedrohlicher Krankheiten auszurotten, damit der Mensch nicht Opfer der Natur werde.[14]

Für eine didaktische Reflexion, wie diese Sachverhalte im Unterricht in philosophisches Lernen überführt werden können, erscheint es sinnvoll, drei grundlegende Kategorien der Philosophie- bzw. Ethikdidaktik in den Blick zu nehmen: Lebensweltbezug, Problemorientierung sowie eine im allgemeinsten Sinne verstandene Kompetenzorientierung.

Unter *Lebensweltbezug* soll hier verstanden werden, dass Vorwissen im Sinne vorhandener Alltagsvorstellungen in den Köpfen unserer Schülerinnen und Schüler aufgenommen und bewusst gemacht werden soll, um daran anknüpfend Ausdifferenzierungen und Ergänzungen vornehmen zu können. Natürlich muss dies in fachdidaktischer Hinsicht auch bedeuten, dass wir »von einem Plural der Lebenswelten ausgehen, der aus didaktischer Sicht als Bezug von und zu Lebenswelten erörtert wird: Schülerinnen und Schüler, die Lehrkraft und die Verfasser philosophischer Konzepte aus Tradition und aktueller Forschung stehen immer schon in (vorwissenschaftlich erfahrenen) Lebenswelten, in denen sie entsprechend der Besonderheit ihrer Alltagserfahrung je individuell handeln und tätig werden, in denen sie danach fragen, was als Frage aus dem Bezug zu und in den Lebenswelten erwächst, und in denen sie sich um mögliche Orientierung innerhalb der unterschiedlichen Schichten und Sichten die-

---

[13] A. Gehlen, *Der Mensch. Seine Natur und seine Stellung in der Welt.* Frankfurt/M ⁹1971.

[14] So kam es immer wieder zu Konflikten zwischen der WHO und deren Ziel einer endgültigen »Vernichtung« z. B. der letzten existierenden »Variola-Stämme« (Pocken-Viren), welche für Forschungszwecke und aus nationalen Sicherheitsinteressen sowohl in amerikanischen wie russischen Forschungslaboratorien wohl weiterhin existieren. Siehe z. B. Katrin Blawat: »Streit um die letzten Pockenviren.« In: *Süddeutsche Zeitung*, 18.05.2011. Gefunden unter: www.sueddeutsche.de/wissen/kampf-gegen-infektionskrankheiten-streit-um-die-letzten-pockenviren-1.1098741, 17.05.2020.

ser Lebenswelten bemühen. Fiktionale Lebenswelten, die in lebendig scheinenden Bildern medial in die non-fiktionalen Lebenswelten eindringen und einstürmen, illusionär, aber im Gegensatz zur realen Welt ersehnt und deshalb für wahr genommen, konkurrieren mit realistisch-pragmatischen Lebenswelten ernüchternder politisch-ökonomischer Vor- und Darstellungen.«[15] In Bezug auf den Naturbegriff bedeutet dies, dass seine in sich selbstwidersprüchliche Anlage über vorhandene Widersprüchlichkeiten bei seiner alltäglichen Nutzung und Anwendung bewusst gemacht werden kann und daraus im Sinne von »Verstehensankern«[16] Chancen auf einen angemesseneren Umgang mit diesem Begriff und darüber hinaus mit der uns umgebenden Natur bzw. Kultur selbst erwachsen können. Wenn in der Lehr-Lernforschung »der sogenannte Matthäus-Effekt (›Wer hat, dem wird gegeben‹)«[17] zitiert wird, dann kann der Effekt, dass u. a. »ein besseres Vorwissen« wesentlichen Einfluss auf den zu erreichenden Lerneffekt hat, auf diese Weise durch die Anknüpfung an möglichst allen Schülerinnen und Schülern verfügbare Vorerfahrungen wirkungsvoll genutzt werden.

Markus Tiedemann hat auf klare Art die *Problemorientierung* als zentrale Kategorie der Fachdidaktik Philosophie/Ethik an verschiedenen Stellen ausgeführt.[18] Aber schon der gesunde Menschenverstand vermittelt: Die schönste Lösung taugt nichts, wenn ich das Problem nicht verstanden habe bzw. die beste Antwort wird nur begrüßt, wenn die damit beantwortete Frage als fragwürdig erfasst wurde. Entsprechend enthielten bereits frühe Lehrplanvorgaben die Bemerkung, »geistige Aneignung, d. h. bildendes Lernen ist nur möglich, wenn der Heranwachsende Problembewußtsein gewinnt.«[19] Daher muss eine lernwirksame Unterrichtsdynamik immer zunächst Problembewusstsein schaffen, um darauf aufbauend Lösungsper-

---

[15] H. Stelzer, »Lebensweltbezug«, in: J. Nida-Rümelin et al. (Hrsg.), *Handbuch Philosophie und Ethik. Bd. I: Didaktik und Methodik*. Paderborn 2015, S. 82.
[16] A. Helmke, *Unterrichtsqualität und Lehrerprofessionalität. Diagnose, Evaluation und Verbesserung des Unterrichts*, Seelze-Velber 2009, S. 217.
[17] A. Helmke, *Unterrichtsqualität und Lehrerprofessionalität*, S. 34.
[18] U.a.: M. Tiedemann, »Problemorientierung«, in, J. Nida-Rümelin et al. (Hrsg.), *Handbuch Philosophie und Ethik. Bd. I: Didaktik und Methodik*. Paderborn 2015, S. 70–78.
[19] Kultusministerium Nordrhein-Westfalen (Hrsg.), *Richtlinien für den Unterricht in der Höheren Schule Teile c und d Philosophie und Pädagogik*, Ratingen bei Düsseldorf 1963, S. III.

spektiven sinnhaft verstehbar zu machen und Schülerinnen und Schüler zu einer eigenen gedanklichen Auseinandersetzung damit motivieren und aktivieren zu können. Dabei scheint es sogar irrelevant, wie man sich zwischen »Kanon- und Problemorientierung« positioniert oder Unterricht streng kompetenzorientiert«[20] begründen möchte. Praktisch muss zu Beginn eines jeden Lernprozesses das Problem oder die Frage stehen, um dessen bzw. deren Reflexion es in einem philosophisch orientierten Unterricht gehen soll. Entsprechend möchte ich im Folgenden exemplarisch einige Unterrichtsideen zur Thematik vorstellen, die sich dieses Grundansatzes bedienen und hierdurch Lernprozesse der Schülerinnen und Schüler altersgemäß in den unterschiedlichen Sekundarstufen ermöglichen und befördern wollen.

Und wenn ich als dritten entscheidenden Aspekt *Kompetenzorientierung* des Unterrichts in einem weit gefassten Sinne anspreche, dann meine ich, dass auch auf den als Zielorientierung zu erreichenden Output gesehen werden muss. Dabei herrscht »weitgehender didaktischer Konsens in Deutschland, dass der Ethik- und Philosophieunterricht primär das eigenständige Denken bzw. die Fähigkeit zur ›philosophischen Problemreflexion‹[21] fördern soll. Die Lernenden sollen in die Lage versetzt werden, selbstständig philosophische Probleme bzw. Fragen zu bedenken und dabei Positionen aus der philosophischen Tradition einzubeziehen. Insoweit stellt das wissensmäßige Verfügen über die Inhalte philosophischer Theorien sowie die Fähigkeit, deren argumentative Begründungen rekonstruieren und kritisieren zu können, kein Selbstzweck dar; es ist als Instrument zur Initiierung eigenständiger philosophischer Denkleistungen anzusehen.«[22] Im Philosophie- und Ethikunterricht muss also von den Schülerinnen und Schülern aktiv gedacht werden, es muss systematisch Raum für solche Denkprozesse bereitgestellt werden und selbstredend muss ausgewiesen werden können, in welcher Hinsicht sie den Unterricht mit der berechtigten Hoffnung auf einen Zugewinn

---

[20] M. Tiedemann, »Problemorientierung«, S. 73.
[21] Kultusministerkonferenz (Hrsg.), *Einheitliche Prüfungsanforderungen in der Abiturprüfung (EPA) Philosophie*, 2006, www.kmk.org/fileadmin/Dateien/veroeffent lichungen_beschluesse/1989/1989_12_01-EPA-Philosophie.pdf, S. 5, 19.08.2019.
[22] R. W. Henke, »Leistungsbewertung im Unterricht«, in: B. Brüning (Hrsg.), *Ethik/ Philosophiedidaktik. Praxishandbuch für die Sekundarstufe I und II*, Berlin 2016, S. 199–209, S. 199.

an Problembewusstsein, Wissen, methodischen Kompetenzen oder anderen Reflexionskompetenzen verlassen. Alltagssprachlich kann man formulieren: Wenn sie den Unterricht nicht in irgendeiner Hinsicht schlauer verlassen, als sie ihn begonnen haben, hätte die Unterrichtsstunde auch nicht stattfinden müssen.

(1.) Beispiel: Wildtiere, Haustiere, Nutztiere
Wenn schon in den Jahrgangsstufen 5 oder 6 »Tiere als Mitlebewesen« in NRW zum Thema werden sollen, kann bereits hier der Bezug zum Begriff Natur in altersgemäßer Weise einer Reflexion zugeführt werden. Um Vorerfahrungen der konkreten Lerngruppe im Sinne ihrer Lebenswelten nutzbar zu machen, kann z. B. der *Lebensweltbezug* durch eine Abfrage hergestellt werden, wo und bei welcher Gelegenheit die Schülerinnen und Schüler wie mit Tieren in Berührung gekommen sind. So haben wir bereits im konkreten Erleben der Kinder die Begegnungen zur Verfügung, die die Frage nach dem natürlichen oder unnatürlichen Charakter ihrer Qualität in den Blick nehmen können.

Meine Schülerinnen und Schüler habe ich über Begegnungen mit Tieren anhand eines Fragebogens vorstrukturiert nachdenken lassen. Dabei konnten sie zu folgenden Kategorien Erlebnisse notieren:
- Ich habe Tiere in freier Natur beobachtet.
- Ich habe ein Tier in der freien Natur berührt (mich genähert, gestreichelt, in die Hand genommen, ...).
- Ich habe Tiere in der Landwirtschaft beobachtet.
- Ich habe etwas mit Tieren in der Landwirtschaft gemacht.
- Ich habe etwas gegessen, das von einem Tier produziert wurde.
- Ich habe Tiere bzw. Teile von ihnen gegessen.
- Ich habe ein Haustier gestreichelt.
- Ich (bzw. meine Familie) halte selbst ein Haustier (oder habe es früher gehalten).
- Ich bin von einem Tier verletzt worden oder mir ist von einem Tier geholfen worden.

Die impliziten Kategorien von Wildtier, Nutztier und Haustier sollten hierbei eine erste Orientierungshilfe bieten, das Verhältnis des Menschen zum Tier differenzierend zu betrachten. Dabei wird implizit auch Naturnähe bzw. Naturferne wahrgenommen, denn die Kultivierung von Tierrassen und deren kulturell geprägte Behandlung stehen in Spannung zu ihrem Naturcharakter. Um dies erlebbar zu machen, können unreflektiert unterschiedliche Emotionen bei der Tierbetrachtung genutzt werden. So leben die wenigsten Schülerinnen oder Schüler konsequent vegetarisch oder vegan, haben aber gleichzeitig hohe Empathie für das Leiden von Tieren. Solange diese Gefühle deutlich unterscheidbare Tiere betreffen, lässt sich dies vielleicht noch rationalisieren. Dass Hunde und Katzen als geschätzte Lebensgefährten gehalten, Rinder oder Schweine hingegen zum Verzehr geschlachtet werden, kann durch den Versuch der Betonnung einer gewissen Unterschiedlichkeit der Tiere selbst gerechtfertigt werden. Interkulturelle Vergleiche aber, wie die Nationalspeise Meerschweinchen in Peru, können kognitive Dissonanzen erzeugen. Je nachdem, ob wir ein Tier bei uns als Haustier unter dem Aspekt eines zu versorgenden und behütenden Wesens sehen (»niedlich«) oder ob es in Peru als Nutztier unter dem Aspekt der Ernährung betrachtet wird (»lecker«), ergeben sich deutlich andere emotionale Kontierungen, die auch mit Kindern im Alter von etwa 10 Jahren gut reflektierbar erscheinen. Zuspitzen kann man dies am Beispiel des Kaninchens, welches innerhalb unserer eigenen Kultur sowohl als Haus- wie auch als Nutztier gehalten wird. Rinder, Geflügel oder – für nicht durch religiöse Speisevorschriften geleitete Anhänger bestimmter Religionen – Schweine zu verzehren, erscheint in Ordnung, Meerschweinchen, Katzen oder Hunde – mittlerweile auch die früher fraglos auf dem Speiseplan stehenden Pferde – als Mahlzeit vorgesetzt zu bekommen, erscheint irritierend und falsch. Dabei zeigt die genauere Betrachtung, dass in den Tieren selbst die Begründung für eine solch unterschiedliche Bewertung nur schwer durchhaltbar erscheint. Zum einen erscheinen alle genannten Haustiere in irgendeiner Kultur als geschätzte Nahrungsmittel, zum anderen kann man auch den bei uns zur Ernährung genutzten Tiere keineswegs Qualitäten absprechen, die wir normalerweise Haustieren zusprechen. Insbesondere Schweine zeichnen sich durch vergleichsweise hohe Intelligenz und differenziertes Sozialverhalten aus, und sie können sich im Verhalten durchaus an den Menschen anpassen und ihm als Begleiter dienen. Solche Wahrnehmungen lassen bei den Kindern ein starkes Problembewusstsein für die eingeführten Kategorien entstehen und intuitiv vorgenommene Bewertungen fragwürdig erscheinen. Insofern kann dieser Ansatz in verschiedener Hinsicht Fragen aufwerfen und somit dem Prinzip der *Problemorientierung* gerecht werden.

Wie bei der generellen Anlage einer Natur-Kultur-Differenzierung ist es der Mensch, der den Unterschied macht. An der Überschneidung der Kategorien von Wild-, Nutz- oder Haustier bei einzelnen Tierarten zeigt sich die allein vom Menschen her gedachte Definition, und mit der dadurch erzeugten Zuordnung scheint sich auch die Beantwortung der Frage nach der Natürlichkeit ihrer Lebensweise bzw. Haltung zu orientieren. Wildtiere, auch wenn sie als Jagdwild verspeist werden, leben nach unserem Verständnis weitestgehend natürlich. Wenn wir in diesem Zusammenhang von der Notwendigkeit des Naturschutzes reden, dann geht es vor allem um die Erhaltung ihres natürlichen Lebensraumes. Bei Nutztieren, die vor allem vor dem Hintergrund einer ökonomisch vertretbaren Herstellung in gesunder Qualität betrachtet werden, werden unter Naturaspekt höchstens im Sinne einer artgemäßen Haltung betrachtet – und hierbei scheint der Begriff vor dem Hintergrund gängiger Praxis schon sehr beschönigend. Bei Haustieren, denen in den meisten Fällen durchaus hohes Wohlwollen und große Sorge entgegengebracht wird, geht es um die Frage nach der Verträglichkeit menschlicher und tierischer Bedürfnisse. Dass dabei sowohl bei Nutz- als auch bei Haustieren durch Züchtung bereits deutliche Veränderungen beim Tier durch den Menschen hervorgerufen wurden, und dass damit die Natürlichkeit dieser Lebewesen bereits grundsätzlich zur Diskussion steht, kann in diesem Zusammenhang in Abgrenzung zum Wildtier mitreflektiert werden. Reflexionen, die diese begrifflichen Ebenen einbeziehen und implizit wie explizit zu differenzierten Denkweisen führen, können entsprechend als Zugewinn im Sinne der *Kompetenzorientierung* verstanden werden, der in einer solchen Unterrichtssequenz angestrebt werden sollte.

(2.) Beispiel: Natur pur – ein bildorientierter Einstieg zur Begriffsarbeit

Man stelle sich ein Kalenderbild mit weiter Landschaft vor. Gelbe Blüten prägen den Farbeindruck, Bäume schaffen gewachsene Begrenzungen und faulendes Holz zeigt neben natürlichem Wachsen und Blühen auch einen komplementär dazugehörigen Verfallsprozess. Sicherlich weckt ein solcher bildhafter Einstieg vielfältige Assoziationen bei Schülerinnen und Schülern an eigenes Naturerleben und ermöglicht so *Lebensweltbezug* im beschriebenen Sinne. Mit dem Bildtitel »Natur pur«[23] wird im Sinne der *Problemorientierung* die Frage provoziert, ob dies nicht der Inbegriff einer natürlichen

---

[23] Der Beschreibung entsprechendes Bildmaterial mit entsprechenden Arbeitsan-

Landschaft bzw. reiner Natur sei. Und, wie in jedem reflexionsorientierten Unterricht, schließt daran die Frage nach der Begründung dieser Einschätzung an. Werden und Vergehen, Lebendigkeit, aus sich heraus Entstehendes, Menschenleere und manches mehr sind die Kategorien, die von Schülerinnen und Schülern häufig spontan zur Bestätigung des natürlichen Charakters der Landschaft benannt werden. Und manchmal dauert es einige Zeit, bis erste Stimmen laut werden, die widersprechen. Das faulende Holz stammt von einer primitiven Hütte, die offensichtlich durch Menschen erbaut wurde, auch wenn eine Nutzung und sogar ein Fortbestand dieses Bauwerkes fraglich erscheinen. Auch scheint sie von Wiese umgeben, die bei genauerem Hinsehen sogar Furchen von einer Landmaschine zu haben scheint. Das gelbe Blühen wirkt unnatürlich dominant. Es könnte ein von Menschen angelegtes Feld sein, und in Regionen, wo Schülerinnen und Schüler noch direkt mit landwirtschaftlich geprägter Umgebung in Berührung kommen, wird Raps erkannt. Die begrenzenden Bäume sind in ihrer Anordnung erstaunlich präzise platziert, so dass forstwirtschaftliche Landschaftsgestaltung naheliegend erscheint. Also ergibt sich die Deutung des Bildgegenstandes als menschlich gestaltete Kulturlandschaft, welche im Sinne des oben beschriebenen Verständnisses einer unverzichtbaren *Kompetenzorientierung* als Lernzuwachs zu deuten wäre.

Methodisch bietet es sich bei einer Bildbetrachtung an, zunächst einfach die Wahrnehmungen abzufragen: Was siehst Du auf diesem Bild? Dies erhöht die Chance, dass möglichst viele Schülerinnen und Schüler möglichst Vieles aufnehmen und bei einer anschließenden Bilddeutung nutzen können. Im zweiten Schritt habe ich i. d. R. dem Bildtitel entsprechend danach gefragt, ob der wahrgenommene Bildinhalt nun als Natur oder nicht als Natur zu bezeichnen wäre. Durch die potentielle Kontroverse, welche in den o. g. Sichtweisen angelegt ist, lässt sich dann tabellarisch festhalten, welche Beobachtungen für und welche gegen eine Einschätzung als Natur sprechen:

---

regungen ist abgedruckt in: K. Draken et al., *Philosophieren 1. Einführung in die Philosophie. Anthropologie. Erkenntnistheorie*, Bamberg 2005, S. 22 f.

Wie über Natur reden?

Für eine Betrachtung als Natur spricht ...	Gegen eine Betrachtung als Natur spricht ...
– alles auf dem Bild Sichtbare besteht aus natürlichem Material – keine Menschen sichtbar – Raps und Bäume »wachsen« – Die Hütte entspricht natürlichen Bedürfnissen des Menschen – Das Holz der Hütte zerfällt natürlich – ...	– vom Menschen angelegte Landschaft – Reifenspuren in angelegter Weise – Monokultur (nur Raps) – vielleicht gedüngt, genmanipuliert? – bearbeitetes Holz (Bretter) – wahrscheinlich weitere Werkstoffe (Nägel, Schrauben ...) – ...

An dieser Stelle scheint mir der Versuch einer Einigung wenig zielleitend, sondern die unterschiedlich begründbare Zuordnung sollte Anlass zu einer Begriffsbetrachtung werden. Welche Vorstellung von Natur lege ich zugrunde, wenn ich den Bildinhalt als Natur bezeichne, welche, wenn ich dies nicht machen. Diese Vorstellungen in Definitionen zu fassen, kann so der nächste Gedankenschritt werden. Dabei ist nie genau vorhersehbar, welche Ideen Schülerinnen und Schüler konkret entwickeln. Aber moderativ ist es sicherlich möglich, gewisse Grundideen *herauszukristallisieren* und in die zu versuchenden Definitionsformulierungen einfließen zu lassen, dass eine Grundproblematik erkennbar wird. So haben meine Schülerinnen und Schüler die folgenden Definitionen erarbeitet:

Zugrunde liegende Naturdefinition, die für eine Betrachtung des Bildinhaltes als Natur spricht:	Zugrunde liegende Naturdefinition, die gegen eine Betrachtung des Bildinhaltes als Natur spricht:
Natur umfasst alle Dinge, die aus natürlichem Material oder Verhalten entstanden sind.	Natur umfasst nur Dinge, die sich völlig unberührt und unbeeinflusst vom Menschen frei entwickelt haben.

Solche Definitionen kann man nun in einem nächsten Schritt auf ihre generelle Tauglichkeit hin überprüfen, indem man sie anwendet. Und dies kann in unserem Fall für die Schülerinnen und Schüler erstaunliche Erkenntnisse hervorrufen. Provokativ kann nämlich gefragt werden, ob es nach der ersten Definition überhaupt irgendetwas geben kann, was nicht natürlich ist? Jedes Material, und sei mechanisch oder chemisch noch so hochentwickelt, greift letztendlich auf natürliches Material zurück. Und wenn wir den Menschen als Naturwesen verstehen, dann müssen wir auch seine Umgestaltung der Natur als natürliches Verhalten akzeptieren, wie wir es bei der Landschaftsumgestaltung durch Biber ebenso tun. Und dann könnten wir durch den Begriff Natur nichts mehr ausgrenzen und ein Begriff, der alles umfasst, macht in der sprachlichen Verwendung nunmehr wenig Sinn. Andererseits gäbe es nach der zweiten Definition zumindest auf unserer Erde überhaupt nichts mehr, was wir noch als natürlich bezeichnen dürften. Die Umweltverschmutzung der Meere hat bereits auf Regionen Einfluss genommen, die nie ein Mensch erreichen konnte. Und der Klimawandel verändert auch die letzte vom Menschen nie begangene Urwaldregion.

Problem:	Problem:
Letztlich ist alles, was der Mensch technisch herstellt, aus der Natur entnommenen Materialien gemacht (selbst der PC mit Kunststoffteilen, kann auf Ursprungsmaterialien aus der Natur zurückgeführt werden). Und da der Mensch selbst ein natürliches Wesen ist, müssen auch seine damit verbundenen Bedürfnisse als natürlich akzeptiert werden, d. h. ALLES ist Natur	Letztlich gibt es nichts mehr auf der Erde, selbst nie vom Menschen betretene Gegenden (verschmutzte Tiefen der Ozeane, durch Klimawandel veränderte Urwaldlandschaft), was nicht durch den Menschen beeinflusst, dadurch unnatürlich verändert und gestaltet wurde. Es existiert auf der Erde keine vollständig vom Menschen unbeeinflusste Natur mehr. d. h. NICHTS ist Natur.

Ein Begriff aber, mit dem nichts mehr bezeichnet werden kann, erscheint genauso wenig hilfreich, wie einer, der nichts auszugrenzen vermag. Eine solcherart zuspitzende Begriffsreflexion mag in der Sache übertrieben erscheinen, kann aber die Grundproblematik des Naturbegriffs sehr gut verdeutlichen: Die Sicht auf den Menschen als Teil der Natur oder als Gegenkraft zur Natur ist entscheidend und eine einseitige Radikalisierung dieser Sichtweisen führt in jedem Fall zu Problemen in Bezug auf die generelle Verwendbarkeit unseres Naturbegriffes. Insofern stellt sich die Frage nach einer sinnvollen Vermittlung bzw. die Frage, ob und inwiefern eine graduelle Verwendung des Naturbegriffs die Lösung der Problemstellung entwickeln kann.

Natürlich ist an dieser Stelle positiv noch nicht viel gewonnen. Erreicht werden aber kann durch ein solches Vorgehen ein vertieftes Problembewusstsein, d. h. die Notwendigkeit, sich genauer und differenzierter mit dem Naturbegriff und seiner Verwendung auseinanderzusetzen. Dies wäre der Sinn und Nutzen für hierauf aufbauende Lernprozesse zur Reflexion des Naturbegriffs und der mit ihm zu durchdenkenden Problemfelder. Wenn man beim Bild als Medium bleiben möchte, könnten Bilder, die Naturschönheit, Naturgewalten, Naturkatastrophen aber auch den Umgang mit den Schätzen der Natur z. B. in Landwirtschaft oder Bergbau zeigen[24], sicherlich sinnvoll zur Anregung genutzt werden. Je nach Altersstufe können aber auch jeweils angemessene Informations- bzw. Reflexionsangebote in Textform genutzt werden. In jedem Fall können diese weiterführenden Reflexionen darauf aufbauen, dass im Naturbegriff immer die Zwiespältigkeit einer vom Menschen her gedachten Perspektive enthalten ist, die seine eigene Naturhaftigkeit sowie seine kulturschaffende Naturferne berücksichtigen muss.

(3.) Beispiel: Textarbeit zur Reflexion eines naiv romantisierenden Naturbegriffs

Bei der Reflexion des Menschen als Natur und Kulturwesen gibt es zwei Denkrichtungen, die das Wechselverhältnis beleuchten helfen. Wenn wir von der vorgegebenen Natur her denken, kann problematisiert werden, inwiefern sie für uns als Menschen zweckdienlich beschaffen ist. Bereits Lukrez beklagte: »Mitnichten, so sag' ich, ist dies Wesen der Welt für uns von den Göttern erschaffen; allzu sehr ist sie [die natürliche Welt / K. D.] doch mit gewaltigen Mängeln behaftet.«[25] Z. B. der begrenzte Anteil am Land, welcher fruchtbar und bewohnbar ist, die für den Ackerbau notwendigen Mühen, um der Natur die gewünschten Früchte abzuringen, die Risiken von wetterbedingten Ernteausfällen sowie Gefährdungen durch Wildtiere und Krankheiten – all dies und manches mehr zeigen ihm, dass der Mensch gegen Widerstände der Natur um sein eigenes Überleben kämpfen muss. Aus der anderen Perspektive kann entsprechend gefragt werden, ob denn der Mensch für seine Umwelt passend ausgerüstet sei. Bei Lukrez heißt es im bereits zitierten Text, dass der Mensch »nackt und zum Leben jeglicher Hilfe entbehrend« geboren würde und zurecht »mit kläglichem Wimmern den Raum« erfülle. Die anderen Lebewesen benötigten »kein Wechselgewand je nach der verschiedenen Jahrzeit«, keine künstlichen »Waffen« und müssten sich nicht durch »ragende Mauern, um den Besitz zu beschützen«, absichern. Denn »allen erzeuget ja alles reichlich die Erde von selbst und der findige Trieb der Naturkraft.« Nur der damit nicht ver-

---

[24] K. Draken et al., *Philosophieren 1*, S. 24 f.
[25] Lukrez, *Über die Natur der Dinge*, Berlin 1957, S. 173.

sorgte Mensch ist in einer äußerst bedauerlichen Situation: »Hat er doch soviel Leids in dem Leben dereinst zu erwarten.«[26]

In der Art, wie Lukrez seine Einschätzung begründet, greift er auf anschauliche Bilder und Vorstellungen zurück, die lebensweltlich von den Schülerinnen und Schülern aufgenommen werden können. So hat sich zwar unsere Lebensweise in den westlichen Industrienationen seit den Zeiten Lukrez' deutlich weiterentwickelt, aber medial vermittelte Bilder aus anderen Regionen der Welt, die diese existentiellen Schwierigkeiten mit der Natur noch als unmittelbar bedeutsam zeigen, sollten die Schülerschaft im Sinne eines medialen *Lebensweltbezuges* hinreichend vorbereitet erscheinen lassen. Und gerade der Vergleich von Lukrez' Einschätzung mit den von ihnen alltäglich wahrgenommenen Lebenswelten zeigt dann unter Verstärkung einer schülernahen Lebensweltorientierung die deutlichen Diskrepanzen durch kulturelle Entwicklung. Sich dies bewusst zu machen, führt dann auch schon unweigerlich zu der Fragestellung, ob sich im grundsätzlichen Verhältnis zwischen Mensch und Natur dadurch etwas verändert, ggf. sogar umgekehrt hat. Hiermit wäre auch schon eine erste *Problemorientierung* gewährleistet, da die Bewertung Lukrez', die den Menschen als Opfer der natürlichen Bedingungen ansieht, der heute vielverbreiteten Ansicht, dass die Natur zum Opfer des Menschen und seiner technisch hochentwickelten Lebensweise würde, eindeutig widerspricht.

Dieser scheinbare Widerspruch kann durch den Nachvollzug der Position von Arnold Gehlen tiefergehend reflektiert werden. Seine Beschreibung setzt nahtlos bei dem an, was bereits Lukrez beschrieb – auch wenn er nicht von der Unzulänglichkeit der Natur, sondern von der Unzulänglichkeit des Menschen her denkt. So formuliert Gehlen: Der Mensch

»besteht aus einer Reihe von Unspezialisiertheiten, die unter entwicklungsbiologischem Gesichtspunkt als Primitivismen erscheinen: sein Gebiss z. B. hat eine primitive Lückenlosigkeit und eine Unbestimmtheit der Struktur, die es weder zu einem Pflanzenfresser- noch zu einem Fleischfressergebiss, d. h. Raubtiergebiss machen. Gegenüber den Großaffen, die hoch spezialisierte Baumtiere mit überentwickelten Armen für Hangelkletterei sind, die Kletterfuß, Haarkleid und gewaltigen Eckzahn haben, ist der Mensch als Naturwesen gesehen hoffnungslos unangepasst. [...] Infolge seiner organi-

---

[26] Lukrez, *Über die Natur der Dinge*, S. 174.

schen Primitivität und Mittellosigkeit ist der Mensch in jeder wirklich natürlichen und urwüchsigen Natursphäre lebensunfähig.«[27]

Schuld an dem Leiden des Menschen in der Natur ist also nicht deren Beschaffenheit, sondern die Beschaffenheit seiner selbst. Und dies hat für Gehlen zur Folge, dass der Mensch wiederum in bestimmter Weise mit der ihn umgebenden Natur umgehen muss:

»Der Mensch ist, um existenzfähig zu sein, auf Umschaffung und Bewältigung der Natur hin gebaut [...]. Es gibt für ihn keine Existenzmöglichkeit in der unveränderten, in der nicht ›entgifteten‹ Natur, und es gibt keinen ›Naturmenschen‹ im strengen Sinne: d. h. keine menschliche Gesellschaft ohne Waffen, ohne Feuer, ohne präparierte und künstliche Nahrung, ohne Obdach und ohne Formen der hergestellten Kooperation. Die Kultur ist also die ›zweite Natur‹ – will sagen: die menschliche, die selbsttätig bearbeitete, innerhalb deren er allein leben kann – und die ›unnatürliche‹ Kultur ist die Auswirkung eines einmaligen, selbst ›unnatürlichen‹, d. h. im Gegensatz zum Tier konstruierten Wesens in der Welt. [...] Er ist dann lebensfähig, wenn er dort Möglichkeiten erzeugen kann, sich eine zweite Natur zurechtzumachen, in der er dann statt in der ›Natur‹ existiert.«[28]

Und in dieser Gedankenentwicklung steckt ein Übertragungsangebot des Blickes von Lukrez auf unsere Zeit. Bei ihm war die Welt nicht für den Menschen geschaffen, die Natur also mängelbehaftet und deswegen zu bearbeiten. Bei Gehlen ist es die menschliche Anlage als Mängelwesen, die ihn zwingt, die Natur umzugestalten. Zugleich liegt hierin aber auch die unverzichtbare Leistung für das Überleben seiner Art. Insofern ist die Natur nicht nur Opfer eines böswilligen Umgestaltungswillens des Menschen – wie es heute gerne aus ökologischer Perspektive gesehen wird –, sondern Natur ist zugleich verantwortlich für die mangelhafte natürliche Ausstattung des Menschen, der so aus einer lebensbedrohlichen Ausgangssituation in der Natur heraus zu ihrer Umgestaltung gezwungen ist. In dieser Ausdifferenzierung kann zurecht ein *Kompetenzzuwachs* im Sinne der Beschreibung Henkes gesehen werden,[29] wenn aus der verallgemeinernden Bewer-

---

[27] A. Gehlen, *Der Mensch – seine Natur und seine Stellung in der Welt*. Frankfurt/M ⁹1971, S. 33f.
[28] A. Gehlen, *Der Mensch – seine Natur und seine Stellung in der Welt*, S. 33–38.
[29] Roland W. Henke, »Zur Leistungsbewertung von diskursiven Problemreflexionen auf der Basis philosophischer Positionen«, in: Schmidt/Rohbeck/Ruthendorf (Hrsg.), *Maß nehmen – Maß geben. Leistungsbewertung im Philosophieunterricht und Ethikunterricht.* [Rohbeck (Hrsg.), Jahrbuch für Didaktik der Philosophie und Ethik 2009] Dresden 2011, S. 49–73.

tung, jede Naturumgestaltung ist schlecht, in reflexiver Weise die differenziertere Sichtweise erwächst, dass der Mensch auch heute noch auf Umgestaltung der Natur angewiesen ist, zugleich aber mit seiner gewachsenen Gestaltungsmacht Vorsicht walten lassen muss, damit er sich nicht selbst seiner darin enthaltenen Lebensgrundlagen beraubt.

Im Sinne des Prinzips eines Problemüberhangs,[30] der das Prinzip der Problemorientierung in der Fachdidaktik Philosophie/Ethik schon früh nutzte, kann nun die Frage entwickelt werden, wie bzw. nach welchen Prinzipien eine solche Abwägung unternommen werden kann. Die ministeriellen Vorgaben in Nordrhein-Westfalen haben hierzu früher einmal Hans Jonas Verantwortungsethik prüfungsobligatorisch gemacht. Aber egal, ob man ihn oder aktuellere Autoren heranziehen möchte, die aus dem erkannten Problem erwachsende ethische Fragestellung scheint in den Lebenswelten unserer Schülerinnen und Schüler spätestens durch die *Fridays for Future*-Bewegung angekommen zu sein. Und eine philosophisch breit reflektierte Antwort sowie argumentative Grundlagen zur Auseinandersetzung mit ihren Zielen können nun bereits reflektierter durch gewachsene Sach- und Urteilskompetenz geleistet werden. Denn selbst Jonas, der sicherlich weitgehende Forderungen in seiner Verantwortungsethik aufstellt, kommt nicht zu einem generellen Umgestaltungsgebot für die Natur, lediglich zu weitgehenden Anforderungen in Bezug auf die Art und Weise ihrer Umgestaltung:

»Für die Grundlegung einer Zukunftsethik, […] die sich für die menschliche Zukunft verantwortlich macht, ergeben sich […] zwei vorbereitende Aufgaben: 1. Das *Wissen* um die Folgen unseres Tuns zu maximieren im Hinblick darauf, wie sie das künftige Menschenlos bestimmen und gefährden können; und 2. Im Lichte dieses Wissens, d. h. des präzedenzlos Neuen, das sein *könnte*, ein neues Wissen von dem zu erarbeiten, was sein darf und nicht sein darf, was zuzulassen und was zu vermeiden ist: also letztlich und positiv ein Wissen vom *Guten* – von dem, was der Mensch sein soll: wozu

---

[30] Der seit 2016 endgültig außer Kraft gesetzte Lehrplan für NRW aus dem Jahr 1999 schlägt als erstes Prinzip der »Kursplanung« eine »Planung gemäß Problemüberhängen« vor. Er macht dies mit Verweis, dass nahezu jede philosophiegeschichtliche »Lösung« eines Problems »zugleich das (Überhang-) Problem« für die weitere Reflexion einer späteren philosophiegeschichtlichen Denkbewegung bot. In: Ministerium für Schule und Weiterbildung, Wissenschaft und Forschung des Landes Nordrhein-Westfalen (Hrsg.), *Richtlinien und Lehrpläne für die Sekundarstufe II – Gymnasium/Gesamtschule in Nordrhein-Westfalen*. Frechen 1999, S. 44 f.

sehr wohl gerade der vorwegnehmende Anblick dessen, was *nicht* sein darf, aber nun erstmalig *möglich* erscheint, verhelfen kann. Das eine ist ein Sachwissen, das andere ein Wertwissen. Wir brauchen beides für einen Kompaß in die Zukunft.«[31]

Hier ergeben sich gute Anknüpfungspunkte an das, was die *Fridays for Future*-Bewegung für sich in Anspruch nimmt. Das von Jonas geforderte Sachwissen greift sie auf, indem sie sich auf die aktuellen Erkenntnisstände der Wissenschaften beruft und der Politik vorwirft, dieses in ihren Entscheidungen zu ignorieren. Und in Bezug auf das geforderte Wertwissen, insbesondere in Bezug auf das, »was *nicht* sein darf«, geht sie ähnlich wie Jonas auf die Gefühlsebene:

»The older generations have failed tackling the biggest crisis, humanity has ever faced. When we say to them, that we are worried about the future of our civilisation, they just tap on our heads and say: ›Everything will be fine. Don't worry.‹ But we should worry. We should panic. And by panic, I don't mean: Running around, screaming. By panic I mean stepping out of our comfort zones. Because when you are in a crisis, you change your behaviour.«[32]

Bei Jonas finden wir hierfür den Begriff der »Heuristik der Furcht«, d.h. er geht davon aus, dass das »rechte Gefühl nun [...] in unserem Fall in großem Umfange die *Furcht*« sein sollte. »Früher galt wohl, ›Wer nicht wagt, der nicht gewinnt‹ [...] Für die Allgemeinheit aber [...] ist mit dem enormen Ausmaß dessen, was inzwischen auf dem Spiele steht und wofür unsere Nachkommen dereinst zahlen müssen, Vorsicht zur höheren Tugend geworden.«[33]

---

[31] H. Jonas, »Prinzip Verantwortung – Zur Grundlegung einer Zukunftsethik«, in: T. Meyer, S. Miller (Hrsg.), *Zukunftsethik und Industriegesellschaft*, München 1986, S. 3–14, hier S. 4f.

[32] Greta Thunberg am 29.03.2019 in Berlin, zitiert nach: www.wwf-jugend.de/blogs/ 7705/8567/we-should-worry-we-should-panic-fff-demo-in-berlin, 17.05.2020.

[33] H. Jonas, *Prinzip Verantwortung*, S. 9f. Eine differenziertere Ausführung der Bezüge zwischen den Motiven in Greta Thunbergs *Reden* und dem *Prinzip Verantwortung* bei Hans Jonas findet sich bei: Klaus Draken, »Was würde Hans Jonas zu »Greta« sagen – Eine Gegenüberstellung«, in: Schepers/Ochs (Hrsg.), *Mitteilungen des Fachverbandes Philosophie 2020*. Frankfurt a.M. und Köln 2020, S. 55–67.

Fazit

Die hier exemplarisch angedeuteten Behandlungsweisen des Themas Natur im Praktische Philosophie- und Philosophieunterricht sollen aufzeigen, dass seine Bearbeitung in der Schule in der Fächergruppe Philosophie/Ethik mehr als sinnvoll, ja sogar notwendig erscheint. Sie ist curricular durchaus vorgesehen und kann aus dem Unterricht heraus sinnvolle Impulse für die Lebenswelt unserer Schülerinnen und Schüler setzen. Dazu scheinen die didaktischen Grundprinzipien von Lebensweltbezug, Problem- und Kompetenzorientierung gleichermaßen unverzichtbar wie einlösbar, um eine philosophische Reflexionskompetenz zu befördern, wie sie in den von der Kultusministerkonferenz verabschiedeten EPAs für die gymnasiale Oberstufe explizit als höchstes Bildungsziel gefordert wird. Dort heißt es, dass diese

philosophische Reflexion folgenden Grundsätzen entsprechen muss:
- Philosophische Reflexion ist auf Grundsätzliches und Übergreifendes ausgerichtet,
- Philosophische Reflexion übersteigt somit die Ebene subjektiver Meinungsäußerung und intendiert sowohl begrifflich als auch argumentativ Aussagen von allgemeiner Bedeutung,
- Philosophische Reflexion kann ihr eigenes Vorgehen begründen,
- Philosophische Reflexion muss den Gesichtspunkt des Gültigkeitsbereichs ihrer Aussagen stets mitverfolgen.[34]

Ich denke, dass diese Anforderungen in Bezug auf einen gesellschaftlich brisanten und dadurch hochaktuellen Gegenstandsbereich deutlich zeigen, dass die Fächergruppe Philosophie und Ethik Urteils- und Handlungskompetenz für das Leben in und die Mitgestaltung unserer heutigen Welt wertvoll zu stärken vermag. Insofern scheint die geisteswissenschaftliche Grundlegung durch das Fach Philosophie durchaus geeignet und m. E. unverzichtbar, einen gesellschaftlich wertvollen Beitrag für die Zukunft im Sinne der Erziehung von mündigen Bürgern zu leisten.

---

[34] Kultusministerkonferenz, *EPA Philosophie*, S. 5.

Literatur

Katrin Blawat: »Streit um die letzten Pockenviren«, in: *Süddeutsche Zeitung* vom 18.05.2011, www.sueddeutsche.de/wissen/kampf-gegen-infektionskrankheiten-streit-um-die-letzten-pockenviren-1.1098741,(17.05.2020).

Klaus Draken et al. (Hrsg.), *Philosophieren 1. Einführung in die Philosophie. Anthropologie. Erkenntnistheorie*, Bamberg 2005.

Klaus Draken, »Was würde Hans Jonas zu »Greta« sagen – Eine Gegenüberstellung«, in: Marco Schepers/Stefan Ochs (Hrsg.), *Mitteilungen des Fachverbandes Philosophie 2020*. Frankfurt a.M. und Köln 2020, S. 55–67.

Arnold Gehlen, *Der Mensch – seine Natur und seine Stellung in der Welt*, Frankfurt/M ^{9}1971.

Andreas Helmke, *Unterrichtsqualität und Lehrerprofessionalität. Diagnose, Evaluation und Verbesserung des Unterrichts*, Seelze-Velber 2009.

Roland W. Henke, »Zur Leistungsbewertung von diskursiven Problemreflexionen auf der Basis philosophischer Positionen«, in: Donat Schmidt/Johannes Rohbeck/Peter von Ruthendorf (Hrsg.), *Maß nehmen – Maß geben. Leistungsbewertung im Philosophieunterricht und Ethikunterricht*, Dresden 2011, S. 49–73.

Roland W. Henke, »Leistungsbewertung im Unterricht«, in: Barbara Brüning (Hrsg.), *Ethik/Philosophiedidaktik. Praxishandbuch für die Sekundarstufe I und II*. Berlin 2016, S. 199–209.

Hans Jonas, *Das Prinzip Verantwortung. Versuch einer Ethik für die technologische Zivilisation*. Frankfurt am Main 1984.

Hans Jonas, Prinzip, »Verantwortung – Zur Grundlegung einer Zukunftsethik«, in: Thomas Meyer, Susanne Miller (Hrsg.), *Zukunftsethik und Industriegesellschaft*, München 1986, S. 3–14.

Kultusministerkonferenz (Hrsg.), *Einheitliche Prüfungsanforderungen in der Abiturprüfung* (EPA) Philosophie, 2006. Online: (Zugriff 19.08.2019).

Kultusministerium Nordrhein-Westfalen (Hrsg.), *Richtlinien für den Unterricht in der Höheren Schule Teile c und d Philosophie und Pädagogik*. Ratingen bei Düsseldorf 1963.

Lukrez, *Über die Natur der Dinge*, Berlin 1957.

Donella Meadows et al., *Die Grenzen des Wachstums. Bericht des Club of Rome zur Lage der Menschheit*. Reinbek bei Hamburg 1973.

Ministerium für Schule und Weiterbildung (MSW) des Landes Nordrhein-Westfalen (Hrsg.), *Kernlehrplan Sekundarstufe I in NRW Praktische Philosophie*, Frechen 2008.

Ministerium für Schule und Weiterbildung (MSW) des Landes Nordrhein-Westfalen (Hrsg.), *Kernlehrplan Sekundarstufe II Gymnasium/Gesamtschule in Nordrhein-Westfalen Philosophie*, Düsseldorf 2014.

Ministerium für Schule und Weiterbildung, Wissenschaft und Forschung des Landes Nordrhein-Westfalen (Hrsg.), *Richtlinien und Lehrpläne für die*

Sekundarstufe II – Gymnasium/Gesamtschule in Nordrhein-Westfalen,. Frechen 1999.

Robert Spaemann, »Natur«, in: Hermann Krings, Hans Michael Baumgartner, Christoph Wild (Hrsg.), *Handbuch Philosophischer Grundbegriffe*, Studienausgabe Bd. 4. München 1973, S. 956–969.

Hubert Stelzer, »Lebensweltbezug«, in: Julian Nida-Rümelin et al. (Hrsg.), *Handbuch Philosophie und Ethik. Bd. I: Didaktik und Methodik*, Paderborn 2015, S. 79–86.

Greta Thunberg, *Rede am 29.03.2019*, www.wwf-jugend.de/blogs/7705/8567/we-should-worry-we-should-panic-fff-demo-in-berlin, (17.05.2020).

Markus Tiedemann, »Problemorientierung«, in, Julian Nida-Rümelin et al. (Hrsg.), *Handbuch Philosophie und Ethik. Bd. I: Didaktik und Methodik*, Paderborn 2015, S. 70–78.

IV. Unausgeschöpfte Potentiale und Ressourcen

Markus Bohlmann

Kritik der Natur als Ideal.
Zum Sprechen über die Natur in unserer Gegenwart und zur Gegenwart des Naturbegriffs des Deutschen Idealismus

1. Die große Rede vom Tod der Natur

»Der tolle Mensch sprang mitten unter sie und durchbohrte sie mit seinen Blicken. ›Wohin ist die Natur? rief er, ich will es euch sagen! *Wir haben sie getödtet,* – ihr und ich! Wir Alle sind ihre Mörder! …‹«[1] Es ist eine tolle Sache, heute über die Natur zu reden. Während noch vor wenigen Jahren die Debatte über die Natur bestimmt war durch Kosellecks asymmetrisches Gegensatzpaar von Fortschritt und Rückschritt,[2] so gibt es heute in diesem Spiel keine Bewegung mehr – moralisch verbietet sich ein Weitermachen, der Rückweg ist versperrt, die Natur ist tot. In die durch das Schwinden der Begriffe klaffende Lücke ist der tolle Mensch gesprungen mit seiner wichtigen Botschaft, deren Tollheit aus der Offensichtlichkeit der Phänomene geboren ist. Mikroplastik im Trinkwasser, Feinstaub in der Atemluft und die Hitze des Sommers führen uns den Tod der Natur direkt vor Augen. Man muss zwar erst einmal mit Hilfe naturwissenschaftlicher Evidenz lernen, die Zeichen zu lesen, aber dann öffnet sich uns dieses neue Buch der Natur, in dem die Naturwissenschaftler lesen: ihr Totenbuch[3]. Noch vor wenigen Jahren erzählten wir von der Natur wie von einer fast vergessenen Verwandten, die auf einer schmelzenden

---

[1] F. Nietzsche, *Die fröhliche Wissenschaft 1882/1887. Kritische Gesamtausgabe (KGW) 5/2, hg. von Giorgio Colli und Mazzino Montinari,* Berlin; New York 1973, S. 158 f., Aphorismus 125. Hier wurde die bekannte Stelle entfremdet, der Terminus »Gott« durch den Terminus »Natur« ersetzt.

[2] R. Koselleck, *Begriffsgeschichten. Studien zur Semantik und Pragmatik der politischen und sozialen Sprache,* Frankfurt/M. 2006, S. 516–526.

[3] Vgl. zur Metapher vom Buch der Natur in der Naturwissenschaft der frühen Neuzeit: S. Shapin, *Die wissenschaftliche Revolution,* Frankfurt/M. (1996) 2017, S. 80–97. Eine detaillierte Darstellung der sinnhaften, zeichengebenden Natur bietet: K.-H. Göttert, *Als die Natur noch sprach. Mensch, Tier und Pflanze vor der Moderne,* Stuttgart 2019.

Polkappe, in einem neuerdings von Dürre betroffenen Gebiet Nordafrikas oder auf einem mehrere Fußballfelder großen Teil des Regenwalds hauste. Das war so weit weg, dass wir die Fußballanalogie brauchten, um die Dramatik überhaupt zu begreifen. Der Natur ging es in Anbetracht der Umstände schon schlecht, aber sie war zumindest noch nicht ganz tot. Selbst wenn das mal geschehen sollte, konnte man hoffen, noch ein paar Jahre von ihrem Ableben unbehelligt zu bleiben. Erst das Versinken der Niederlande oder ein sonntägliches Fahrverbot auf den Autobahnen hätte die Nachricht auf einem sehr langen Postweg bei uns ankommen lassen. Viele wären eher traurig gewesen zur Beerdigung gehen zu müssen, nicht aber wegen des Todes der Natur selbst. Noch vor wenigen Jahren konnte man gut Politik machen und ein sittsames Leben führen ohne einen Gedanken auf das Ableben der Natur zu verwenden, das uns ja spätestens seit den Umweltbewegungen der 80er Jahre vor Augen sein musste. Heute ist die Lage anders.

»Habt ihr nicht von jenem tollen Menschen gehört, der am hellen Vormittage eine Laterne anzündete«[4]? Das Sprechen über die Natur ist im Jahr 2019 allgegenwärtig und total, es gibt keine Art und Weise der Lebensführung mehr ohne Gedanken an die Natur. Die Klimakrise ist keine Krise mehr. Eine Krise – wieder so einer von Kosellecks Begriffen – drückt eine Zeitwahrnehmung von Gegenwart und Zukunft aus, ähnlich wie das Paar von Fortschritt und Rückschritt, aber so ist es nicht mehr[5]. Die Klimakatastrophe ist aus der Zeit gefallen, ähnlich wie der tolle Mensch vom Himmel fällt. Die Katastrophe ist ein politisches Totalthema, alle anderen soziologisch erfassbaren Probleme der Gegenwart lassen sich hierunter subsummieren. Die in Immobilienbeton gegossene Ungleichheit im postkapitalistischen Finanzfeudalismus[6] und die stetig größer werdende gesellschaftliche Schicht der »Überflüssigen«[7] – eine Folge der umweltschädlichen industriellen Wirtschaftsform. Migration, religiöser

---

[4] Nietzsche, *Die Fröhliche Wissenschaft*. S. 158, Aphorismus 125.
[5] Koselleck, *Begriffsgeschichten*, S. 203–217. Vgl. auch schon: R. Koselleck, *Kritik und Krise – Eine Studie zur Pathogenese der bürgerlichen Welt*, Frankfurt/M. 1973.
[6] Eine Gegenwartsanalyse der tatsächlichen soziomateriellen Probleme unserer Gesellschaft bietet: S. Neckel, »The refeudalization of modern capitalism«,in: *Journal of Sociology* 55 (3)/2019, online first: https://doi.org/10.1177/1440783319857904. Abgerufen am 26.05.2020.
[7] H. Bude, »Die Überflüssigen als transversale Kategorie«, in: P. Berger, M. Vester (Hrsg.), *Alte Ungleichheiten – Neue Spaltungen*, Opladen 1998, S. 363–382.

Fundamentalismus und politischer Nationalismus[8] – Folgen des Klimawandels, der die dritte Welt als erstes trifft. Die Schwäche der EU symbolisiert durch Angela Merkels Zittern bei Staatsempfängen – Sommerhitze – Klimakatastrophe. Die Stimmung ist dennoch aktionistisch, aber gerade, weil die Sache so aussichtslos ist. Die Umweltethik bietet eine höchst problematische Gemengelage.[9] Es ist weder eine technische, noch eine politische Möglichkeit in Sicht, den Klimawandel noch aufzuhalten, selbst marginale Klimaziele werden nicht erreicht[10].Und noch nicht einmal Greta Thunberg kann emissionsfrei einen Ozean überqueren. Die Natur ist tot. Wir wollen es nur noch nicht wahrhaben, deshalb müssen wir uns selbst wie zum Trotz stetig sagen: jeder kleine Beitrag zählt. Dabei hat der Mensch schon längst die Natur bis zur Unkenntlichkeit verändert und wird es weiter tun. Und das gute Gefühl des Westens beim Umweltschutz ist nur ein hegemoniales moralisches Primat über die ärmeren Regionen der Welt, denen man schlechterdings eine nachvollziehende industrielle Entwicklung nicht verwehren kann.

»Wie trösten wir uns, die Mörder aller Mörder? Das Heiligste und Mächtigste, was die Welt bisher besass, es ist unter unseren Messern verblutet, – wer wischt diess Blut von uns ab?«[11] Wir alle kriegen den Tod der Natur direkt mit, er scheint absolut und total und die Schuld daran ist in uns derart stark, dass der Verzicht auf Fleisch, Plastiktüten und Interkontinentalflüge als selbstauferlegte Sühne Stückwerk bleiben muss. Wie Dostojewskis Raskolnikow zu gestehen und die Strafe entgegenzunehmen, bleibt uns verwehrt. Deshalb wenden wir uns an andere, vermeintlich weniger reuige Sünder und klagen diese an, so als läge in der nach außen getragenen Totenklage, Toten-Anklage, mehr als nur eine kurzfristige Milderung des Verlustschmerzes. Die überhöhte Bedeutung dieser Schuldzuschreibung zeigt nur die Hilflosigkeit aufgrund des begriffenen Zustands der Na-

---

[8] Vgl. zum Wandel des Nationalismus in der globalisierten Welt: G. Delanty, K. Kumar, *The SAGE handbook of nations and nationalism*, Thousand Oaks/CA 2009.

[9] S. Gardiner, *A Perfect Moral Storm. The Ethical Tragedy of Climate Change*, New York 2011. Vgl. auch: J. Nolt, »Long-Term Climate Justice«, in: R. Kanbur, H. Shue (Hrsg.), *Climate Justice: Integrating Economics and Philosophy*, Oxford 2018, S. 230–246.

[10] Vgl. Bundesministerium für Umwelt: »Klimaschutzbericht 2018 zum Aktionsprogramm Klimaschutz 2020 der Bundesregierung«, Berlin 2018, URL: *https://www.bmu.de/fileadmin/Daten_BMU/Download_PDF/Klimaschutz/klimaschutzbericht_2018_bf.pdf*. Abgerufen am 30.09.2019.

[11] Nietzsche, *Die Fröhliche Wissenschaft*, Aphorismus 125, S. 159.

tur – nämlich ihren Tod – und der durchaus realen Einsicht, dass man daran nichts mehr tun kann.

2. Das idiosynkratische Naturgefühl und die Natur, wie sie wohl mal war

Umso reifer die Einsicht in den Tod der Natur in uns wird, desto deutlicher spricht aus uns das idiosynkratische Naturgefühl. Die Idiosynkrasie ist der einzige Zustand, um der Natur, wie sie mal war, noch einmal nahe zu sein. Wie genau diese verlorene Natur ausgesehen hat, kann man dabei gar nicht sagen, denn ein authentisches und direktes Naturerlebnis wurde einem ja direkt verwehrt. Die Idiosynkrasie ist die Starre des Verzichts, die Kasteiung in Stasis. Die Baumheiligen des Hambacher Forsts betreiben sie genauso wie die Säulenheiligen der *Fridays for Future Bewegung* vor den Tempeln der Demokratie – goldene Kinder des untergehenden Zeitalters.

»In der Idiosynkrasie entziehen sich einzelne Organe wieder der Herrschaft des Subjekts; selbständig gehorchen sie biologisch fundamentalen Reizen. Das Ich, das in solchen Reaktionen, wie der Erstarrung von Haut, Muskel, Glied sich erfährt, ist ihrer doch nicht ganz mächtig. Für Augenblicke vollziehen sie die Angleichung an die umgebende unbewegte Natur. Indem aber das Bewegte dem Unbewegten, das entfaltetere Leben bloßer Natur sich nähert, entfremdet es sich ihr zugleich, denn unbewegte Natur, zu der, wie Daphne, Lebendiges in höchster Erregung zu werden trachtet, ist einzig der äußerlichsten, der räumlichen Beziehung fähig.«[12]

Dementsprechend ist die Entfernung in diesem idiosynkratischen Naturgefühl, das nach dem Tod der Natur geblieben ist, auch das zentrale Sujet des aktionistischen Protestes gegen den Klimawandel. Das gegenwärtige Sprechen über die Natur handelt von Dingen die schlicht da sind oder weg, bleiben sollen oder weg müssen; *Hambi bleibt, Kohle: Nein Danke*. Auch der Klimastreik der Kinder handelt davon, dass andere, in diesem Fall die Erwachsenen, dringend etwas lassen müssen – Wachstum, fossile Brennstoffe, die Ausbeutung der Natur en gros. Falls sie das nicht lassen können, müssten sie, die Erwachsenen, eben weg. Schließlich haben sie den Kindern etwas weg-

---

[12] T. Adorno, M. Horkheimer, *Dialektik der Aufklärung. Philosophische Fragmente. Theodor W. Adorno Gesammelte Schriften [GS] 3*, Frankfurt/M. (1944) 1981, S. 204 f.

genommen, nämlich ihre Zukunft. Die protestierenden Pennäler stehen ewig vor den Rathäusern und machen damit schlicht klar, dass sie da sind, indem sie in der Schule weg sind. Es ist der bloße zeitlose Raum, auf den die tote Materie zurückfällt.

»Wir sind hier! Wir sind laut! Weil ihr uns die Zukunft klaut!«[13] Der toten Natur wird nur der tote Mensch noch gerecht – das ist die letzte Konsequenz unseres fatalen Nicht-Verhältnisses zur Natur. Klimaforscher rechnen bereits vor, wie der CO_2-Ausstoß durch den Verzicht auf Kinder drastisch gesenkt werden kann. Tatsächlich ist dieser Verzicht im Vergleich zum Verzicht auf Fleisch, Verpackungen, Automobile, Flüge, Kleidung usw. – es gibt ja kaum einen Ausdruck menschlicher Existenz, auf den man nicht zu Gunsten der Natur verzichten kann – die einzig wirklich konsequente und wissenschaftlich effektive Entscheidung zum Wohle der Natur. Kein Verzicht spart mehr CO_2 als der Verzicht auf menschliches Leben.[14] Einzig problematisch ist, dass ohne Kinder niemand mehr vor den Rathäusern protestiert. Die bloße Existenz einer menschlichen Zukunft verhindert die Bedingung ihrer eigenen Möglichkeit in Form einer intakten Natur. Dieses Problem ist nicht durch weitere Pragmatik zu lösen, das merken selbst die unter uns, die nach den Corona-Beschränkungen noch den bewundernswerten Mut zu weiterer Selbstkasteiung aufbringen können.

3. Das Pharmakon des Protestes

Die Natur geht uns gefühlt so nah, dass wir sie nicht mehr entäußern können. Ohne Entäußerung der Natur, ohne dass sie uns auch fremd sein kann, kann sich der Mensch aber in kein Verhältnis zur Natur mehr stellen, sie ist nur noch ge-äußert, darin, dass andere die Natur ver-äußert haben – wer diese Anderen allerdings sind, das können wir gar nicht sagen, weil wir es ja alle sind. Weil diese dramatische Situation kaum zu ertragen ist, fallen die Feindbilder zurück in eine Beschreibung des Verhältnisses von Mensch und Natur, das seit der ers-

---

[13] Parole der *Fridays for Future Bewegung* während der Proteste im Sommer 2019.
[14] Auslöser der gegenwärtigen Debatte: S. Wynes, K. Nicholas, »The climate mitigation gap: education and government recommendations miss the most effective individual actions«,in: *Environmental Research Letters* 12 (7)/2017, online: S. 74024, http://dx.doi.org/10.1088/1748-9326/aa7541. Abgerufen am 26.05.2020.

ten industriellen Revolution existiert. Der Braunkohlebergbau, die Rodung des Waldes, das sind Bilder des invasiven Eingriffes des Menschen in eine vorher vollständig unberührte Natur. Man müsse die Natur schlechterdings einfach nur lassen und den Menschen von ihr entfernen, dann würde alles wieder so werden, wie es mal war, und zurückkehren in das durch die Sünde nicht mehr verunreinigte Paradies.

Es gibt kein harmloses Heilmittel. Das *pharmakon* kann niemals einfach wohltuend sein. [...] Der *Protagoras* ordnet die *pharmaka* unter die Dinge die gut *(agatha)* und peinlich *(aniara)* zugleich sein können *(354 a)*. Das *pharmakon* ist stets in Mischung begriffen *(symmeikton)*, wovon auch der *Philebos* spricht *(46 a)*, so zum Beispiel jene *hybris*, jener gewaltsame und maßlose Exzeß in der Lust, der die Übermütigen wie Verrückte schreien läßt *(45 e)*, und ›wie sie sich zum Beispiel die Krätze heilen durch Reiben und mehreres dergleichen, was keines anderen Mittels bedarf *(ouk allēs deomena pharmaxeōs)*‹. Dieser mit der Krankheit wie mit ihrer Linderung verbundene schmerzhafte Genuß ist bereits an sich ein *pharmakon*.[15]

»Wen juckt's?« und »Wen kratzt's?« können synonym verwendet werden. Das allein schon ist das *pharmakon* in seiner alten Doppeldeutigkeit als »Arznei« oder »Droge« in unserem Sprechen über die Natur. Wer sich kräftig genug kratzt, hat zumindest das Gefühl, etwas zu tun.

Tatsächlich sind wir wie Apollon, der nur dem Trugbild der Nymphe hinterherjagt. Sie ist zum Lorbeer erstarrt, versteinert, um der übertriebenen Begierde zu entfliehen. Die Natur kann nicht wieder in das verwandelt werden, was sie nie war. Was wir zu fassen kriegen ist ein Stück toter Natur, eine goldene Krone aus Lorbeer und als solche seit griechischer Zeit bloß ein Symbol des Sieges über Menschen – vielleicht auch nur über sich selber. Die Natur als Entäußertes gibt es gar nicht in der Differenz von ge-äußerter und veräußerter Natur.

Das Sprechen über die Natur ist kein rationales kommunikatives Handeln, auch wenn es im wissenschaftlichen Gewand auftritt, will es doch keine Begriffe, keine Verhältnisse mehr klären, keine Positionen, keine Interessen kommunizieren.[16] Im Sprechen über die Natur

---

[15] J. Derrida, *Dissemination*, hg. von H.-D. Gondek und P. Engelmann, Wien (1972) 1995, S. 111. Hervorhebungen im Original.
[16] Vgl. J. Habermas, *Theorie des kommunikativen Handelns. Band 1: Handlungsrationalität und gesellschaftliche Rationalisierung*, Frankfurt/M. 1981, S. 36f.

kann heute kein Zweifel mehr bestehen, es ist klar: klar wie die naturwissenschaftlich entschlüsselten Phänomene, klar wie die Stimme der Kinder. Es gibt keine Spur, die man noch nachvollziehen muss. Man muss nichts gelesen haben, um sich sicher zu sein. Aber: »Eine Stimme ohne différance, eine Stimme ohne Schrift ist absolut lebendig und absolut tot zugleich«[17].

4. Die Natur auf dem Rückweg vom Realismus in den Idealismus

Das Grundproblem des Sprechens über die Natur heute ist die Entrückung auf das Gebiet des Realismus. Ein Realismus braucht nämlich eigentlich keinen Begriff der Natur. Für ihn zählt Sein, Wirklichkeit und Naturwissenschaft, nicht Natur. Der Gegenstand der Naturwissenschaft (Physik, Chemie, Biologie usw.) ist deshalb auch gerade nicht die Natur. Naturwissenschaftler kommen auch gut ohne irgendeinen Begriff der Natur aus. Er ist schlicht unnötig, wenn man über Strukturen, Wechselwirkungen, Energien oder Systeme redet. Die Sprache der Mathematik, in der für Galileo die Natur geschrieben war, ist tatsächlich die Sprache der von der Natur ganz entfernten Idee.[18]

Im Idealismus hingegen ist die Natur schon im Ursprung angelegt. Schon Parmenides Gedicht, das im Altertum den Titel »Über die Natur« trug, beginnt mit einem Prolog, in dem das literarische Ich in einem Sonnenwagen zu einer Gottheit aufsteigt, um von ihr das idealistische Urmotiv zu empfangen: »denn dasselbe kann gedacht werden und sein.«[19] Dieses erste Lied von der Natur in der Vorsokratik argumentiert fortan, wie die Natur sein muss, aus den Strukturen des menschlichen Denkens heraus. So ist die Natur etwas, weil sie nur als etwas gedacht werden kann und hat dementsprechend ideelle Züge,

---

[17] J. Derrida, *Die Stimme und das Phänomen. Einführung in das Problem des Zeichens in der Phänomenologie Husserls*, hg. von H.-D. Gondek, Frankfurt/M. (1967) 2003, S. 138.
[18] G. W. F. Hegel, *Enzyklopädie der philosophischen Wissenschaften im Grundrisse 1830. Zweiter Teil. Die Naturphilosophie. Mit den mündlichen Zusätzen. Werke in zwanzig Bänden (Theorie Werkausgabe). Band 9*, hg. von K. Michel und E. Moldenhauer, Frankfurt/M. 1986, S. 20, § 246 Zusatz.
[19] Parmenides, *Vom Wesen des Seienden. Die Fragmente, griechisch und deutsch*, hg. von U. Hölscher, Frankfurt/M. (ca 480 v. Chr.) 1969, S. 17. Fr. 3.

»ungeworden und unvergänglich [...] ganz und einheitlich, und unerschütterlich und vollendet.«[20] Dieser frühe Idealismus des Parmenides schließt aus den Strukturen des Denkens auf die Struktur der Natur. Zwischen ideellem Sein und physischem Sein wird nicht unterschieden.[21]

Diesem Idealismus ist von Anfang an auch die Verbindung von Natur und Göttlichkeit inne. Für Augustinus gilt die Natur als zweite Offenbarung in der Schöpfung, sie ist gedacht für die Heiden, die die erste und direkte Offenbarung nicht empfangen konnten.[22] Für die Menschen des Mittelalters ist die Natur dementsprechend ein Buch, geschrieben von Gott. Wer seine geheime Sprache zu lesen vermag, findet Heilung durch Pflanzen oder in der Mystik des Waldes.[23]

Erst in der frühen Neuzeit aber beginnt die bereits in der Vertreibung aus dem Paradies angelegte Verlustgeschichte der Einheit mit der Natur vollends zu Buche zu schlagen. Bei Vico gibt es die Urgeschichte vom Leben der Giganten, die noch in Einheit mit der Natur existierten bis sie auf die Lichtung der menschlichen Existenz traten. Vicos »Kinder des werdenden Menschengeschlechts«[24] betraten die Lichtung menschlicher Existenz, erblickten den Himmel und sahen, wie man technisch die Natur beseitigen kann, um den Göttern näher zu kommen[25]. Das ist aber gar nicht die entscheidende Passage im Leben von Vicos Giganten. Als sie auf die Lichtung traten waren sie nämlich bereits schon Menschen – das ist Vicos eigentliche Pointe. Die entscheidende Transformation geschah nämlich bereits in dem Moment als die Giganten Idealisten wurden. Und sie wurden schon Idealisten, als sie sich noch im Wald die Dinge der Natur animiert vorstellten. Nur so nämlich kann man sich die Dinge der Natur überhaupt vorstellen, denn ohne die Nymphe hat der Fluss gar keine Bedeutung, weil die Natur total ist und der Mensch ein Teil von ihr. Vico

---

[20] Ebd. S. 19, Fr. 8.
[21] Das kommt am deutlichsten zu tragen in der hier verwendeten Hölscher-Übersetzung, die konsequent eben *physis* auch nicht mit Natur übersetzt, sondern mit »dem Seienden«. Vgl. ebd. Kommentar, S. 68.
[22] Vgl. H. Nobis, »Buch der Natur«, in: J. Ritter, K. Gründer, G. Gabriel (Hrsg.), *Historisches Wörterbuch der Philosophie. Band 1*, Basel, Darmstadt 1971, Sp. 957–959. Vgl. auch: H. Blumenberg, *Die Lesbarkeit der Welt*, Frankfurt/M. 1981, S. 49.
[23] Vgl. K. H. Göttert, *Als die Natur noch sprach*.
[24] G. Vico, *Prinzipien einer neuen Wissenschaft über die gemeinsame Natur der Völker. Philosophische Bibliothek 418 a/b.*, hg. von V. Hösle und C. Jermann, Hamburg (1744) 1990, S. 171, Absatz 376.
[25] Ebd. S. 172 f., Absatz 377.

hat das erkannt, als er beschrieb wie die Menschen »aus ihrer Idee die Dinge«[26] schufen, nicht als Schöpfer, sondern als Dichter. Das ist auch der Beginn der romantischen Natur als Ideal.

Spätestens bei Rousseau wird zur Idee der schwindenden Natur auch noch die gesellschaftliche Schuld an ihrem Untergang hinzugedichtet, die fatalistische Romantik. Während noch in der *Neuen Heloise* die Naturbeschreibungen des Kanton Wallis so überschwänglich romantisch sind, dass der ganze Alpentourismus noch heute von Rousseaus tiefen Gefühlen profitiert[27], kann man in den *Träumereien des einsamen Spaziergängers* Jahrzehnte später schon die Totalität der Protoindustrie greifen. Rousseau beschreibt dort eine Wanderung ausgehend vom Kanton Waadt in die Alpen. Die Flucht in diese Kluften »an einen Zufluchtsort (…) welcher der ganzen Welt unbekannt sei und an dem die Verfolger mich nicht ausfindig machen würden«[28] ist die Flucht in eine idealisierte, aber schon zersplitterte Landschaft. Denn genau wie die für das Spätwerk Rousseaus so typischen wahnhaften Verfolger ist auch die Natur nur noch Illusion, Rousseau folgt einem klappernden Geräusch und entdeckt in der vermeintlich unberührten Wildnis eine Strumpfmanufaktur. Er kommt zu der Erkenntnis, dass er »selbst in den Höhlen der Alpen den grausamen Händen des Menschen nicht entgehen kann, die darauf aus sind, mich zu quälen«[29] – die Natur und die böse Gesellschaft, sie werden eins[30]. Schon Rousseau, der gemeinhin die Naturromantik ja erst erfunden haben soll, wird so bereits zu Lebzeiten noch klar, dass auch diese Verklärung der Natur nur eine Idee ist und an der Idee hängt. Rousseaus Alpen sind nicht denkbar ohne d'Alemberts Enzyklopädie der merkantilistischen Produktionsweisen, sie braucht ihren Gegensatz. Ebenfalls bei Rousseau beginnt auch das Ende der Schuld der Natur am Zustand des Menschen. War für die Antike die Wildnis noch gefährlich, die Natur überraschend und gewaltsam, das Exil so grausam

---

[26] Ebd. S. 171, Absatz 376. Vgl. auch: S. 104f., Absatz 186 und 187.
[27] J.-J. Rousseau, *Julie oder die neue Héloïse. Briefe zweier Liebenden aus einer kleinen Stadt am Fuße der Alpen*, hg. von J. Gellius, München (1761) 1978, S. 76–83, 23. Brief.
[28] J.-J. Rousseau, *Die Träumereien des einsamen Spaziergängers*, hg. von D. Leube, Zürich, München (1778) 1985, S. 131, siebter Spaziergang.
[29] Ebd. S 132, siebter Spaziergang.
[30] K. Stierle, »Amour de soi und Entfremdung. Rousseaus Rêveries du promeneur solitaire und die Ambiguitäten des Glücks«, in: W. Klein, E. Müller (Hrsg.), *Genuss und Egoismus. Zur Kritik ihrer geschichtlichen Verknüpfung*, Berlin 2002, S. 103–123, hier S. 116f.

wegen der Unwirtlichkeit der Natur, so macht sich für Rousseau nur noch der Mensch schuldig an der Natur – nicht mehr umgekehrt. So erklärt Rousseau im berühmten Streit mit Voltaire auch das Erdbeben von Lissabon 1755 als ein durch Menschen verursachtes Unglück. Das Beben sei nur so gravierend ausgefallen, so Rousseau, weil die Menschen in der portugiesischen Hauptstadt in unnatürlich hohen dreistöckigen Gebäuden hausen würden und sich somit an der Natur vergangen hätten.[31]

5. »Die Natur hat sich als die Idee in der Form des Andersseins ergeben«

Die Natur hängt am Ideal, aber sie ist kein Hirngespinst, keine Erfindung. Keiner fasst das so klar wie Hegel. Für ihn ist die Natur kein Produkt des Geistes, sondern ihr im Ursprung schon gegebener Gegenpart; »so ist die Natur die Braut, mit dem der Geist sich vermählt«[32] und zwar direkt zu Beginn des Ganges durch die Natur. So heißt es auch in der Formulierung in § 247 von Hegels Naturphilosophie: »Die Natur hat sich als die Idee in der Form des Andersseins ergeben«[33]. Hegel verwendet hier nicht die Formulierung »gesetzt«, die er wie Fichte für Konstruktionen des Geistes verwendet. Immer wenn Menschen Ideen von einer Sache haben, gibt es nämlich noch die andere Seite der Natur dieser Sache, die sich zeigen kann – das ist etwas sehr Reales.

»Der Widerspruch der Idee, indem sie als Natur sich selbst äußerlich ist, ist näher der Widerspruch einerseits der durch den Begriff gezeugten Notwendigkeit ihrer Gebilde und deren in der organischen Totalität vernünftigen Bestimmung – andererseits deren gleichgültigen Zufälligkeit und unbestimmbaren Regellosigkeit.«[34]

So sind die Vorstellungen unserer Ökoromantik, blühende Felder oder möglichst hohe Biodiversität, nur *unsere* »Bestimmung« der ei-

---

[31] J.-J. Rousseau, Jean-Jacques, »Brief über die Vorsehung. An Herrn de Voltaire, 18. August 1756.«, in: W. Breidert (Hrsg.), *Die Erschütterung der vollkommenen Welt*, Darmstadt 1994, S. 77–93.
[32] Hegel, *Naturphilosophie*, S. 23, § 246 Zusatz.
[33] Ebd. S. 24, § 247.
[34] Ebd. S. 34, § 250.

gentlich »unbestimmbaren« Natur. Noch einmal in der vollen Konsequenz: Nach Hegel setzen sich die meisten heutigen Umweltaktivisten nicht für den Erhalt der Natur ein, sondern für das Fortbestehen unseres Begriffes davon. Warum ist die erhaltenswerte Natur nicht der Virus, der Schädling, die Öde, die Säure, der Staub? Es ist vielmehr die gute, positive Idee, die hohe Form, die wir in der Natur schön und schützenswert finden. Wir wollen nicht die Natur bewahren, sondern unseren Geist, den wir in der Natur sehen.

Unsere Naturromantik ist »ein Erinnern, daß er es sei, der in der Äußerung existiert.«[35] Das ist es wohl, dieses Gefühl das manche beschreiben, wenn sie ästhetische Naturerfahrungen haben. Tatsächlich ist die Natur für Hegel aber Zufälligkeit und Regellosigkeit, was wir wohl meinen, wenn wir sagen, dass sich die Natur ihr Recht genommen hat, dass eine Natur durchgeschlagen ist, oder dass man die Natur nicht bändigen kann. Der moderne Begriff der Evolution geht ebenfalls in diese Richtung – er kennt keine Richtung zum Höheren, Komplexeren oder gar zum Menschen[36].

Das Ende der Natur ist das Individuum, das für Hegel in der Sphäre der Natur an einer Krankheit leidet, nämlich an seiner »Unangemessenheit zur Allgemeinheit«[37]. Im Gegensatz zu den Tieren kann der Mensch nicht letztlich dem Muster seiner unorganischen Natur und seiner Gattung folgen. Versuchen wir dennoch in einer festgelegten Weise im Einklang mit der Natur zu leben, wird diese vermeintliche Natürlichkeit uns zur Gewohnheit und somit nichts, dumpf und leer, Hegel sagt »verknöchert«[38], wir können so nicht existieren. Unsere Lebendigkeit ist »die Spannung, das Interesse (das Zwischensein)«[39] und dieses wendet sich gerade gegen die Natur. Und damit kommen wir zur Konsequenz der Naturphilosophie Hegels: dem »Tod des Natürlichen.«[40]

---

[35] Ebd. S. 37, §251.
[36] Hegels Naturphilosophie wurde insbesondere im angloamerikanischen Raum oft in Gegensatz zur Idee der Evolution in der Folge Darwins gesetzt. Das ist tatsächlich aber eine Verkürzung, weil Hegel Evolution und Emanation als vom Geist gesetzte Ordnungen und Stufenfolgen begreift, tatsächlich ist die Natur bei Hegel ungeordnet. Vgl.: M. Drees, »Evolution and Emanation of Spirit in Hegel's Philosophy of Nature«, in: *Bulletin of the Hegel Society of Great Britain* 13/2 (1992), S. 52–61.
[37] Hegel, *Naturphilosophie*, S. 535, §375.
[38] Ebd.
[39] Ebd. S. 536, §375 Zusatz.
[40] Ebd. S. 537, §376.

»Über diesem Tode der Natur, aus dieser toten Hülle geht eine schönere Natur, *geht der Geist hervor.*«[41] Diesen Satz kann man individuell auslegen, insofern jeder Mensch sich durch geistige Entwicklung von seiner inneren Natur entfernt. Das geschieht durch den freien Prozess des Geistes und die Gewohnheit als zweite Natur[42], nicht durch einen Prozess des Lebendigen. Man kann den Satz aber auch auf das gesamte Verhältnis von Mensch und Natur anwenden, so ist letztlich der Beginn der Existenz des Menschen der Anfang der Krankheit zum Tode der Natur. Gegenstand der Naturphilosophie ist es schlechterdings, den Geist in der Natur zu sehen und an der Natur zu begreifen, dass die Natur selber gar nicht notwendig ist und somit untergehen muss:

»Diese Befreiung von der Natur und ihrer Notwendigkeit ist der Begriff der Naturphilosophie. […] Der Zweck dieser Vorlesungen ist, ein Bild der Natur zu geben, um diesen Proteus zu bezwingen, in dieser Äußerlichkeit nur den Spiegel unserer selbst zu finden, in der Natur einen freien Reflex des Geistes zu sehen, – Gott zu erkennen, nicht in der Betrachtung des Geistes, sondern in diesem seinem unmittelbaren Dasein.«[43]

So ist die Divinität des Menschen für Hegel in letzter Konsequenz gerade auch die Zerstörung der Natur. Der Mensch kann die Natur nicht nicht verändern. Es liegt gerade im Begriff der Natur, dass man sie zerstören *muss*. Die Philosophiehistoriker haben an dieser Stelle oft gesagt, dass während Fichte und Schelling sich noch an der Natur abarbeiten, Hegel sie letztlich hinter sich lässt, das bezieht sich auf diese finale Wendung, in der ja auch viel Wahrheit über das Ideal der Natur steckt[44]. Man muss es als Ideal erkennen und hinter sich lassen. Allein: Auch Hegel hat schon erkannt, dass es eine widerständige Natur braucht, damit der Geist sich daran entwickeln kann: »Wir finden die Natur als ein Rätsel und Problem vor uns, das wir ebenso aufzulösen uns getrieben fühlen, als wir davon abgestoßen werden«[45], sagt Hegel – aber ist sie das heute noch, Rätsel und Problem?

---

[41] Ebd. S. 537 §376 Zusatz.
[42] Vgl. M. Bohlmann, »Hegel in Zeiten der Kompetenz. Die Paragraphen zur Gewohnheit in Hegels Anthropologie und ihre didaktischen Implikationen«,in: *Zeitschrift für Didaktik der Philosophie und Ethik* 35 (4)/ 2013, S. 51–64.
[43] Hegel, *Naturphilosophie*, S. 539, §376 Zusatz.
[44] Hegel als Endpunkt der Entwicklung des Deutschen Idealismus zu sehen ist bereits bei Kroner angelegt, vgl.: R. Kroner, *Von Kant bis Hegel*, Tübingen 1924.
[45] Hegel, *Naturphilosophie*, S. 12, Einleitung, Betrachtungsweisen der Natur, Zusatz.

Zu Hegels Zeiten war es wohl weitgehend unvorstellbar, dass die Natur derart Produkt der schöpferischen Gestaltung des Menschen wird, wie sie es heute geworden ist. Das Verhältnis von Geist und Natur heute ist reziprok. Wo wir die Natur vermuten, sehen wir stets nur noch den menschlichen Schöpfergeist, sehen unser eigenes Werk der Zerstörung. Unsere Wälder: Aufforstungen. Unsere Tiere: Züchtungen. Unsere Früchte: genetisch verändert. Unser eigenes biologisches Leben: technisch optimiert. Daher rührt wesentlich das oben beschriebene idiosynkratische Naturgefühl.

In dieser Reziprozität des Naturverhältnisses wird der Geist zunehmend sein eigener Zerrspiegel, insofern wir in der Natur vermehrt die primitiven Seiten des Geistes sehen, seine chthonischen Formen. Die Natur ist kein Problem mehr und der Prozess der Veräußerung der Natur wird weitergehen, solang wir noch wünschen uns in ein Nicht-Verhältnis mit der Natur zu setzen. Die Lösung des Problems wäre es hingegen, das Mensch-Natur-Verhältnis von einer höheren Warte aus als gestaltbar zu erkennen und nicht mehr an uns zu arbeiten, sondern an diesem Verhältnis, indem wir uns eingestehen, dass wir die Natur aktiv gestalten. Dieser Gedanke findet sich tatsächlich auch schon im Idealismus in je anderer Weise, jedoch nicht bei Hegel, sondern bei Fichte und Schelling. Wenn man also das Naturverhältnis reziprok begreift, dann ist Hegel nicht der Vollender des Idealismus, sondern sein Anfang[46].

6. Fichte und das reziproke Naturideal

Fichte ist ein Denker der Wechselseitigkeit und vielleicht der Erste, der die gesamte Philosophie von ihrem sozialen Modus her begreift, so betont er als Erster die heute so verbreitete Anerkennungsstruktur in der Konstitution des Subjekts. Den Idealismus versteht er vom Akt des wissenschaftlichen Lehrens her, daher auch sein zentraler Terminus »Wissenschaft=Lehre«. So wird für Fichte die Realität in einem problematischen Sollen aufgestellt, »proiectio per hiatum irrationa-

---

[46] W. Janke, *Die dreifache Vollendung des Deutschen Idealismus. Schelling, Hegel und Fichtes ungeschriebene Lehre*, Amsterdam 2009, S. 9.

lem«,[47] durch die »volle Aufmerksamkeit«[48] des menschlichen Geistes sich selbst eingebildet und in ein Wissen von Etwas überführt. Dieses Setzen ist ein theoretisches Konstruieren und viele sehr reale Dinge in unserer Gegenwart sind auf diese Weise gesetzt. So entsteht die Gegenwart der Umweltproblematik heute vor allem in der Lehre an den Schulen. Es ist ja gerade das Interessante an der *Fridays for Future Bewegung*, dass hier der kritische Akt darin besteht, der Institution fernzubleiben, an der die Aktivisten von der Dringlichkeit der Umweltfrage gelernt haben.

Bis hierhin wäre es nichts Neues, insofern im gegenwärtigen Sprechen über die Natur diese verständige Vorstellung ja wesentlich geäußert wird. Fichte hingegen ist ein Denker der Machbarkeiten, inspiriert von der französischen Revolution, voller Überzeugung, dass in der Wirklichkeit da Draußen keine ewigen Wahrheiten von Gott, dem Staat, der Welt und eben auch der Natur liegen, sondern dass der Mensch diese setzen kann. Und hier geht Fichte nun weiter zu einer finalen Konsequenz, vor der wir heute stehen: wir können uns die Natur setzen. »Thathandlung« nennt Fichte solchen Eingriff, der immer auch zurückschlägt auf die Konstitution des Ich. So hat die Art und Weise, wie wir die Natur gestalten immer auch eine Rückwirkung darauf, wie wir selbst sind:

»Das Ich ›sezt sich selbst‹, und es ›ist‹, vermöge dieses bloßen Setzens durch sich selbst; und umgekehrt: Das Ich ›ist‹, und es ›sezt‹ sein Sein vermöge seines bloßen Seyns. – Es ist zugleich das Handelnde, und das Produkt der Handlung; das Thätige, und das, was durch die Thätigkeit hervorgebracht wird; Handlung, und That sind Eins und eben dasselbe; und daher ist das: ›Ich bin‹, Ausdruck einer Thathandlung.«[49]

Dementsprechend abwegig wäre für Fichte die Idee einer Nichtbehandlung der Natur, es geht gar nicht. Menschen die meinen, in die Natur nicht einzugreifen, tun dies in dieser »Thathandlung« und es schlägt vor allem darauf zurück, wie diese Menschen ihr Ich setzen. Bei Fichte ist das vor allem im Gegensatz zur Naturromantik bei Rousseau gedacht, die ich oben bereits einmal angesprochen habe.

---

[47] J. G. Fichte, *Die Wissenschaftslehre. Zweiter Vortrag im Jahre 1804 vom 16. April bis 8. Juni*, hg. von R. Lauth und J. Widmann, Hamburg 1975, S. 147.
[48] Ebd. S. 43.
[49] J. G. Fichte, *Grundlage der gesamten Wissenschaftslehre, Werke 1793–1795, Gesamtausgabe der Bayrischen Akademie der Wissenschaften [GA] I/2*, hg. von R. Lauth und H. Jacobs, Stuttgart 1965, S. 259.

Diesen Bezug hat Martin Hähnel jüngst herausgearbeitet.[50] Rousseau propagiert das Ideal des »Zurück zur Natur« wohlweißlich, dass die Vergesellschaftung dies stets verhindert. Diesen Widerspruch kann Fichte nur lösen, indem er die »Rückkehr« als »Fortgang« deutet, der Mensch gestaltet die Natur aus dem Ideal weiter.

»Die Natur ist roh und wild ohne Menschenhand und sie sollte so seyn, damit der Mensch gezwungen würde aus dem unthätigen Naturstande herauszugehen um sie zu bearbeiten, – damit er selbst aus einem bloßen Naturprodukte ein freies vernünftiges Wesen würde.«[51]

Die Verhältnisse liegen heute nur insofern anders, als dass die Natur nirgends noch ohne Menschenhand ist. Fichtes Denkbewegung ist vor diesem Hintergrund aktueller denn je: der Mensch setzt die Natur und er setzt sie als Ideal, es liegt an ihm sie in diesem Ideal zu bearbeiten, so dass sie – als Natur – ein anderes wird.[52] Das geschieht vor dem Hintergrund der transzendentalen Ursprünge der Wissenschaftslehre in der Kantischen Philosophie, aber mit der entscheidenden Weiterführung Fichtes: »Die wirkliche Freiheit ist ihrem Wesen nach gehemmte Freiheit«[53], wie Reinhard Lauth Fichtes Freiheitsbegriff charakterisiert. Die sich bildende Vernunft, die praktische Urteilskraft hemmt sich selbst in einer Natur, die nichts mehr An-Sich ist, sondern unsere – auch moralisch-praktischen – Hemmungen, die wir einer gestaltbaren Natur einschreiben. In der Konsequenz wäre das Reden über die Natur nicht mehr der Schrei nach einem Stopp, die Idee einer Kehrtwende, die es niemals geben konnte, sondern die Debatte darum, in welchen Richtungen es moralisch-praktisch zu rechtfertigen ist, die Natur und uns durch unsere Thathandlungen zu verändern – verändern müssen wir beides und setzen uns selbst damit auch einen Kontrapunkt des eigenen Schaffens.

---

[50] M. Hähnel, »›Natur als Erscheinung von Freiheit‹: Herkunft und philosophiehistorische Stellung von Fichtes Naturbegriff«, in: M. D'Alfonso et al. (Hrsg.), *Fichte und seine Zeit. Streitfragen*, Fichte-Studien Band 44, Leiden 2017, S. 289–306.

[51] J. G. Fichte, *Vorlesungen über die Bestimmung des Gelehrten, Werke 1794–1796, Gesamtausgabe der Bayrischen Akademie der Wissenschaften [GA] I/3*, hg. von R. Lauth und H. Jacobs, Stuttgart 1966, S. 65. Stelle gefunden durch: Hähnel, *Natur als Erscheinung von Freiheit*, S. 299.

[52] Allein wohl die Vielfalt der Möglichkeiten dieser Bearbeitung heute war für Fichte kaum vorstellbar.

[53] R. Lauth, *Die transzendentale Naturlehre Fichtes nach den Prinzipien der Wissenschaftslehre*, Hamburg 1984, S. 163.

7. Schelling – Natura naturata naturans

Schelling hat mit Fichte die Wende zur Identitätsphilosophie gemeinsam, insofern ist auch er ein Denker, mit dem man die Reziprozität eines wieder idealistisch begriffenen Naturverhältnisses fassen kann – jedoch auf grundlegend andere Weise[54]. Schon in der *Darstellung meines Systems* von 1801 macht er aber den grundlegenden Unterschied in der Reziprozität deutlich (damals noch sehr vorsichtig im Konjunktiv):

»Fichte z. B. könnte den Idealismus in völlig subjectiver, ich dagegen in objectiver Bedeutung gedacht haben; Fichte könnte sich mit dem Idealismus auf dem Standpunkt der Reflexion halten, ich dagegen hätte mich mit dem Princip des Idealismus auf den Standpunkt der Production gestellt.«[55]

Fichte denkt die Natur ja tatsächlich als Reflexionsgrund des Menschen, mit der Betonung der Arbeit auch als gestaltbare Fläche der Projektion des menschlichen Geistes. Schelling hingegen versteht den Menschen selber als organisches Produkt der Natur. Das Sprechen über die Natur wäre also nicht wie bei Fichte darüber, wie wir bei den notwendigen Veränderungen der Natur die Natur und in Rückwirkung uns selbst moralisch-praktisch verändern wollen. Es würde nicht darum gehen, wie weit wir also gehen wollen, um uns dabei noch rechtfertigen zu können, indem wir bei dem, was wir mit der Natur tun auf uns selbst reflektieren. Bei Schelling wäre das Sprechen über die Natur vielmehr die moralisch-praktische Aushandlung der Grundlagen unserer eigenen organischen Existenz, die wir stetig durch den Eingriff in die Natur verändern müssen:

»Denn wir wollen, nicht daß die Natur mit den Gesetzen unsers Geistes zufällig (etwa | durch Vermittelung eines Dritten) zusammentreffe, sondern daß sie selbst nothwendig und ursprünglich die Gesetze unsers Geistes – nicht | nur ausdrücke, sondern selbst realisire, und daß sie nur in so fern Natur seye und Natur heiße, als sie dies thut.«[56]

---

[54] Zur Differenz von Fichtes und Schellings Naturphilosophie vgl.: Janke, *Die Dreifache Vollendung*, S. 187–200.

[55] F. W. J. Schelling, *Darstellung meines Systems der Philosophie. Akademie-Ausgabe [AA] 1/10. Schriften 1801. ›Darstellung meines Systems der Philosophie‹ und andere Texte*, hg. von M. Durner, Stuttgart 2009, S. 111.

[56] F. W. J. Schelling, *Ideen zu einer Philosophie der Natur. Zweite Auflage (1803). Akademie-Ausgabe [AA] 1/13*, hg. von M. Durner und P. Leistner, Stuttgart 2018, S. 95.

Natura naturata naturans – die geschaffene schaffende Natur, ein idealistisches Produkt, aus dem der idealistische Geist immer wieder neu hervorgeht.

8. Fazit

Das 21. Jahrhundert wird dem Menschen viele Spielräume geben, das Verhältnis zwischen Natur und Geist zu bearbeiten, wir brauchen dazu eine Natur, die wir aktiv gestalten können – das kann nur eine idealistische Natur sein, keine realistische. Ideen des Verzichts, des Nichteingriffs und der Wiederherstellung einer unberührten Natur waren schon bei Rousseau nur Träumereien. Die Natur kann schon seitdem nicht mehr ohne den menschlichen Eingriff in sie gedacht werden. Hegel hat gezeigt, dass wir in der Natur nur das für schützenswert erachten, was wir an uns auch schätzen; in der Natur sehen wir Formen unseres eigenen Geistes. Dementsprechend wirken unsere Eingriffe in die Natur auch auf uns zurück. In seiner vollen Konsequenz findet man diesen Gedanken im Deutschen Idealismus bei Fichte und Schelling. In Fichtes Verständnis wirkt die reziprok gewordene Natur durch die in sie durch uns eingeschriebenen Grenzen auch moralisch in unseren Thathandlungen auf uns zurück. Ein Beispiel wäre das Essen eines Fisches aus kontrollierter Fischerei – wie stehen wir zu dieser Handlung? Können wir sie innerhalb der von uns selbst gesetzten Grenzen verantworten? Mit Schelling fokussieren wir ebenfalls eine im Sinne der Identitätsphilosophie reziprok gedachte Verhältnisbestimmung von Mensch und Natur. Hier ist der Mensch selbst als natura naturata naturans Produkt des eigenen Eingriffs. Ein Beispiel wäre hier etwa die Debatte über genetisch veränderte Lebensmittel. Wie können wir damit leben, dass sich unsere eigene Natur durch unsere Veränderungen an der Natur neu bestimmt? So unsinnig manches Reden über die Natur in der Gegenwart ist, die Zukunft wird einige notwendige Debatten über das Verhältnis von Mensch und Natur auf dieser reziproken Ebene mit sich bringen, die wir uns derzeit noch gar nicht vorstellen können.

Literatur

Theodor W. Adorno, Max Horkheimer: *Dialektik der Aufklärung. Philosophische Fragmente. Theodor W. Adorno Gesammelte Schriften [GS] 3*, Frankfurt/M. (1944) 1981.

Hans Blumenberg, *Die Lesbarkeit der Welt*, Frankfurt a. M.: Suhrkamp 1981.

Markus Bohlmann, »Hegel in Zeiten der Kompetenz. Die Paragraphen zur Gewohnheit in Hegels Anthropologie und ihre didaktischen Implikationen«, in: *Zeitschrift für Didaktik der Philosophie und Ethik* 35 (4)/2013, S. 51–64.

Heinz Bude, »Die Überflüssigen als transversale Kategorie«, in: Peter A. Berger, Michael Vester (Hrsg.), *Alte Ungleichheiten – Neue Spaltungen*, Opladen 1998, S. 363–382.

Bundesministerium für Umwelt, »Klimaschutzbericht 2018 zum Aktionsprogramm Klimaschutz 2020 der Bundesregierung«, Berlin, 2018, *www.bmu.de/fileadmin/Daten_BMU/Download_PDF /Klimaschutz/klimaschutzbericht_2018_bf.pdf*, (30.09.2019).

Gerard Delanty, Krishan Kumar, *The SAGE Handbook of Nations and Nationalism*, Thousand Oaks/CA 2009.

Jacques Derrida, *Dissemination*, hg. von Hans-Dieter Gondek, Peter Engelmann, Wien (1972) 1995.

Jacques Derrida, *Die Stimme und das Phänomen*. Einführung in das Problem des Zeichens in der Phänomenologie Husserls, hg. von Hans-Dieter Gondek, Frankfurt/M. (1967) 2003.

Martin Drees, »Evolution and Emanation of Spirit in Hegel's Philosophy of Nature«, *Bulletin of the Hegel Society of Great Britain* 13/2 (1992), S. 52–61.

Johann Gottlieb Fichte, *Grundlage der gesamten Wissenschaftslehre, Werke 1793–1795, Gesamtausgabe der Bayrischen Akademie der Wissenschaften [GA] I/2*, hg. von R. Lauth und H. Jacobs, Stuttgart 1965.

Johann Gottlieb Fichte, *Vorlesungen über die Bestimmung des Gelehrten, Werke 1794–1796, Gesamtausgabe der Bayrischen Akademie der Wissenschaften [GA] I/3*, hg. von R. Lauth und H. Jacobs, Stuttgart 1966.

Johann Gottlieb Fichte, *Die Wissenschaftslehre. Zweiter Vortrag im Jahre 1804 vom 16. April bis 8. Juni*, hg. von Reinhard Lauth, Joachim Widmann, Hamburg 1975.

Stephen M. Gardiner, *A Perfect Moral Storm. The Ethical Tragedy of Climate Change*, New York 2011.

Karl-Heinz Göttert, *Als die Natur noch sprach. Mensch, Tier und Pflanze vor der Moderne*, Stuttgart 2019.

Jürgen Habermas, *Theorie des kommunikativen Handelns Band 1: Handlungsrationalität und gesellschaftliche Rationalisierung*, Frankfurt/M. 1981.

Martin Hähnel, »›Natur als Erscheinung von Freiheit‹: Herkunft und philosophiehistorische Stellung von Fichtes Naturbegriff«, in: Matteo V. d'Alfonso, Carla De Pascale, Erich Fuchs, Marco Ivaldo (Hrsg.), *Fichte und seine Zeit. Streitfragen, Fichte-Studien Nr. 44*, Leiden 2017, S. 289–305.

Georg Wilhelm Friedrich Hegel: *Enzyklopädie der philosophischen Wissenschaften im Grundrisse 1830. Zweiter Teil. Die Naturphilosophie. Mit den mündlichen Zusätzen. Werke in zwanzig Bänden (Theorie Werkausgabe). Band 9*, hg. von Karl M. Michel und Eva Moldenhauer, Frankfurt/M. 1986.

Wolfgang Janke, *Die dreifache Vollendung des Deutschen Idealismus: Schelling, Hegel und Fichtes ungeschriebene Lehre*, Amsterdam 2009.

Reinhart Koselleck, *Kritik und Krise – Eine Studie zur Pathogenese der bürgerlichen Welt*, Frankfurt/M. 1973.

Reinhart Koselleck, *Begriffsgeschichten. Studien zur Semantik und Pragmatik der politischen und sozialen Sprache*, Frankfurt/M. 2006.

Richard Kroner, *Von Kant bis Hegel*, Tübingen 1924.

Reinhard Lauth, *Die transzendentale Naturlehre Fichtes nach den Prinzipien der Wissenschaftslehre*, Hamburg 1984.

Sighard Neckel, »The refeudalization of modern capitalism«, in: *Journal of Sociology* 55 (3)/2019, online first: https://doi.org/10.1177/1440783319857904. Abgerufen am 26.05.2020

Friedrich Nietzsche, *Die fröhliche Wissenschaft 1882/1887. Kritische Gesamtausgabe (KGW) 5/2*, hg. von Giorgio Colli, Mazzino Montinari, Berlin 1973.

Herbert M. Nobis, »Buch der Natur«, in: Joachim Ritter, Karlfried Gründer, Gottfried Gabriel (Hrsg.), *Historisches Wörterbuch der Philosophie. Band 1*, Basel 1971, Sp. 957–959.

John Nolt, »Long-Term Climate Justice«, in: Ravi Kanbur, Henry Shue (Hrsg.), *Climate Justice. Integrating Economics and Philosophy*, Oxford 2018, S. 230–246.

Parmenides, *Vom Wesen des Seienden. Die Fragmente, griechisch und deutsch*, hg. von Uvo Hölscher, Frankfurt/M. (ca 480 v. Chr.) 1969.

Jean-Jacques Rousseau, *Julie oder die neue Héloïse. Briefe zweier Liebenden aus einer kleinen Stadt am Fuße der Alpen*, hg. von Johann G. Gellius, München (1761) 1978.

Jean-Jacques Rousseau, »Brief über die Vorsehung. An Herrn de Voltaire, 18. August 1756«, in: Wolfgang Breidert (Hrsg.), *Die Erschütterung der vollkommenen Welt*, Darmstadt 1994, S. 77–93.

Jean-Jacques Rousseau, *Die Träumereien des einsamen Spaziergängers*, hg. von Dietrich Leube, Zürich (1778) 1985.

Friedrich Wilhelm Joseph Schelling, *Darstellung meines Systems der Philosophie. Akademie-Ausgabe [AA] 1/10. Schriften 1801 ›Darstellung meines Systems der Philosophie‹ und andere Texte*, hg. von Manfred Durner, Stuttgart 2009.

Friedrich Wilhelm Joseph Schelling, *Ideen zu einer Philosophie der Natur. Zweite Auflage (1803). Akademie-Ausgabe [AA] 1/13.*, hg. von Manfred Durner, Patrick Leistner, Stuttgart 2018.

Steven Shapin, *Die wissenschaftliche Revolution*, Frankfurt/M. (1996) 2017.

Karlheinz Stierle, »Amour de soi und Entfremdung. Rousseaus Rêveries du promeneur solitaire und die Ambiguitäten des Glücks«, in: Wolfgang Klein, Ernst Müller (Hrsg.), *Genuss und Egoismus. Zur Kritik ihrer geschichtlichen Verknüpfung*, Berlin 2002, S. 103–123.

Giambattista Vico, *Prinzipien einer neuen Wissenschaft über die gemeinsame Natur der Völker. Philosophische Bibliothek 418 a/b*, hg. von Vittorio Hösle, Christoph Jermann, Hamburg (1744) 1990.

Seth Wynes, Kimberly A. Nicholas: »The climate mitigation gap: education and government recommendations miss the most effective individual actions«,in: *Environmental Research Letters* 12/7 (2017), online: S. 74024, http://dx.doi.org/10.1088/1748-9326/aa7541.

Christian Thein

Genealogische Anmerkungen über die kritischen Theorien zur Genese des Naturproblems in der Frühen Neuzeit

In seiner Vorrede zur *Genealogie der Moral* unterscheidet Friedrich Nietzsche zwischen der jugendlich-philosophischen Frage nach dem »Ursprung von Gut und Böse« einerseits, und andererseits der reifen Wandlung dieser Frage unter den Augen des Philologen und Historikers in das »andere Problem: unter welchen Bedingungen erfand sich der Mensch jene Werturtheile gut und böse? Und welchen Werth haben sie selbst?«[1] Die zu einer solchen Analyse nötigen Kenntnisse über die Bedingungen, unter denen die »erfundenen« moralischen Werte auch entwickelt und verändert worden sind, verwandeln sich durch die Untersuchungsform selbst in »genealogische Hypothesen«[2]. Nietzsches Genealogie ist subversiven Charakters, denn mit der Rekonstruktion der Entstehungsgeschichte von moralischen Urteilen soll nicht nur die Frage nach ihrem Wert für den und die Menschen aufgeworfen werden, sondern es wird »eine neue Forderung laut. Sprechen wir sie aus, diese neue Forderung: wir haben eine Kritik der moralischen Werthe nötig, der Werth dieser Werthe ist selbst erst einmal in Frage zu stellen – und dazu thut eine Kenntnis der Bedingungen und Umstände noth, aus denen sie gewachsen, unter denen sie sich entwickelt und verschoben haben«[3]. Mit dieser Textstelle wird die schwierige Verhältnisbestimmung von historischer Untersuchung und Kritik prominent. Sie verweist darauf, dass Nietzsche sich nicht in der Lage sieht, eine Moralkritik unabhängig von einem historischen, zugleich komparatistischen und diachronen Zugriff auf die Geschichte von Moralvorstellungen zu werfen. Die historische Betrachtung der Moral ist demzufolge die notwendige Vo-

---

[1] F. Nietzsche, Zur Genealogie der Moral – Eine Streitschrift, in: G. Colli, M. Montinari (Hrsg.), *Friedrich Nietzsche: Kritische Studienausgabe*, Bd. 5, München 1999, S. 245–424, hier S. 249 f.
[2] Ebd. 250.
[3] Ebd. 253.

raussetzung zu einer distanzierten Kritik, denn nur sie ermögliche »einen Standpunkt außerhalb der Moral«[4]. Der Begriff der »Genealogie« im Titel der Schrift steht somit noch nicht – wie in den späteren Idealtypisierungen des 20. Jahrhunderts – für eine spezifische Methode oder Programmatik, sondern verweist ausschließlich auf die sachliche Notwendigkeit einer Fundierung der radikalen Moralkritik in eine »naturalistisch-historische Deutung der Entstehung einer bestimmten Art von Moral«[5]. Der historisch-genealogischen Untersuchung kommt somit in Nietzsches Werk eine Funktion zu, die übergreifende Gültigkeit gewonnen hat: »Ganz allgemein gilt, dass die genealogischen Historisierungen grundsätzlich von der Gegenwart ausgehen und deren hypothetische, fiktive oder spekulative Vorgeschichte(n) schreiben. Das Problem, dem sie auf dem Weg der Historisierung auf die Spur kommen wollen, ist also ein aktuelles; das Mittel zu seiner Formulierung ist die historische Distanzierung durch die Konstruktion von Ursprungs- und Herkunftsszenarien, an denen sich etwas Relevantes zeigt über das Problematische der Gegenwart.«[6]

Nietzsche ist von verschiedenen Seiten vorgeworfen worden, seine subversive Form der Genealogie unterlaufe durch das angebliche Ineinander von historischer Untersuchung und Kritik die wichtige Unterscheidung von Genesis und Geltung und leiste dadurch einem genetischen Fehlschluss Vorschub. Nietzsche selbst hat jedoch an verschiedenen Stellen selbstredend darauf hingewiesen, dass eine Darlegung von Entstehungs- und Entdeckungszusammenhängen nicht mit einer Kritik derselben verwechselt werden dürfe. Amy Allen unterscheidet nun den auch Nietzsche unterschobenen, aber eher idealtypisch zu gebrauchenden subversiven Typ von Genealogien, dessen Zwecksetzung in der historischen und systematischen Fundamentalkritik des zu untersuchenden Phänomens liegt, von dem vindikatorischen und dem problematisierenden.[7] Vindikatorische Genealogien stellen ebenso die Frage nach dem Wert von Werten, inten-

---

[4] L. Niehaus, *Moral als Problem – Zum Verhältnis von Kritik und historischer Betrachtung im Spätwerk Nietzsches*, Würzburg 2010, S. 77.
[5] Ebd., S. 31.
[6] M. Saar, »Genealogische Kritik«, in: R. Jaeggi, T. Wesche (Hrsg.), *Was ist Kritik?*, Frankfurt am Main 2009, S. 247–265, hier: S. 251.
[7] A. Allen, »Having One's Cake and Eating It Too – Habermas's Genealogy of Postsecular Reason«, in: C. Calhoun, E. Mendieta, J. von Antwerpen (Hrsg.), *Habermas and Religion*, Cambridge 2013, S. 132–153, hier: 134.

dieren jedoch die affirmative Herausarbeitung seiner Potentiale. Problematisierende Genealogien nehmen hingegen keine normative Haltung gegenüber ihrem Gegenstand ein, sondern zielen auf eine aufklärende historische Analyse von kulturellen Überzeugungen und sozialen Praktiken hinsichtlich deren Gelingens- und Misslingensmomenten[8]. Jürgen Habermas hat seine 2019 veröffentlichte *Geschichte der Philosophie* unter das methodologische Vorzeichen einer *Genealogie nachmetaphysischen Denkens* in Form einer »Betrachtung von Lernprozessen« gestellt[9]. Die Abgrenzung zu Nietzsche ist scharf – weder verfolgt Habermas das Ziel einer subversiven Bloßstellung verblendender Ideale und Ideen, die ursächlich in der Entstehungsgeschichte des Christentums gründen, noch eine problematisierende ideologiekritische Genealogie in aufklärend-verunsichernder Absicht unter Enthaltung einer eigenen normativen Stellungnahme. Stattdessen intendiert er unter Beibehaltung der »Unabhängigkeit der Geltung von der Genesis der Aussagen« auf logisch-semantischer Ebene eine übergreifende »Rekonstruktion der Lernprozesse, aus denen das nachmetaphysische Denken hervorgegangen ist«[10]. Diffizil wird das Anliegen durch den Verweis, dass die geistes- und ideengeschichtliche Rekonstruktion der Lernschritte des philosophischen Denkens trotzdem den erweiterten Blickwinkel auf die Entstehungskontexte einnehmen möchte, um auf diesem Wege »nicht nur die Gewinne, sondern auch die Kosten dieser Lernprozesse« sichtbar zu machen[11]. Amy Allen konstatiert entsprechend, dass sich in Habermas' Spätwerk zum Themenkomplex des Verhältnisses von Glauben und Wissen sowohl vindikatorische als auch problematisierende Elemente auffinden lassen. Diese beziehen sich im Kern auf eine grundlegende Voraussetzung der Entwicklung der nachmetaphysischen Denkform, nämlich die zur Neuzeit hin vollzogene »anthropozentrische Wendung des Selbst- und Weltverständnisses«[12]. Diese sich sowohl in den naturwissenschaftlichen Forschungsmethodologien als auch den philosophischen Paradigmen niederschlagende Wendung habe zwar den Status eines »unumkehrbaren Erkenntnisfortschritts« erhalten, und doch »ändern sich im

---

[8] Ebd.
[9] J. Habermas, *Auch eine Geschichte der Philosophie, Band 1: Die okzidentale Konstellation von Glauben und Wissen*, Berlin 2019, S. 70.
[10] Ebd., S. 71.
[11] Ebd.
[12] Ebd.

Lichte des genealogisch erweiterten, in seinen Kontingenzen sichtbar gemachten Entdeckungshorizonts« dessen Relevanzen für »die Erben dieses Fortschrittes« in der Gegenwart.[13]

Damit stellt sich die durch Habermas vollzogene kritische Rekonstruktion der philosophischen Ideen- und Problemgeschichte unausgesprochen in ein Verhältnis zu zwei Werken des vergangenen Jahrhunderts, nämlich zur *Dialektik der Aufklärung* von Max Horkheimer und Theodor W. Adorno sowie zu Michel Foucaults *Die Ordnung der Dinge*. Alle drei Werke werden hier in einem weitesten Sinne als Beiträge zu einer »kritischen Theorie der Ideengeschichte« gefasst[14], die sich methodologisch und in Sachfragen deutlich unterscheiden. Im Folgenden möchte ich nun der Frage nachgehen, in welcher Weise unter den je eigenen methodologischen und philosophischen Prämissen die genannten drei Werke das »Problem der Natur« in den Mittelpunkt ihrer Auseinandersetzung mit der neuzeitlichen und modernen Philosophiegeschichte stellen. Zugleich möchte ich die unterschiedlichen Fluchtwege von Foucault, Horkheimer/Adorno und Habermas skizzieren, die jedoch aufgrund der je eigenen paradigmatischen Setzungen nicht zu einer zufriedenstellenden Lösung führen können. Deshalb versteht sich der vorliegende Versuch als ein genealogischer mit Entwurfscharakter und nicht als ein philosophischer Beitrag mit der Intention, eine ausgereifte Antwort auf die Problemfrage des Sammelbandes zu leisten. Stattdessen soll über den Rekurs auf drei Varianten der aus einer kritischen Theorieperspektive aus unternommenen geschichtsbezogenen Untersuchung heraus gezeigt werden, wie jene Frage nach der Möglichkeit des Sprechens über Natur als Problemhorizont der philosophischen Moderne überhaupt entstehen konnte. Hierbei konzentriere ich mich auf den in den drei Werken in sehr unterschiedlicher Weise getätigten Rekurs auf die Figur des Francis Bacon (1561–1626) in Form einer Herkunftserklärung der Genese des modernen Naturproblems in der Frühen Neuzeit.

Francis Bacon taucht in allen drei Werken an entscheidender Stelle auf. Für Habermas markieren Bacons philosophische Reflexionen auf die neuen naturwissenschaftlichen Erkenntnisse, die auf eine grundlegende Umstellung der naturerforschenden Verfahren zurück-

---

[13] Ebd.
[14] A. Honneth, *Kritik der Macht – Reflexionsstufen einer kritischen Gesellschaftstheorie*, Frankfurt am Main 1985, S. 7f.

gehen und mit den Namen Johannes Kepler (1571–1630) und Galilei Galileo (1564–1642) verbunden sind, den entscheidenden Schritt zu einer »anthropozentrischen Wende« in der Verhältnisbestimmung von Mensch und Welt[15]. Letztere habe sodann ihren prägnanten Ausdruck in den neuzeitlichen Paradigmenwechseln der Philosophie gefunden, und wurde zugleich durch die naturwissenschaftlichen Revolutionen angestoßen. Hier stellen aus der retrospektiven Wissenschaftsgeschichtsschreibung die mathematische Formulierung von Bewegungsgesetzen der Natur auf der Grundlage eines empirisch-experimentellen Versuchsaufbaus mit Kontrollcharakter die maßgeblichen Neuerungen in der Naturforschung dar. Bei Galilei kam so dem Experiment die Rolle zu, als Kontrollinstanz zwischen der idealen Ebene der mathematisierten Wirklichkeit und den Alltagserfahrungen als der konkreten Realitätsebene zu vermitteln. Die Versuchsanordnungen verfolgen den Zweck, gegen die Störfaktoren der alltäglichen Wahrnehmung von physikalischen Phänomenen und durch die Annäherung an Idealbedingungen die Stimmigkeit von »abstrakt hergeleiteten Lehrsätzen« gerade mit Blick auf die Alltagsrealität zu prüfen.[16] Mathematik und Wirklichkeit werden erstmalig durch ein kontrolliertes empirisches Verfahren in eine unmittelbare Beziehung zueinander gesetzt. Nach Galilei manifestieren sich die mathematisch hergeleiteten Gesetzmäßigkeiten in der Natur selbst, nach Kepler legt die Mathematik die Möglichkeiten der Natur fest: »Beide glaubten, dass die Naturforschung erst am Anfang stand, dank der Mathematik, in der sie das Instrument zur zweiten Erschaffung der Welt gefunden hatten.«[17] Thomas S. Kuhn verweist aufgrund der Verwurzelung von Galilei und auch noch Newton im mathematischen Wissenschaftsparadigma darauf, dass sich deren wissenschaftliche Einstellung noch dem »klassischen Rahmen« zuordnen lasse[18]. Ebenso sei nicht die Durchführung von Experimenten das Bemerkenswerte an dem Auftreten dieser Figuren in der Wissenschafts-

---

[15] J. Habermas, *Auch eine Geschichte der Philosophie, Band 2: Vernünftige Freiheit – Spuren des Diskurses über Glauben und Wissen*, Berlin 2019, S. 114.
[16] F. Cohen, *Die zweite Erschaffung der Welt – Wie die moderne Naturwissenschaft entstand*, Bonn 2011, S. 113.
[17] Ebd., S. 123.
[18] T. S. Kuhn, »Mathematische versus experimentelle Traditionen in der Entwicklung der physikalischen Wissenschaften«, in: Ders. (Hrsg.), *Die Entstehung des Neuen – Studien zur Struktur der Wissenschaftsgeschichte*, Frankfurt am Main 1977, S. 84–124, hier: S. 101.

geschichte, sondern die Abkehr vom rein gedankenexperimentellen oder passiv beobachtenden Zugang zur Natur: »Vielmehr wollten sie sehen, wie sich die Natur unter bisher unbeobachteten, oft überhaupt zum ersten Mal verwirklichten Bedingungen verhalten würde.«[19]

Habermas stellt anknüpfend an die gängigen Wissenschaftsgeschichtsschreibungen mit ideengeschichtlichem Fokus die »Mathematisierung der Naturbeschreibung«[20] in den Vordergrund seiner Rekonstruktion des naturwissenschaftlichen Paradigmenwechsels. Darüber hinaus konzentriert er sich im Rahmen des eigenen Argumentationsganges auf das »konstruktive Element« der mit dem experimentellen Naturbezug einhergehenden neuen Verfahrensweisen für die praktischen Bereiche des Lebens.[21] Entscheidend zum Verständnis der von ihm vollzogenen Rekonstruktion ist sein Verweis darauf, dass die übergreifenden Nutzbarmachungsfragen erst von Francis Bacon im Sinne eines auch gesellschaftsrelevanten wissenschaftlichen Paradigmenwechsels – dem »kühnen Entwurf einer Logik der Forschung, die sich am Ziel nomologischer Erklärung orientiert«[22] – explizit gemacht wurden:

»Aus dieser Sicht entdeckt Bacon den internen Zusammenhang zwischen dem Wachstum von Gesetzeswissen und der Erweiterung unserer technischen Verfügungsgewalt über die in ihrer Gesetzmäßigkeit erkannten Naturprozesse. Er durchschaut den Zusammenhang von methodisch erzielten naturwissenschaftlichen Erkenntnissen und der möglichen Verwertung dieser Erkenntnisse für technische Verbesserungen, die das Leben erleichtern können.«[23]

In Bacons Werk wird diese Brücke vom theoretischen Wissenschaftsverständnis zu den praktischen Fragen durch zwei philosophische Bezugspunkte begründet. So thematisiert Bacon erstens moralische und politische Fragen durch den Bezug auf Grundideen der antiken Moralphilosophie mitsamt der Forderung einer Orientierung von Einzel- und Partikularinteressen am Gemeinwohl. Entscheidend für die wissenschaftsgeschichtliche Einordnung ist hier die enge Bindung dieser Gemeinwohlidee an die Hoffnungen, die mit dem wissenschaftlichen Fortschritt verbunden sind. Denn die von Bacon konstatierte Ziel-

---

[19] Ebd., S. 94.
[20] J. Habermas, *Auch eine Geschichte der Philosophie, Band 2*, S. 115.
[21] Ebd., S. 117.
[22] Ebd., S. 116.
[23] Ebd., S. 117.

bestimmung von Wissenschaft, »mit dem Wissen auch das Wohl der Menschheit zu mehren«, sei ihm zufolge ausschließlich dadurch erreichbar, dass sie ihre Praxis an der »moralischen Norm der charity, der Nächstenliebe« orientiere.[24] Damit werden Forschungsweisen und Ergebnisse der Naturwissenschaften zu einem philosophischen Thema, das zugleich das praxisbezogene Selbstverständnis des Menschen tangiert und verändert.

Habermas insistiert darauf, dass die Paradigmenwechsel an der Wende zur Neuzeit der Philosophie durch die naturwissenschaftlichen Fortschritte nicht – wie es einschlägige wissenschaftshistorische Narrative formulieren – »aufgenötigt worden«[25] seien. Stattdessen beginnen sie erst dort, wo sich die philosophische Reflexion aktiv auf die Bedeutung der neuen Erkenntnisse für das Selbstverständnis der Menschen in einer noch christlich und durch den Schöpfungsgedanken geprägten Welt wendet. Und so besteht zweitens die Verankerung des Wissenschaftsverständnisses von Bacon in einer praktisch orientierten Weltanschauung mit theologischer Kontextualisierung. So hält Bacon

»die Frage nach der Existenz Gottes nicht nur für eine Scheinfrage. Er ist zudem wie die meisten seiner Zeitgenossen […] der Meinung, dass die Erforschung der Natur zwar vom Wissen über Gott und die Mysterien klar getrennt werden muss, dass die Erforschung der ›causae secundae‹ aber starke Gründe für die Existenz Gottes liefert.«[26]

Denn der epistemische Blick der neuen naturwissenschaftlichen Forschung verändert den Naturbegriff im frühen 17. Jahrhundert auf eine Weise, dass die Philosophie ihr Selbstverständnis hinsichtlich der normativen Hintergründe einerseits, sowie der naturwissenschaftlichen Bezugspunkte andererseits zwar neu reflektieren muss; gleichsam aber zeigt sich, dass die Philosophie zu dieser Reflexion gegenüber Theologie und Naturwissenschaft aus eigenem Antrieb und in selbstbewusster Weise in der Lage ist. Habermas sieht gerade in Bacon die entscheidende Übergangsfigur zu einem »neuen Typus

---

[24] D. Schotte, »Shadow History with a Hidden Agenda? Francis Bacon als Positivist in der ›Dialektik der Aufklärung‹«, in: Sonja Lavaert/Winfried Schröder (Hrsg.), *Aufklärungs-Kritik und Aufklärungs-Mythen – Horkheimer und Adorno in philosophiehistorischer Perspektive*, Berlin 2018, S. 83–112, hier: S. 95.
[25] J. Habermas, *Auch eine Geschichte der Philosophie, Band 2*, S. 113.
[26] D. Schotte, »Shadow History with a Hidden Agenda? Francis Bacon als Positivist in der ›Dialektik der Aufklärung‹«, S. 94.

des Philosophen, der sich als Wissenschaftler versteht, ohne die reflexive Einstellung zu den Wissenschaften aufzugeben.«[27] Als exemplarischen Vertreter dieses Typs führt Habermas sodann René Descartes (1596–1650) ein.

Habermas nimmt an einer Textstelle die kritische Deutungsperspektive der Verwandlung des Naturbegriffs im 17. Jahrhundert wieder auf, die Horkheimers und Adornos *Dialektik der Aufklärung* prägt:

»Unter dem epistemischen Blick der Naturwissenschaften verwandelt sich der Begriff der Natur; ernüchtert streift diese den Charakter einer auf den Menschen als ihr Telos angelegten Schöpfung ab und steht nun als gegenständliches Universum der in Raum und Zeit gesetzmäßig bewegten Körper dem experimentierenden Beobachter gegenüber.«[28]

Im Unterschied zu Habermas, der positiv die mit der wissenschaftlichen Blickänderung auf die Natur einhergehende Selbstermächtigung rationaler menschlicher Subjektivität mitsamt den folgenden praktischen Weltgestaltungsmöglichkeiten hervorhebt, kritisieren Horkheimer und Adorno die aus dieser Weichenstellung folgenden Entwicklungen radikal. Sie sehen in dem aus der zunächst naturwissenschaftlichen und dann anthropozentrischen Wende auch historisch hervorgehenden rationalistischen und aufklärerischen Programm der »Weltentzauberung« die Ursächlichkeit des »triumphalen Unheils«, in dessen Zeichen »die vollends aufgeklärte Erde strahlt.«[29] Und wieder ist es auf den ersten Seiten des Fragments *Begriff der Aufklärung* die Figur Bacon, über die der Einstieg in die geschichtsphilosophische Rekonstruktion gegangen wird. Mit Blick auf Bacons Verhältnis zu den naturwissenschaftlichen Umwälzungen ab der Jahrhundertwende und den ihm nachfolgenden philosophischen und wissenschaftlichen Protagonisten des 17. und 18. Jahrhunderts bemerken Adorno und Horkheimer genauso wie nach ihnen Habermas, dass dieser »die Gesinnung der Wissenschaft, die auf ihm folgte, gut getroffen«[30] habe. Doch die durchgängig negative Einordnung und Bewertung dieser wissenschaftlichen »Gesinnung« überformt in der *Dialektik der Aufklärung* an jeder Stelle die Bezugnahme auf Bacon,

---

[27] J. Habermas, *Auch eine Geschichte der Philosophie*, Band 2, S. 118.
[28] Ebd., S. 113.
[29] M. Horkheimer, T. W. Adorno, *Dialektik der Aufklärung – Philosophische Fragmente*, Frankfurt am Main (1969) 2002, S. 9.
[30] Ebd., S. 10.

in dessen Schriften sämtliche »Motive« der kritisierten positivistischen Aufklärungsentwicklung bereits »versammelt« seien.[31] Drei miteinander zusammenhängende Aspekte führen Horkheimer und Adorno für diese Motivlage thesenhaft an: Erstens den Rekurs Bacons auf einen normativ unterlegten Wissensbegriff, der zum einen radikal von mythologischen und metaphysischen Formen des bloß eingebildeten Wissens abgrenzt wird, und zum anderen die Bedingung der Möglichkeit für die Einnahme einer überlegenen und machtvollen Position des Menschen gegenüber der Natur darstelle.[32] Zweitens werde dieses gewünschte »patriarchale« Verhältnis des Menschen zur Welt als Utopie der konkreten Mensch-Natur-Beziehung eingeführt, die Bacon mit der Rede von einer »glücklichen Ehe des menschlichen Verstandes mit der Natur der Dinge« beschreibt.[33] Und drittens leitet sich aus der Perspektive von Horkheimer und Adorno aus diesen ersten beiden Motivlagen ein für die Neuzeit paradigmatischer Wissenschaftsbegriff her[34], der ihnen zufolge nicht nur als wissenschaftlicher zur Kritik steht, sondern aufs Engste mit den ebenso problematisierten Gesellschaftsentwicklungen zusammenhängt.

Im Unterschied zu Habermas wird die philosophische Reflexion Bacons auf die Implikationen der naturwissenschaftlichen Forschungsfortschritte von Horkheimer und Adorno nicht im Sinne eines kognitiven Lernschrittes gedeutet, sondern unter Bezugnahme auf wenige Zitate einer durchgängig negativen Suggestion unterzogen: Bacon wendet sich gegen traditionelle Naturvorstellungen, die auf ungeprüfter Meinungsbildung beruhen, und nehme zugleich die in der *Dialektik der Aufklärung* ebenso scharf kritisierte transzendentale Wende durch Kant vorweg. Dies komme vor allem in dem Plädoyer zum Ausdruck, der Mensch solle sich von der Natur »in der Erfindung leiten« lassen, damit er ihr in der Folge »in der Praxis gebieten könne.«[35] Die Deutung dieser Textstellen in der *Dialektik der Aufklärung* zieht hieraus für das von Bacon motivgebend initiierte Wissenschaftsverständnis die folgenden zwei Schlussfolgerungen: Die Mensch-Natur-Beziehung werde nach dieser gesell-

---

[31] Ebd., S. 9.
[32] Ebd.
[33] Ebd., S. 10.
[34] Ebd., S. 11 ff.
[35] Zitiert nach Ebd., S. 10.

schaftlichen und wissenschaftlichen Zielvorstellung ausschließlich als ein Herrschaftsverhältnis des den Aberglauben hinter sich lassenden Verstandes »über die entzauberte Natur« gedacht.[36] Und das, was die Menschen von der Natur lernen können und wollen, sei der Doktrin Bacons zufolge ausschließlich die Anwendung von technischen Instrumenten mit dem Zwecke, »sie und die Menschen vollends zu beherrschen.«[37] Horkheimer und Adorno führen hierzu exemplarisch Druckerpresse, Kanone und Kompass an, deren Erfindungen wissenschaftlichen Fortschritt zur Voraussetzung hatten und zugleich zur weiteren Fehlentwicklung von Wissenschaft, Krieg und Kapitalismus beigetragen hätten. Das demokratische Element der egalitären Nutzungsmöglichkeiten von Technik schlage wiederum in eine gesellschaftliche Herrschaftsformation um: »Technik ist das Wesen des Wissens. Es zielt nicht auf Begriffe und Bilder, nicht auf das Glück der Einsicht, sondern auf Methode, Ausnutzung der Arbeit anderer, Kapital.«[38]

Mit Blick auf die Wissenschaftsentwicklung kann der von Horkheimer und Adorno an dieser Textstelle ins Feld geführte kritische Technikbegriff somit sowohl im Sinne der technologischen Entwicklung als auch der wissenschaftlichen Methodik ausgedeutet werden. Hinsichtlich letzterer folge aus Bacons Wissenschaftsverständnis, dass ihre Aufgabe nur darin bestehe, »systematisch geordnete Listen empirisch gegebener Regelmäßigkeiten«[39] zu liefern. Horkheimer und Adorno formulieren bereits auf den ersten Seiten der *Dialektik der Aufklärung* einen Rundumschlag zum Aufweis dieser These, bei dem sie einen Bogen von Bacon über die klassische Aufklärungsphilosophie bis hin zum logischen Positivismus – verbunden insbesondere mit den Namen Rudolf Carnap und Otto Neurath – schlagen:

»Bacons Postulat der ›Una scientia universalis‹ ist bei allem Pluralismus der Forschungsgebiete dem Unverbindbaren so feind wie die Leibniz'sche ›Mathesis universalis‹ dem Sprung. Die Vielheit der Gestalten wird auf Lage und Anordnung, die Geschichte aufs Faktum, die Dinge auf Materie zugezogen. Auch Bacon zufolge soll zwischen höchsten Prinzipien und Beobach-

---

[36] Ebd., S. 46 f.
[37] Ebd.
[38] Ebd., S. 10.
[39] D. Schotte, »Shadow History with a Hidden Agenda? Francis Bacon als Positivist in der ›Dialektik der Aufklärung‹«, S. 92.

tungssätzen eindeutige logische Verbindung durch Stufen der Allgemeinheit bestehen.«[40]

Und mit dieser Reduktion glauben Horkheimer und Adorno Bacon als den Urheber und Stichwortgeber einer dominanten positivistischen Wissenschaftsentwicklung entlarvt zu haben, die bloß zu zeigen vermag, »wie man gegebene Zwecke erreichen kann, welche Mittel man wählen sollte«[41], ohne diese Mittel und Zwecke selbst reflektieren oder in Frage stellen zu wollen.

Apodiktisch endet das Fragment *Begriff der Aufklärung* wiederum mit einem Verweis auf Bacon, dessen Utopie eines »gebieterischen« Umganges des Menschen mit der Natur »in der Praxis« sich »in tellurischem Maßstab« zwar erfüllt habe, jedoch in Zwang, Herrschaft und Ideologie umgeschlagen sei: »In ihre Auflösung vermag das Wissen, in dem nach Bacon die Überlegenheit des Menschen ohne Zweifel bestand, nun überzugehen. Angesichts solcher Möglichkeit aber wandelt im Dienst der Gegenwart Aufklärung sich zum totalen Betrug der Massen um.«[42] Die pragmatische Ausrichtung von Bacons Denken, die den Bogen von der theoretischen Erkenntnis zur praktischen Nützlichkeit spannt, nimmt somit bei Horkheimer und Adorno eine Schlüsselrolle im Entwicklungszusammenhang einer negativen Geschichtsphilosophie ein; Bacons Denken führt demnach nicht nur zu einem einseitigen oder reduzierten Verständnis des Mensch-Natur-Verhältnisses, sondern nimmt eine instrumentelle, sogar totalitär-gewaltförmige Struktur an. Der Kernthese der *Dialektik der Aufklärung* zufolge führte der von Bacon ausgehende Impuls in normativer Hinsicht zu einer grundsätzlich negativen Richtungsbewegung der Wissenschafts- und Gesellschaftsgeschichte.

Habermas kritisierte bereits in den Vorlesungen zum *Philosophischen Diskurs der Moderne* den Zugriff Horkheimers und Adornos auf die übergreifende Aufklärungsgeschichte dahingehend, dass die Einebnung der sich ausdifferenzierenden Wertsphären auf eine einseitige Kritik der instrumentellen Vernunft deren vernünftigen Gehalt unterlaufe und so dem vernünftigen Potential der kulturellen Moderne nicht gerecht werde. Mit Blick auf die Entwicklung der Sphäre der Wissenschaften exemplifiziert er diese Vermutung durch den Verweis auf »die theoretische Eigendynamik, die die Wissen-

---

[40] M. Horkheimer, T. W. Adorno, *Dialektik der Aufklärung*, S. 13.
[41] Ebd.
[42] Ebd., S. 49.

schaften, auch die Selbstreflexion der Wissenschaften, über die Erzeugung technisch verwertbaren Wissens hinaustreibt«[43]. Die Entdeckung der Zusammenhänge zwischen dem Wachstum von Gesetzeswissen über die Natur und der damit einhergehenden Erweiterung der technischen Verfügungsgewalten führe somit nicht nur zu praktisch nutzbaren Formen der Lebenserleichterung, sondern auch zur kulturell wichtigen Entflechtung der Konfusionen über das Verhältnis von Natur und Kultur gerade durch die Entmythologisierung.[44] Für das Anliegen einer *Genealogie des nachmetaphysischen Denkens* im Spiegel einer historischen Rekonstruktion von Verflechtungen und Entzerrungen des Verhältnisses von Glauben und Wissen von Interesse ist jedoch, dass Bacon die »Frage der technischen Naturbeherrschung immer schon im Schatten der religiösen Frage nach der Bedeutung des praktischen Nutzens neuer Erkenntnisse für das Heilsschicksal der Menschen« thematisiert habe[45]. Trotz der von Galilei übernommenen Unterscheidung des »Buches der Natur vom Buch Gottes« ist es für den Calvinisten Bacon der Wille Gottes, der der Menschheit »die Wissenschaft als ein kollektives Projekt zur Verbesserung ihrer Lebensumstände aufgegeben« habe[46]. Descartes und Hobbes werden jene enge Verbindung zwischen Natur und Gott kappen und deshalb Habermas zufolge den neuen Typus des wissenschaftlichen Philosophen in der Mitte des 17. Jahrhunderts präsentieren.

Foucaults Zugang zum wissenschaftlichen Umbruch zwischen dem 16. und dem 17. Jahrhundert unterscheidet sich aufgrund der grundsätzlichen Abwendung vom geschichtsphilosophischen Denken und der Orientierung am »wissenschaftlichen Selbstverständnis der Ethnologie« grundlegend von den kritischen Theorien der Frankfurter Schule[47]. Dies betrifft durch die sich als eine *Archäologie der Humanwissenschaften* (und nach der ursprünglichen Planung auch *des Strukturalismus*) konstituierende Methodik auch die Thematisierung philosophischer Fragen auf der Sachebene. Die Herkunftsuntersuchung des wissenschaftlichen Selbstverständnisses der Gegenwart über die Entwicklung des Sprachbegriffs und den Motivlagen der mo-

---

[43] J. Habermas, *Der philosophische Diskurs der Moderne – Zwölf Vorlesungen*, Frankfurt am Main 1988, S. 138.
[44] Ebd., S. 139.
[45] J. Habermas, *Auch eine Geschichte der Philosophie, Band 2*, S. 117.
[46] Ebd., S. 118.
[47] A. Honneth, *Kritik der Macht*, S. 123.

dernen anthropozentrischen Wende fragt nach den radikalen Umbrüchen der Wissensformen entlang einer allgemeinen Periodisierung der neuzeitlichen Wissenschaftsgeschichte. Hier übernimmt Foucault zwar die üblichen Epocheneinteilungen in Renaissance (bis etwa 1650), klassisches Zeitalter (bis 1800) und Moderne (ab dem frühen 19. Jahrhundert), provoziert jedoch die konventionelle Geschichtsschreibung und Geschichtsphilosophie mit einer ungewöhnlichen Statuszuschreibung dieser Periodisierung sowie unkonventionellen Charakterisierungen der Zeitabschnitte. Forschungshypothetisch geht er aus von den »Diskontinuitäten in der empirischen, zugleich evidenten und dunklen Ordnung, in der sie sich geben.«[48] Zugleich arbeitet er unter dem Deckmantel der »Tatsache, daß eine Kultur mitunter in einigen Jahren aufhört zu denken, wie sie es bisher getan hat, und etwas anderes und anders zu denken beginnt«[49], die Bedingungen der Möglichkeit für die Übergänge zwischen den jeweiligen Wissensformen im Sinne von Transformationen heraus. Die von Foucault unternommenen epochenübergreifenden Untersuchungen zum Verhältnis von Denken, Wissensformen und Kulturausprägung nehmen auf der Mikroebene der Zeitabschnitte die jeweiligen Beziehungen zwischen der Ordnung von Dingen und der Sprache in den Blick. Dieses Vorgehen führt den Archäologen der Geistesgeschichte auf einen radikalen Umbruch zwischen Renaissance und dem klassischen Zeitalter.

Für die Wissensform der Renaissance bewirken die wahrgenommenen Ähnlichkeitsbeziehungen zwischen den Dingen und Elementen der Welt die Bildung und Verweisstruktur von Zeichen, woraus sich die epistemologische Frage entwickelt, »wie man erkennen soll, daß ein Zeichen genau das bezeichnete, was es bedeutete.«[50] Diese Frage nach der Entdeckungs- und Erkenntnismöglichkeit von Ähnlichkeiten führte demzufolge im 16. Jahrhundert zu einer wiederum im Modus der Ähnlichkeitsrelationierung vollzogenen Übereinanderlagerung von Semiologie als Zeichenlehre und Hermeneutik als Interpretationslehre der unterschiedenen und definierten Zeichen. Diese zeittypischen Interpretationen verfolgen die Etablierung eines Wissens von der Natur (der Dinge):

---
[48] M. Foucault, *Die Ordnung der Dinge – Eine Archäologie der Humanwissenschaften*, Frankfurt am Main 1971, S. 83.
[49] Ebd.
[50] Ebd., S. 75.

»Die ›Natur‹ wird in der geringen Dicke erfaßt, die Semiologie und Hermeneutik übereinanderhält. Sie ist mysteriös und verhüllt, bietet sich der Erkenntnis nicht dar [...]. Ein dunkler Raum erscheint, den man fortschreitend erhellen muß. Dort liegt die ›Natur‹, und um dessen Erkenntnis muß man sich bemühen.«[51]

Diese Erkenntnis bleibt jedoch immer unvollständig und unsicher. Im Verlauf des 17. Jahrhunderts tritt die innere Problematik dieser Wissensform Foucault zufolge offen zutage, indem sich die Fragestellung so fundamental ändert, dass der Sprache eine neue Funktion zugesprochen wird: »Vom siebzehnten Jahrhundert an wird man sich fragen, wie ein Zeichen mit dem verbunden sein kann, was es bedeutet. Auf diese Frage wird das klassische Zeitalter durch die Analyse der Repräsentation antworten.«[52] Diese neue Repräsentationsfunktion der Sprache führte Foucault zufolge zum einen zur Reduktion der Anordnung ihrer Zeichen auf ein binäres System, das ausschließlich und ohne Rekurs auf Ähnlichkeitsbeziehungen zwischen den Dingen »durch die Verbindung eines Bezeichnenden und eines Bezeichneten definiert wird«[53]. Zum anderen fokussiert Foucault die durch den Umschlag der episteme mitvollzogene Auflösung der für die Renaissance noch paradigmatischen »tiefen Zusammengehörigkeit der Sprache und der Welt«[54]. In der Epoche der Renaissance wurde die sprachliche Bedeutung noch als eine noch mit den Dingen unmittelbar mitgegebene Tatsache vorausgesetzt. Im klassischen Zeitalter komme es hingegen zu einer radikalen Unterscheidung von zwei Welten: »Die Sachen und die Wörter werden sich trennen.«[55] Sie sind im klassischen Zeitalter nur funktional miteinander verbunden, denn die Reihe der Repräsentationen bekomme die ausschließliche Aufgabe zugesprochen, die Welt und die in ihr vorkommenden Dinge zu ordnen: Die Sprache wird nicht mehr als Eigenschaft der Welt verstanden. Stattdessen gewinnt sie zwar zum einen ein Eigenleben, wird aber zum anderen zum besonderen Mittel der instrumentellen Repräsentation von zu ordnenden Dingen. Der sprachliche Vergleich mit Hilfe des Maßes führt zur »Herstellung einer Ordnung« nach Einheiten und Vielheiten, Identitäten und Differenzen.[56]

---

[51] Ebd., S. 60 f.
[52] Ebd. S. 75.
[53] Ebd., S. 74.
[54] Ebd., S. 75.
[55] Ebd., S. 75.
[56] Ebd., S. 86.

Kritische Theorien zur Genese des Naturproblems in der Frühen Neuzeit

Auch nach Foucault wird dieser wissenschaftshistorische Bruch von René Descartes in Form einer radikalen sachlichen und methodologischen Kritik an der Denkform der Renaissance so vollzogen, dass von nun an eine Bezugnahme auf Ähnlichkeitsannahmen zwischen den Dingen sowohl als Erfahrungs- als auch als Wissenskategorie grundsätzlich ausgeschlossen wird. Mit der Fokussierung des epistemischen Umbruchs markiert Foucault selbst eine Differenz zu den gängigen ideengeschichtlichen Erklärungsansätzen zu Genese und Systematik des rationalistischen Denkens als Eintritt in das wissenschaftliche Zeitalter:

»Man kann, wenn man nichts im Kopf hat als vorgefertigte Begriffe, sagen, dass das siebzehnte Jahrhundert das Verschwinden der alten magischen oder abergläubischen Anschauungen und den Eintritt der Natur in die wissenschaftliche Ordnung bedeutet. Was man aber begreifen und wiederherzustellen versuchen muss, das sind die Modifikationen, die das Wissen selbst verändert haben, auf jener archaischen Ebene, die die Erkenntnisse und die Seinsweise dessen, was gewusst werden kann, möglich macht.«[57]

Auf diesen besonderen Zugang, den Foucaults Archäologie der Humanwissenschaften kennzeichnet, hat bereits Habermas im *Philosophischen Diskurs der Moderne* eindrücklich hingewiesen:

»Foucault hält weder die Mathematisierung der Natur noch den Mechanismus für das entscheidende Paradigma, sondern das System geordneter Zeichen. Dieses ist nicht mehr in einer vorgängigen Ordnung begründet, sondern stellt auf dem Wege der Repräsentation der Dinge eine taxonomische Ordnung erst her.«[58]

Foucault kritisiert entsprechend in *Die Ordnung der Dinge* die Vermengung jener drei unterschiedlichen Charakteristika des Denkens des 17. und 18. Jahrhunderts bei den »Schreibern der Ideengeschichte«, denn

»das Fundamentale für die klassische *episteme* ist weder der Erfolg oder der Fehlschlag des Mechanismus, noch das Recht oder die Unmöglichkeit, die Natur zu mathematisieren, sondern eine Beziehung zur *mathesis*, die bis zum Ende des achtzehnten Jahrhunderts konstant und unverändert bleibt.«[59]

---

[57] Ebd., S. 87.
[58] J. Habermas, *Der philosophische Diskurs der Moderne*, S. 304.
[59] M. Foucault, *Die Ordnung der Dinge*, Frankfurt am Main 1971, S. 90.

Interessant mit Blick auf die hier zu untersuchende Fragestellung ist, dass auch Foucault der Figur Bacon im Übergang der in den Blickpunkt gerückten Verschiebung der Wissensformen zwischen Renaissance und Cartesianismus eine entscheidende Rolle zuspricht:

»Bei Bacon findet man bereits eine Kritik der Ähnlichkeit. Es handelt sich um eine empirische Kritik, die nicht die Ordnungs- und Gleichheitsbeziehungen zwischen den Dingen betrifft, sondern die Geistestypen und die Formen der Illusion, denen diese unterworfen werden können.«[60]

Für Foucault ist Bacon somit nicht der Urheber oder Ahnherr eines neuen naturwissenschaftlichen Paradigmas, das auf sämtliche Bereiche auch des geistes- und sozialwissenschaftlichen Denkens übergreift. Stattdessen bereitet er durch eine radikale Kritik von sprachlich geäußerten Meinungen und Vorannahmen über angeblich unmittelbare Ähnlichkeitsrelationen zwischen den Dingen den Sprachbegriff des klassischen Zeitalters vor. Wenn Gewissheit und nicht Wahrscheinlichkeit das Ziel der neuen Wissensform darstellt, dann muss sich dieses Wissen als ein sicheres in klaren und deutlichen Repräsentationen selbst begründen und ausdrücken können: »Die Sprache zieht sich aus der Mitte der Wesen zurück, um in ihr Zeitalter der Transparenz und der Neutralität einzutreten.«[61] Bei Bacon findet sich diese Neuausrichtung wissenschaftlichen Sprechens bereits in der Vorrede zum *Novum Organon* in methodischer Absicht klar formuliert:

»Es gilt, die Stufen der Gewißheit zu bestimmen, die sinnliche Wahrnehmung durch Rückführung auf ihre Gründe zu sichern, aber das den Sinnen folgende Spekulieren des Geistes zu verwerfen, um so dem Verstande einen neuen, unfehlbaren Weg von der sinnlichen Wahrnehmung aus zu eröffnen und zu sichern.«[62]

Die Idolenlehre als kritische Methode zur Entlarvung »falscher Begriffe« wird so zu einer empirischen Kritik am Sprachgebrauch derjenigen, die unbegründet »über Natur als eine bereits erforschte Angelegenheit zu sprechen gewagt haben.«[63] Im hinteren Teil von der *Ordnung der Dinge* spricht Foucault davon, dass in der mit Bacon anbrechenden neuen Erfahrung der klassischen Epoche die »Möglich-

---

[60] Ebd., S. 84.
[61] Ebd. S. 89.
[62] F. Bacon, *Das neue Organon (Novum Organon)*, Berlin 1982, S. 36.
[63] Ebd., S. 35.

keit, die Dinge und ihre Ordnung zu erkennen«, ausschließlich über die »Souveränität der Wörter« laufe.[64]

Es ist also mit Blick auf die drei behandelten Werke Foucault, der eine historische Antwort auf die im Raum stehende Frage danach, wie über Natur in einer bestimmten Denkperiode gesprochen worden ist, zu geben vermag. Als Archäologe hat er zunächst alle Geltungs- und Wahrheitsansprüche trotz des Ausganges von einem Gegenwartsproblem – der Frage nach der Tragfähigkeit der anthropozentrischen Wende im modernen Denken – eingeklammert und »seinen Blick auf die verschütteten Sinnesfundamente« oder auch »die stummen Monumente« gerichtet, um sie so einer strukturalistischen Beschreibung zugänglich zu machen[65]. Der mit Bacons Idolenlehre und Descartes' Methodik markierte Übergang in die klassische Periode der Neuzeit führte demzufolge zu einer neuen Verhältnisbestimmung von Sprache und dem allein von dieser nun abhängigen Wissen, durch welche indirekt auch der Natur ein neuer Platz in der episteme zugewiesen wird: »Auf ihrem Tableau genießt also die Natur des Menschen kein Privileg vor der Natur der Dinge. Innere und äußere Natur werden auf die gleiche Weise klassifiziert, analysiert, kombiniert.«[66] Doch die Abhängigkeit des Wissens von der Repräsentationsfunktion der Sprache, die mit der Unmöglichkeit einhergeht, diesen Vorgang selbst und mit ihm die ihn vollziehenden Subjekte in den Blickpunkt zu rücken, stößt wieder an seine Grenzen. Foucaults These, dass der Mensch vor dem Ende des 18. Jahrhunderts nicht existiert habe, fußt auf dieser einzigen Beobachtung: »Für wen im klassischen Denken die Repräsentation existiert und wer sich selbst in ihr repräsentiert, sich als Bild oder Reflex erkennt [...] – der wird sich darin nie selbst präsent finden.«[67] Die formalistische Sprachtheorie der klassischen Aufklärungsepoche macht den Sprecher oder die Denkerin zu einer inhaltsleeren, rein funktionalen Schaltstelle.

Der Mangel an erkenntnistheoretischem Bewusstsein vom Menschen wird Foucault zufolge mit dem Schritt in die Moderne durch die explizite und zudem historisierte Platzierung des Menschen als dem zentralen Ort sowohl des Lebens als auch der Human- und Geisteswissenschaften eingeholt. Die Sprache des Menschen wird zum zen-

---

[64] M. Foucault, *Die Ordnung der Dinge*, S. 376.
[65] J. Habermas, *Der philosophische Diskurs der Moderne*, S. 291 und S. 294.
[66] Ebd., S. 304.
[67] Ebd., S. 373.

tralen Untersuchungsgegenstand, und dies wiederum auf der Grundlage dieser Sprache. Alle Ambivalenzen des Mensch-Welt-Verhältnisses gründen in dieser seiner neuen Doppelstruktur, zugleich Ermöglichungsbedingung von Erkenntnis und Erkenntnisgegenstand zu sein und deshalb als eine »empirisch-transzendentale Doublette« zu erscheinen[68]. Das Ideal der Identität wird nie erreicht, der Mensch kann sich nie als einen Zeitgenossen seiner selbst begreifen. Damit löst sich auch »der klassische Naturbegriff, der die Menschennatur in sich schloss, auf«[69]. Die anthropologische Wende unter dem Titel »Wissenschaft vom Menschen« setzt eine Unterscheidung von Repräsentation und Existenz voraus, die Foucault zufolge das Zeitalter der Aufklärung nicht kannte, und die demzufolge erst mit der modernen Philosophie und Literatur thematisch wurde: »Solange aber der klassische Diskurs gedauert hat, konnte eine Frage nach der durch das Cogito implizierten Seinsweise nicht artikuliert werden.«[70]

Foucault unterscheidet mit der Annahme von zwei epistemischen Umwälzungen in der Neuzeit diffizil die jeweiligen epochenspezifischen Ordnungen und Beziehungen von Dingen und Wörtern, also von Sein und Natur einerseits, Sprache und Mensch andererseits. Und am Ende entpuppt sich seine *Archäologie der Humanwissenschaften* als eine Kritik sowohl der technologischen Rationalität der Moderne als auch der Illusionen von einer zu sich selbst kommenden modernen Form der Subjektivität. Die sprachkritische Perspektive auf die neuzeitliche Ideengeschichte bleibt in der motivisch sehr nahen *Dialektik der Aufklärung* zunächst eine Hintergrundmelodie mit normativer Sprengkraft. Der ideologiekritische geschichtsphilosophische Bogen wird mit Blick auf die Neuzeit sehr bruchlos von Bacon bis in die Gegenwart geschlagen und in seinen Auswirkungen – wenn auch nicht auf dem Begründungsweg – stärker historisch-materialistisch denn kulturtheoretisch gefasst. Der gnadenlose Umschlag der Naturbeherrschung in Repression, Entsagung und bloße Selbsterhaltung führe zur Selbstzerstörung von Vernunft: »Herrschaft über eine objektivierte äußere und reprimierte innere Natur ist das bleibende Signum der Aufklärung.«[71] Im Unterschied zu Foucault eröffnen

---

[68] Ebd., S. 388.
[69] P. Geyer, *Die Entdeckung des modernen Subjekts – Anthropologie von Descartes bis Rousseau*, Würzburg 2007, S. 8.
[70] M. Foucault, *Die Ordnung der Dinge*, S. 377.
[71] J. Habermas, *Der philosophische Diskurs der Moderne*, S. 134.

Horkheimer und Adorno jedoch in minimalistisch-messianischen Sentenzen die Fluchtpunkte und Horizonte eines anderen Verhältnisses von Mensch und Natur, das mit der Sprache anhebt:

»Jeder Fortschritt der Zivilisation hat mit der Herrschaft auch jene Perspektive auf deren Beschwichtigung erneuert. Während jedoch die reale Geschichte aus dem realen Leiden gewoben ist, das keineswegs proportional mit dem Anwachsen der Mittel zu seiner Abschaffung geringer wird, ist die Erfüllung der Perspektive auf den Begriff angewiesen. Denn er distanziert nicht bloß die Menschen von der Natur, sondern als Selbstbesinnung eben des Denkens, das in der Form der Wissenschaft an die blinde ökonomische Tendenz gefesselt bleibt, läßt er die das Unrecht verewigende Distanz ermessen. Durch solches Eingedenken der Natur im Subjekt, in dessen Vollzug die verkannte Wahrheit aller Kultur beschlossen liegt, ist Aufklärung der Herrschaft überhaupt entgegengesetzt.«[72]

Hier wird ein im Sprachgebrauch selbst liegendes Potential angedeutet, das über die wissenschaftliche Repräsentationsfunktion hinausweist, um ein »Eingedenken der Natur im Subjekt« zu ermöglichen oder wiederherzustellen. Der zitierten Textstelle zufolge ist begriffliches Denken zu einer Selbstbesinnung fähig, die jene Distanzierung nach der auch von Foucault herausgearbeiteten wissenschaftlichen repräsentativ-formalen Funktionsbestimmung von Sprache in normativer Hinsicht als ein »Unrecht« zu demaskieren weiß. In seinen späteren Schriften entfaltet Adorno jenes »erlösende« oder »rettende« Sprachmotiv als Idee des konstellativen Denkens, Sprechens und Schreibens über die Dinge und die Natur, um diese aus ihren Herrschaftsverklammerungen durch Gesellschaftsstruktur und Wissenschaftsformation zu lösen. Und im Vorwort zu den *Philosophischen Fragmenten* findet sich ein Verweis darauf, dass Horkheimer und Adorno die Sprachkritik ebenso als das Medium ansahen, um zu einer erneuerten »dialektischen Anthropologie« fortzuschreiten.[73] Die Utopie eines mimetischen und konstellativen Sprachgebrauchs impliziert die Möglichkeit eines anderen menschlichen Selbstverhältnisses auf dem Wege einer Kritik des instrumentellen szientistischen Naturbezuges.

Die sowohl für Horkheimer und Adorno als auch für Foucault zu konstatierenden Verengungen der Blickwinkel auf die historischen Epochen der Neuzeit, Aufklärung und Moderne können hier nur an-

---

[72] M. Horkheimer, T. W. Adorno, *Dialektik der Aufklärung*, S. 47.
[73] Ebd., S. 7.

gedeutet werden. So ist die Überzeichnung der Figur Francis Bacon als Ahnherr und Ideengeber sowohl der naturbeherrschenden Rationalität der Technikentwicklung als auch des empiristischen und rationalistischen Positivismus fragwürdig. Tatsächlich kann Bacon als »Übergangsfigur zwischen dem Magus Paracelsus und dem experimentellen Philosophen Robert Boyle« und damit als ein Wegbereiter für die »Entstehung der neuen experimentellen Wissenschaften« eingeführt werden[74]. Die sich daraus entwickelnden »Baconischen Wissenschaften« führen mit einem Mittelpunkt in England zumindest im 18. Jahrhundert eine Parallelexistenz zu den weiterhin am klassischen Ideal orientierten mathematischen Wissenschaften, für die Experimente immer bloß die Funktion behielten, zu demonstrieren oder zu bestätigen: »Bis ins 19. Jahrhundert hinein blieben die beiden Gruppen, die klassische und die Baconische, getrennt.«[75] Von dieser Unterscheidung ausgehend müsste noch einmal zurückgefragt werden, wie jeweils über Natur gesprochen bzw. mit der Natur experimentiert wurde, um zu einer Ausdifferenzierung der Argumentationslinien für die These von einer »unheilvollen« Entwicklung der Naturbeherrschung im Verlauf der Neuzeit beizutragen.

Jürgen Habermas deutet das neue Paradigma der Einnahme einer objektivierenden Einstellung gegenüber Natur, den Anderen und sich selbst als positiv konnotierte Dezentrierung des Mensch-Welt-Verhältnisses und zugleich als Problem mit Blick auf die praktische Aufgabenbestimmung von Philosophie:

»Auf diese Weise legt sich die Philosophie auf die Beobachterperspektive einer dritten Person fest, die sie auch in der vergegenständlichenden Einstellung der ersten Person zu sich als erlebendem Subjekt als die maßgebende Erkenntnisperspektive beibehält. Allerdings darf sich die Philosophie, wenn sie die Orientierung im Handeln nicht der Religion überlassen will, nicht ausschließlich von der objektivierenden Erkenntnisart der modernen Naturwissenschaften, die den Zugang zur Welt und zum Weltwissen fortan monopolisieren, abhängig machen.«[76]

Habermas selbst eröffnete mit seiner kommunikationstheoretischen Wende eine verständigungsorientierte Perspektivierung der intersubjektiven Beziehung zwischen Menschen. Aufgrund der sprachprag-

---

[74] T. S. Kuhn, »Mathematische versus experimentelle Traditionen in der Entwicklung der physikalischen Wissenschaften«, S. 107.
[75] Ebd., S. 100.
[76] J. Habermas, *Auch eine Geschichte der Philosophie*, Band 2, S. 202 f.

matischen Fokussierung mit einem minimalistischen Rückhalt in anthropologischen Setzungen kann er jedoch die vielfältigen Naturbezüge wiederum ausschließlich nach den Maßgaben seines diskursiven Sprachbegriffs greifbar machen. Schon Adorno hatte diese Problematik von Kommunikationstheorien in seinem späten Aufsatz *Zu Subjekt und Objekt* antizipiert:

»Wäre Spekulation über den Stand der Versöhnung erlaubt, so ließe in ihm weder die ununterschiedene Einheit von Subjekt und Objekt noch ihre feindselige Antithetik sich vorstellen; eher die Kommunikation des Unterschiedenen. Dann erst käme der Begriff von Kommunikation, als objektiver, an seine Stelle. Der gegenwärtige ist so schmählich, weil er das Beste, das Potential eines Einverständnisses von Menschen und Dingen, an die Mitteilung zwischen Subjekten nach den Erfordernissen subjektiver Vernunft verrät.«[77]

Ebenso scheint die These Foucaults, dass in der wissenschaftlichen Diskursformation der klassischen Aufklärungsepoche die Idee von einem autonomen Subjekt zumindest theoretisch nicht existiert habe, auf einer Perspektivenverengung zu beruhen:

»Foucaults Archäologie der Wissenschaften vom Menschen ist freilich selbst eine Idealisierung. Er spricht der klassisch-aufklärerischen Episteme eine Kompaktheit und Selbstsicherheit zu, über die die differenzierten Denkentwürfe dieser Zeit gar nicht verfügen. [...] Die klassische Aufklärung destruiert ihr eigenes Menschenbild schon selbst. Und sie tut das von 1650 bis 1750 mit zunehmendem methodologischem Selbstbewußtsein. Das Denken der Aufklärung treibt über sich selbst hinaus.«[78]

Demzufolge könnten die historischen Spuren einer dialektischen Anthropologie gerade in den alternativen Denkbewegungen der französischsprachigen Philosophie jener Epoche aufgefunden werden. Doch auch dies ist nur ein Vorschlag. Übergreifend bleibt der genealogische Grundgedanke leitend, dass die Frage nach den Schwierigkeiten und Möglichkeiten des Sprechens über Natur, vor der sich die Philosophie in der Gegenwart gestellt sieht, erst dann beantwortet werden kann, wenn Klarheit über die ideen- und wissenschaftsgeschichtliche Herkunft des Problems gewonnen worden ist.

---

[77] T. W. Adorno, »Zu Subjekt und Objekt«, in: Ders.: Gesammelte Schriften Band 10–2: Kulturkritik und Gesellschaft, Frankfurt am Main 1998, S. 741–758, hier: S. 743.
[78] P. Geyer, *Die Entdeckung des modernen Subjekts – Anthropologie von Descartes bis Rousseau*, Würzburg 2007, S. 21 f.

Literatur

Theodor W. Adorno, »Zu Subjekt und Objekt«, in: Ders.: *Kulturkritik und Gesellschaft, Gesammelte Schriften Band 10–2*, Frankfurt am Main 1998, S. 741–758.

Amy Allen, »Having One's Cake and Eating It Too: Habermas's Genealogy of Postsecular Reason«, in: Craig Calhoun, Eduardo Mendieta, Jonatahn van Antwerpen (Hrsg.), *Habermas and Religion*, Cambridge 2013, S. 132–153.

Francis Bacon, *Das neue Organon (Novum Organon)*, hgg. von Manfred Buhr und übersetzt von Rudolf Hoffmann und Gertraud Korf, Berlin 1982.

Floris Cohen, *Die zweite Erschaffung der Welt – Wie die moderne Naturwissenschaft entstand*, Bonn 2011.

Michel Foucault, *Die Ordnung der Dinge – Eine Archäologie der Humanwissenschaften*, Frankfurt am Main 1971.

Paul Geyer, *Die Entdeckung des modernen Subjekts – Anthropologie von Descartes bis Rousseau*, Würzburg 2007.

Jürgen Habermas, *Der philosophische Diskurs der Moderne – Zwölf Vorlesungen*, Frankfurt am Main 1988.

Jürgen Habermas, *Auch eine Geschichte der Philosophie*, Band 1: *Die okzidentale Konstellation von Glauben und Wissen*, Berlin 2019.

Jürgen Habermas, *Auch eine Geschichte der Philosophie*, Band 2: *Vernünftige Freiheit – Spuren des Diskurses über Glauben und Wissen*, Berlin 2019.

Axel Honneth, *Kritik der Macht – Reflexionsstufen einer kritischen Gesellschaftstheorie*, Frankfurt am Main 1985.

Max Horkheimer, Theodor W. Adorno, *Dialektik der Aufklärung*, Frankfurt am Main (1969) 2002.

Thomas S. Kuhn, »Mathematische versus experimentelle Traditionen in der Entwicklung der physikalischen Wissenschaften«, in: Ders. (Hrsg.), *Die Entstehung des Neuen – Studien zur Struktur der Wissenschaftsgeschichte*, Frankfurt am Main 1977, S. 84–124.

Lars Niehaus, *Moral als Problem – Zum Verhältnis von Kritik und historischer Betrachtung im Spätwerk Nietzsches*, Würzburg 2010.

Friedrich Nietzsche, Zur Genealogie der Moral – Eine Streitschrift, in: G. Colli, M. Montinari (Hrsg.), *Friedrich Nietzsche: Kritische Studienausgabe*, Bd. 5, München 1999, S. 245–424.

Martin Saar, »Genealogische Kritik«, in: R. Jaeggi, T. Wesche (Hrsg.), *Was ist Kritik?*, Frankfurt am Main 2009, S. 247–265.

Dietrich Schotte, »Shadow History with a Hidden Agenda? Francis Bacon als Positivist in der ›Dialektik der Aufklärung‹«, in: Sonja Lavaert/Winfried Schröder (Hrsg.), *Aufklärungs-Kritik und Aufklärungs-Mythen – Horkheimer und Adorno in philosophiehistorischer Perspektive*, Berlin 2018, S. 83–112.

Heike Koenig

Der Begriff und die Tragödie der (zweiten) Natur

»*Die Welt hat sich nicht verändert
Nur der Mensch
Er zählt
A-one, two, three, four
[...]
Sonne scheine
Nur zum Schein*«
(Helge Schneider)

In jenen Liedzeilen, die Helge Schneider erst kürzlich in der für ihn typisch wortspielartigen Weise zum Besten gegeben hat, lassen sich – zugegebenermaßen in recht freier Interpretation – die Grundzüge des gleichsam ›klassischen‹ Selbstverständnisses des Menschen erkennen: Der Mensch als das Wesen, das sich nach wie vor selbst als im Zentrum des Kosmos stehend und diesen Kosmos auch begreifen könnend bestimmt (»*Die Welt hat sich nicht verändert – Nur der Mensch – Er zählt*«), zwar wohlwissend um die Natur als überlebenswichtige Ressource und somit Bedingung seiner Existenz (»*Sonne scheine*«), jedoch mit dezidiertem Vorbehalt gegenüber einem ihr darüber hinaus zukommenden Status als sinnstiftende Instanz (»*Nur zum Schein*«). Denn tatsächlich könnte man versucht sein, in den letzten beiden Zeilen ein nicht ausgewiesenes Platon-Zitat zu erkennen, genauer: das platonische Sonnengleichnis, das seine Pointe ja nicht nur darin hat, *dass* die Idee des Guten per Gleichnis mit der Sonne verständlich gemacht werden kann, sondern auch darin, dass dies tatsächlich *nur gleichnishaft* möglich ist. Als Quelle des Lichts ist die Sonne höchstes Prinzip der Sinneswelt, nicht aber Quelle und Macht der Welt der Ideen. Es ist die durch das Stilmittel der Analogie bestätigte Idee einer prinzipiellen Kluft zwischen der sinnlichen Welt (der phänomenalen Welt des Scheins) und der Welt geistigen Sinns (der idealen Welt des Seins), die den antiken Menschen seiner kosmischen Sonderstellung als Vernunftwesen versicherte und hier in der Forderung »*Sonne scheine – Nur zum Schein*« deutlich hörbar nachzuklingen scheint.

Helge Schneiders Urteil »*Die Welt hat sich nicht verändert*« suggeriert zunächst die Aktualität dieser Sichtweise. Dass diese aber in Form einer Forderung artikuliert wird, gesanglich durchaus mit einer gewissen Verzweiflung vorgetragen, verweist auf die längst nicht mehr uneingeschränkte Gültigkeit bzw. Selbstverständlichkeit jenes gleichsam ›klassischen‹ Selbstverständnisses. So enthüllt sich die Geschichte menschlicher Selbstverortung immer schon als Problemgeschichte, die sich bekanntlich laut Sigmund Freud als Geschichte der großen Kränkungen der (Eigenliebe der) Menschheit erzählen lässt; genauer: als eine Geschichte wissenschaftlicher Entdeckungen, die das Selbstbild des Menschen als freies, selbstbestimmtes und zugleich im Mittelpunkt der Welt stehendes Wesen immer wieder radikal auf den Prüfstand stellten und neue Arten der Selbstvergewisserung herausforderten. Dabei hatte sich Freud auf nicht ganz unanmaßende Weise just selbst in die Reihe der großen ›Anmaßer‹ gestellt: Auf die kosmologische Kränkung durch Kepler und die biologische Kränkung durch Darwin sei schließlich die psychologische Kränkung durch Freud, durch ihn selbst gefolgt[1]. Aus der Sicht Hans Blumenbergs war hiermit jedoch die eigentliche Kränkung, bzw. das, was wirklich ihr ganzes Ausmaß bedeutet, noch gar nicht benannt:

»Nicht die astronomische Theorie des Sonnensystems oder der gewaltigen Ausdehnung und Leere des Universums, nicht die Theorie der biologischen Evolution, nicht die Theorie des Unbewußten und seiner Unbeherrschbarkeit durch das Ich, sondern die Astrophysik und die Anwendung des zweiten Hauptsatzes der Thermodynamik auf das Ganze des Weltalls war die Zerstörung des verbliebenen Restes der Illusionen: Herstellung der absoluten Trostbedürftigkeit angesichts dessen, was mit einem harmlos klingenden Ausdruck des vergangenen Jahrhunderts ›Wärmetod‹ genannt wurde.«[2]

Dass sich erst mit der These vom Wärmetod des Universums, d.h. des notwendig bevorstehenden Erlöschens allen Lebens, das ganze Ausmaß an Kränkung entfaltet, liegt freilich in der Natur der Sache, scheint die Aussicht auf absolute »Leblosigkeit – also auch Gedächt-

---

[1] Vgl. S. Freud, »Eine Schwierigkeit der Psychoanalyse«, in: *Imago. Zeitschrift für Anwendung der Psychologie auf die Geisteswissenschaften* 5 (1)/1917, S. 1–7, hier S. 3–5.
[2] H. Blumenberg, *Die Sorge geht über den Fluß*, Frankfurt/M. 1987, S. 154.

nislosigkeit«³ des Universums doch endgültig die Hoffnung auf die Unsterblichkeit nicht nur des Individuums, sondern auch gleich der ganzen Gattung zu vereiteln und damit das Schicksal des Menschen: die radikale Kontingenz seiner Existenz endgültig zu besiegeln. »Es scheint, daß der Mensch nichts endgültig gewinnen und sich versichern kann. Er existiert auf unzureichendem Grunde.«⁴ Es ist die »Seinsgrundfrage in ihrer anthropologischen Fassung«⁵, die sich als unbeantwortbar erweist, der sich der Mensch als Mensch aber nicht entziehen kann. Darin, »die Unerträglichkeit der großen Fragen ertragen zu *müssen*«, wurzelt laut Blumenberg »die konstitutive Trost*bedürftigkeit* des Menschen.«⁶

Ebenjene Trost*bedürftigkeit* erweist sich aber als von Grund auf ambivalent. Denn auch die Tröstungs*fähigkeit* des Menschen, d. h. die Fähigkeit, jene Unerträglichkeit der großen Fragen tatsächlich auch ertragen zu *können*, beruht auf ebenjener Fähigkeit, die ihm diese Fragen zuallererst beschert hat: auf seiner Fähigkeit, »auf Distanz zur Wirklichkeit zu gehen«⁷. Hat diese Fähigkeit den Menschen einerseits schmerzlich um seinen unmittelbaren Wirklichkeitsbezug gebracht, ermöglicht sie ihm andererseits, an diesem Schmerz nicht zugrunde zu gehen⁸. So ist der Trost laut Blumenberg paradoxerweise »eine Form der Distanzierung von der Wirklichkeit, im Grenzfall des Verlustes von Wirklichkeit«⁹, die den Menschen seiner wesentlichen Bedürftigkeit, zugleich aber auch seiner Freiheit versichert:

»Allemal ist nämlich ein einzigartiger Grad von Freiheit damit gegeben, auch mit der bloßen Fiktion von Realität deren Äquivalent zu besitzen oder zumindest deren Entbehrung verkraften zu können. Die Trostbedürftigkeit ist die Kompensation einer Mangelstruktur, die noch über die Grenze der reellen Leistungsfähigkeit solcher Kompensation hinausgeht, indem sie sich den Überschuß der Dienstbarkeit des Imaginären verschafft.«¹⁰

---

³ Ebd.
⁴ H. Blumenberg, *Beschreibung des Menschen. Aus dem Nachlaß*, hrsg. von M. Sommer, Frankfurt/M. 2014, S. 638.
⁵ Ebd., S. 638.
⁶ Ebd., S. 639, Hvh. H. K.
⁷ Ebd., S. 628.
⁸ Vgl. ebd., S. 631.
⁹ Ebd., S. 627.
¹⁰ Ebd., S. 631 f.

Die hier offengelegte Perspektive symbolisierender Kontingenzverarbeitung, in der sich die grundsätzliche Ambivalenz des Weltverhältnisses des Menschen als der Distanzierung fähiges Wesen ausdrückt, bildet das Thema auch von Georg Simmels berühmtem Aufsatz »Der Begriff und die Tragödie der Kultur« aus dem Jahr 1911. Dieser findet seine Pointe bekanntlich in der Deutung der Entfremdungsphänomene modernen Kulturlebens als Folge einer zunehmenden Verselbständigung des »objektiven Geistes« gegenüber den ihn schöpfenden subjektiven Geistern. Bemerkenswert ist jedoch, dass es sich dabei für Simmel immer schon um den gleichsam ›zweiten Akt‹ eines allgemeinen Trauerspiels handelt, in dem der Mensch *als* geistiges Lebewesen, das »sich in die natürliche Gegebenheit der Welt nicht fraglos einordnet, wie das Tier, sondern sich von ihr losreißt, sich ihr gegenüberstellt, fordernd, ringend, vergewaltigend und vergewaltigt«[11], von Grund auf die Rolle des ›tragischen Helden‹ übernimmt:

»Der Geist sieht sich einem Sein gegenüber, auf das ebenso der Zwang, wie die Spontanität seiner Natur ihn hintreibt; aber er bleibt ewig in die Bewegung in sich selbst gebannt, in einem Kreise, der das Sein nur berührt, und in jedem Augenblick, in dem er, in der Tangente seiner Bahn abbiegend, in das Sein eindringen will, reißt ihn die Immanenz seines Gesetzes wieder in seine in sich selbst beschlossene Drehung fort.«[12]

Die (durchaus erkenntniskritisch geprägte) These lautet: In der objektivierenden Distanzierung des Menschen von der natürlichen Welt, die ihm eine *Auseinandersetzung* (im wahrsten Sinne des Wortes) mit dieser überhaupt erst ermöglicht, vermag er sie doch nie vollständig (zurück) zu gewinnen, sondern sieht sich immer wieder radikal auf sich selbst zurückgeworfen. Die Bemühungen des Geistes, den sich im Zuge seiner Distanzierung von der Natur offenbarenden Dualismus von Subjekt und Objekt vollständig zur Synthese zu bringen, bleiben »endliche Versuche, eine unendliche Aufgabe zu lösen.«[13]

Ebenjener »große Dualismus« findet nun laut Simmel in der kulturschaffenden Entäußerung des Menschen und damit »innerhalb

---

[11] G. Simmel, »Der Begriff und die Tragödie der Kultur«, in: ders., *Philosophische Kultur. Gesammelte Essais*, in: ders., *Gesamtausgabe*, Bd. 14, hrsg. von R. Kramme, O. Rammstedt, Frankfurt/M. (1911)1996, S. 385–416, hier S. 385.
[12] Ebd., S. 389f.
[13] Ebd., S. 390.

des Geistes selbst seine zweite Instanz.«[14] Zugleich aber erlebt er dabei eine »unvergleichliche Formung«, denn darin, dass der Mensch sich das Objekt zum Bilde schafft (Objektivwerden des Subjekts), um sich daran selbst zu bilden (Subjektivwerden des Objekts), scheint die Möglichkeit einer »innerlich einheitlichen Bezogenheit« von Subjekt und Objekt nunmehr (be-)greifbar.[15] Den durch seine Distanzierung von der natürlichen Welt erlittenen Verlust unmittelbarer Wirklichkeit (Blumenberg) versucht der Mensch gleichsam dadurch aufzuheben, dass er jene Welt im Zuge der Kultivierung der Objekte mit Sinn anreichert und sie damit *symbolisch* werden lässt für die unendlichen Möglichkeiten seiner subjektiv-seelischen Vollendung, d.h. seiner eigenen Kultivierung. Denn dadurch, dass er seine »seelischen Erzeugnisse oder Inhalte als einen in einem bestimmten Sinne selbständigen Kosmos des objektivierten Geistes sich gegenüberstellt und erblickt«[16], eröffnet sich ihm – gleichsam der schmerzlich erfahrenen Wertindifferenz der objektiven Natur zum Trotz (man könnte auch sagen: zum Trost) – eine Welt objektiver Bedeutsamkeit[17]. Hier entsteht dem Menschen eine gleichsam *zweite* Natur, in der er das zu finden sucht, was die *erste* ihm scheinbar schuldig geblieben war: eine Welt gegebenen Sinns, die, da von ihm selbst geschaffen, auch durch und durch verstanden werden kann.

Die Kehrseite dieses Unternehmens liegt auf der Hand. Wird jene *zweite Natur* als die nunmehr ›eigentliche‹ Welt des Menschen gesetzt, droht damit mehr oder weniger stillschweigend die Verselbständigung des Geistes von der Natur verabsolutiert und damit das Schicksal der Natur als dem schlechthin ›Anderen‹ des Geistes bzw. der Kultur (erneut) besiegelt zu werden. Was im erkennenden Zugriff auf *Natur* begrifflich als solche übrig bleibt, scheint nicht mehr zu sein als ein rein formaler Mechanismus – der Inbegriff des bloßen ›Mittels‹ einer (zumindest relativ) unabhängigen Vernunft- bzw. Geistestätigkeit, die in der uneingeschränkten Naturentfremdung gerade ihre Voraussetzung findet. Ein Entfremdungsprozess, den Hegel in der Idee dialektischer Aufhebung noch spekulativ zu händeln

---

[14] Ebd., S. 385.
[15] Ebd., S. 390.
[16] Ebd., S. 391.
[17] Diese Rekonstruktion der Simmelschen Kulturtheorie vor dem Hintergrund der Kategorie des Trostes findet sich bereits in H. Koenig, »Kultur als unendliche Aufgabe – Simmel, Cassirer und die Tragödie der Kultur«, in: G. Hartung, H. Koenig, T.-F. Steinbach (Hrsg.), *Der Philosoph Georg Simmel*, Freiburg/ München 2020.

wusste, der aber spätestens vor dem Hintergrund der wissenschaftlichen Entwicklungen des 19. Jahrhunderts auf neue Weise problematisch geworden war; genauer: vor dem Hintergrund von Debatten, die bereits in den 1850er Jahren im sogenannten Materialismus-Streit kulminiert waren und sich mit der Rezeption von Darwins Evolutionstheorie zu einem Streit um Weltanschauungen zuspitzten. So schien mit Darwin »das letzte, vom Materialismus noch nicht gelöste Rätsel endgültig vor seiner wissenschaftlichen Lösung zu stehen«[18], insofern der Bereich des Organischen nun als Bereich des Übergangs zur Anwendung mechanistischer Erklärungsmuster auf die Welt des Menschen erobert galt. Hieraus erklärt sich die »tiefsitzende[] Entrüstung über die Zurückstellung des Menschen in die Natur«[19], insofern sie seiner Zurückstellung in ein konsequent materialistisches Weltbild gleichzukommen schien. Die Forderung, den Rousseau'schen Ruf »Zurück zur Natur« (der bei Rousseau selbst, wie z.B. Ernst Cassirer betont, weniger die Rückkehr zu einem ursprünglich gegebenen Naturzustand als vielmehr einen symbolischen Zukunftsentwurf forderte[20]) radikal wörtlich zu nehmen, provozierte daher als Gegenreaktion eine Neuauflage der These der Sonderstellung des Menschen, in der der problematisch gewordene Topos des freigestellten Subjekts zwar neu verhandelt wurde, aber mitunter unbekümmert fortlebte. Es ist das aufklärerische Ideal der uneingeschränkten geistigen Herrschaft über die Natur, das noch in Arnold Gehlens Ruf »Zurück zur Kultur!«[21] unüberhörbar sein Echo erzeugt und in dessen Lichte das Rousseau'sche »Zurück« (wieder) symbolisch gedeutet und in die umgekehrte Richtung gelenkt werden sollte.

Die Kritik daran ist in aller nötigen Radikalität bereits vorgebracht worden. Es ist eine Pointe der »Dialektik der Aufklärung« Max Horkheimers und Theodor W. Adornos, dass die Idee einer absolut freien und reinen Geisteskultur auf theoretischen Vorausset-

---

[18] K. Bayertz, M. Gerhard, W. Jaeschke, »Einleitung«, in: dies. (Hrsg.), *Der Darwinismus-Streit*, Hamburg 2012, S. VII-XXX, hier S. VII.

[19] G. Hartung, T. Kirchhoff, »Welche Natur brauchen wir? Anthropologische Dimensionen des Umgangs mit Natur«, in: dies. (Hrsg.), *Welche Natur brauchen wir? Analyse einer anthropologischen Grundproblematik des 21. Jahrhunderts*, Freiburg/München 2014, S. 11–32, hier S. 19.

[20] Vgl. E. Cassirer, *Versuch über den Menschen (An Essay on Man)*, übers. von R. Kaiser, Hamburg (1944) w. Aufl. 2007, S. 99 f.

[21] A. Gehlen, »Das Bild des Menschen im Lichte der modernen Anthropologie«, in: ders., *Anthropologische Forschung*, Reinbek bei Hamburg (1952) 1965, S. 55–68, hier S. 60.

zungen beruht, die das Projekt der Aufklärung von innen sprengen, wenn sie nicht kritisch reflektiert werden: Die Voraussetzung uneingeschränkter geistiger Beherrschung der Natur *in* uns und *außer* uns droht sich letztlich in eine ent-moralisierende Verdinglichung der Subjekte selbst zu wenden, die jene *zweite Natur* zu einer (im wörtlichen Sinne) *künstlichen* Form vermeintlich gegebener Unmittelbarkeit erstarren lässt, die seitens der handelnden Subjekte unkritisch, gleichsam mechanisch internalisiert wird.[22] Das, wovon man sich im Ausschluss der Natur zu entledigen suchte, nämlich der Macht des rohen Mechanismus, droht – einer ›self-fulfilling prophecy‹ gleich – zur Hintertür wieder herein zu kommen und die Kultur in ihr Gegenteil, die Barbarei, umschlagen zu lassen; Wirklichkeit geworden darin, *dass* Auschwitz möglich war.[23]

Auch die Simmelsche These von der »Tragödie der Kultur« schlug, wenn auch nicht in derselben Radikalität, in jene Kerbe immanenter Dialektik. Die schon in früheren Schriften gestellte Diagnose einer sich stetig vergrößernden Diskrepanz zwischen subjektiver und objektiver Kultur in der modernen Gesellschaft, genauer: dem Zurückbleiben der Kultur der Individuen hinter der Kultur der Dinge, mündet in der These von einer »immanenten Entwicklungslogik«[24] des objektiven Geistes, der sich im Zuge seiner Entfaltung dem Zweck persönlicher Kultivierung entzieht und dem Subjekt zunehmend als selbständige, objektive Macht gegenübertritt. Ein Entfremdungsprozess, der seinen Höhepunkt darin findet, dass nun umgekehrt der Mensch »der bloße Träger des Zwanges«[25] einer Vielzahl von Sachlogiken wird, in deren Dienst er sich gestellt sieht. Die *Tragik* dieser Konsequenz liegt in der schicksalhaften Entfremdung des Subjekts durch eben jene Objekte, die es ursprünglich zum Zwecke seiner eigenen Kultivierung geschaffen hat. Was nicht selten als Ausdruck eines prinzipiellen Kulturpessimismus Simmels gelesen wurde, kann jedoch in erster Linie als Problemaufweis gelten: Im dezidierten Verzicht auf eine metaphysisch-spekulativ gesicherte Synthese liegt die

---

[22] Vgl. T. W. Adorno, M. Horkheimer, *Dialektik der Aufklärung. Philosophische Fragmente*, in: T. W. Adorno, *Gesammelte Schriften*, Bd. 3, Frankfurt/M. (1944) 1981.
[23] Vgl. T. W. Adorno, »Erziehung nach Auschwitz«, in: ders., *Erziehung zur Mündigkeit, Vorträge und Gespräche mit Hellmuth Becker 1959–1969*, hrsg. von G. Kadelbach, Frankfurt/M. (1966) 1970, S. 92–109, hier S. 92.
[24] G. Simmel, »Der Begriff und die Tragödie der Kultur«, S. 408.
[25] Ebd., 411.

Einsicht in eine im Rahmen der Kultur und Geschichte immer wieder aufbrechende Dialektik von Subjekt und Objekt, die nicht prinzipiell aufzulösen, sondern fortwährend zu bewältigen ist. Eine Einsicht, die ihr volles kritisches Potential eigentlich erst dann entfaltet, wenn man ihre Pointe gleichsam durch alle ›Instanzen‹ laufen lässt: Denn dass sich der Mensch einer Synthese auch in zweiter Instanz *(Mensch in der Kultur)* nicht endgültig versichern kann, wirft ihn auf ebenjene »unendliche Aufgabe« der Auseinandersetzung zurück[26], die sich ihm schon in erster Instanz *(Mensch in der Natur)* offenbart hatte. In diesem Sinne scheint die »unvergleichliche Formung« des Dualismus, von der Simmel spricht, so unvergleichlich nicht zu sein, handelt es sich doch nicht erst im Falle der Verselbständigung des objektiven Geistes vom subjektiven, sondern schon im Falle der Verselbständigung des Geistes von der Natur um einen Prozess der *Selbst*-Entfremdung, so wahr der Mensch als *Geist*wesen eben auch *Natur*wesen ist. Nimmt man diese Voraussetzung ernst, ließe sich entsprechend nicht nur von einer *Tragödie der Kultur*, sondern grundsätzlich von einer *Tragödie der (zweiten) Natur* sprechen, die ihre Pointe darin findet, dass sich der Mensch auch als Kulturwesen der fortwährenden Auseinandersetzung mit der Natur nicht entziehen kann, insofern sein Weltverhältnis auch hier Ausdruck seines Selbstverhältnisses ist und bleibt. Eine Pointe, in der sich nichts anderes als das Grundcharakteristikum geistiger Lebensform überhaupt ausdrückt: Dass sich die Spannung zwischen Distanzierung und Annäherung nicht auflösen lässt, sondern für die menschliche Lebensform gerade konstitutiv ist. *Natur* enthüllt sich somit immer schon als Grenzbegriff im ambivalenten Sinne: als »ein Gegenüber des Menschen […], an dem er teilhat und von dem er sich zugleich abgrenzt.«[27] Es ist die innere »Dialektik des menschlichen Naturverhältnisses«[28], die »fundamentale[] Aporie unseres Weltverhältnisses«[29] oder, in den Worten Gernot Böhmes, die Grundspannung menschlicher Natur-

---

[26] Vgl. H. Koenig, »Kultur als unendliche Aufgabe – Simmel, Cassirer und die Tragödie der Kultur«, in: G. Hartung, H. Koenig, T.-F. Steinbach (Hrsg.), *Der Philosoph Georg Simmel*, Freiburg/ München (2020).

[27] G. Hartung, Th. Kirchhoff, »Welche Natur brauchen wir? Anthropologische Dimensionen des Umgangs mit Natur«, S. 23.

[28] M. Gebauer, U. Gebhard, »Vorwort«, in: dies. (Hrsg.), *Naturerfahrung. Wege zu einer Hermeneutik der Natur*, Zug 2005, S. 7–8, hier, S. 7.

[29] C. Hubig, »›Natur‹ und ›Kultur‹. Von Inbegriffen zu Reflexionsbegriffen«, in: *Zeitschrift für Kulturphilosophie* 5 (1)/2011, S. 97–119, hier S. 97.

erfahrung zwischen »über Natur reden und Natur sein«,[30] die der Mensch im Rahmen begrifflicher Reflexion nicht auflösen kann, da sie gerade Ausdruck seines reflexiven Selbst- und Weltverhältnisses ist. Das ›alte‹ Problem der Sonderstellung des Menschen entfaltet damit – noch einmal – seine ganze Ambivalenz: Die Geschichte der menschlichen Selbstverortung in fortwährender Spannung zwischen *Nähe* und *Distanz* zu dem, was er sich als *Natur* gegenüberstellt, ist und bleibt *seine* Geschichte, die er nicht zu einem Ende bringen, sondern nur im Rahmen fortwährender Bewältigung fortschreiben kann.

Welches Kapitel dieser Geschichte aber schreiben wir heute? Mit Blick auf die Entwicklung naturwissenschaftlicher Forschung zeigt sich, dass sich die Frontstellung des vergangenen Jahrhunderts womöglich noch verschärft hat. Zwar bezeugt die fortschreitende Ausdifferenzierung und Spezialisierung eine intensivierte Auseinandersetzung mit *Natur*, jedoch vollzieht sich diese in einer primär versachlichenden Perspektive, der ein »instrumentell-funktionalistisches Naturverständnis«[31] zugrunde liegt. Ein Verständnis von *Natur* als sinnstiftender Erfahrungsraum tritt hingegen zunehmend in den Hintergrund. Wie Gerald Hartung und Thomas Kirchhoff bemerken, korrespondiert »der quantitativen Zunahme des Interesses an Natur als Forschungsgegenstand […] eine qualitative Entwertung von Natur als Erfahrungsgegenstand.«[32] Die Konsequenz liegt in einer wachsenden Diskrepanz zwischen wissenschaftlichem und lebensweltlichem Zugriff auf Natur: Während *Natur* im Rahmen einzelwissenschaftlicher Forschung gar nicht mehr als ›Ganzes‹ zum Problem wird, sondern sich in eine Vielzahl von Teilproblemen auflöst, die mitunter getrennt voneinander behandelt werden können, bildet die Rede von *der* Natur in ganzheitlich-einheitlicher Perspektive doch nach wie vor einen zentralen Bezugspunkt lebensweltlicher Praxis[33]. Über all die verschiedenen sozio-kulturell geprägten inhaltlichen Bestimmungen ihres Begriffs hinweg, ist und bleibt *Natur* ein »Referenzrahmen kultureller Selbstkonstitution«[34] des Menschen. Dieser

---

[30] G. Böhme, »Naturerfahrung: über Natur reden und Natur sein«, in: M. Gebauer, U. Gebhard (Hrsg.), *Naturerfahrung. Wege zu einer Hermeneutik der Natur*, Zug 2005, S. 9–27, hier S. 9.
[31] G. Hartung, Th. Kirchhoff, »Welche Natur brauchen wir? Anthropologische Dimensionen des Umgangs mit Natur«, S. 16.
[32] Ebd.
[33] Vgl. ebd., S. 17, 12 f.
[34] Ebd., S. 23.

aber steht vor dem Problem, die wissenschaftlichen Einzelperspektiven untereinander sowie zu den lebensweltlichen Erfahrungen seiner selbst – und zwar als wertendes und sinnstiftendes Wesen, als Kulturwesen – adäquat in Beziehung zu setzen. Das gleichsam auf alle Bereiche des Lebens übergreifende wissenschaftliche Ideal uneingeschränkter Funktionalisierung von Natur bezeugt, »dass uns ein Gegenüber als Gesprächspartner abhanden gekommen ist.«[35]

Laut Hartung und Kirchhoff besteht vor diesem Hintergrund kein Zweifel daran, »dass die Frage, welche Natur wir Menschen für unser Überleben als Gattungswesen und für unsere Selbstbestimmung als Individuen *brauchen*, eine anthropologische Grundproblematik des 21. Jahrhunderts freilegt.«[36] Bestätigt wird diese These u. a. dadurch, dass die einschlägigen philosophischen Debatten bis heute nicht an Brisanz verloren haben: Die Verhältnisbestimmung von *Natur* und *Kultur* stellt nach wie vor ein zentrales philosophisches Arbeitsfeld dar, in dessen Rahmen die Positionen gleichsam zwischen Naturalismus und Kulturalismus oszillieren.[37] Bemerkenswerterweise wird dabei auch der Begriff der *zweiten Natur* neu verhandelt und mitunter gar als vielversprechender Kandidat für eine integrative Perspektive in den Blick genommen. Zugleich lauern hier jedoch die ›alten‹ Probleme: So ist eine *zweite* Natur zwar einerseits ohne den Bezug auf die Frage nach ihrem Verhältnis zu einer *ersten* gar nicht zu denken, andererseits aber droht mit der Rede von der *zweiten Natur* (wieder) genau jene Frontstellung reproduziert zu werden, die damit eigentlich überwunden werden sollte. So hat auch McDowells berühmter Versuch, mit dem Programm eines »Naturalismus der zweiten Natur« einen Naturalismus zu vertreten, ohne (im szientistischen Sinne) Naturalist zu sein, und damit »Vernunft und Natur zu versöhnen«[38], von verschiedenen Seiten den Vorwurf geerntet, nicht verständlich machen zu können, wie sich *erste* und *zweite* Natur (des Menschen) zueinander verhalten, das Problem also letztlich bloß zu verschieben.[39] Dass die dezidierte Rückbesinnung auf Kultur als

---

[35] Ebd., S. 18.
[36] Ebd., S. 11.
[37] Vgl. die Diskussion in *Zeitschrift für Kulturphilosophie* 5 (1 und 2)/2011, Naturalisierung / Kulturalisierung.
[38] J. McDowell, *Geist und Welt (Mind and World)*, aus dem Englischen von T. Blume, H. Bräuer und G. Klass, Frankfurt/M. (1994) 2001, S. 111.
[39] Vgl. exemplarisch J. Kertscher, »Die Unterscheidung zwischen Tatsachen und Werten im Lichte eines undogmatischen Naturalismus«, in: *Ethik und Gesellschaft* (1)/

zweite Natur tatsächlich in der Lage ist, *jenseits* festgefahrener Dualismen einen Blick auf das menschliche Welt- und Selbstverhältnis zu ermöglichen, wird vor diesem Hintergrund nicht selten in Zweifel gezogen. Ein Zweifel, der mitunter sogar in dem drastischen Vorschlag mündet, in diesem Zusammenhang vielleicht doch besser gleich ganz auf den Begriff *Natur* zu verzichten.[40] Die Frage ist jedoch, wie viel damit gewonnen wäre? Denn einem Problem seinen Namen zu entziehen, bedeutet noch nicht, es zu lösen. Im vollen Bewusstsein der in der *Tragödie der (zweiten) Natur* ausgedrückten Spannung menschlicher Lebensform lässt sich vielmehr der These beipflichten, dass »die Rede von ›zweiter Natur‹ nicht als *Lösung*, sondern als reflexive *Artikulation* dieser Spannung verstanden werden [sollte], die unsere *moderne* Lebensform und ihre methodisch unhintergehbare Binnenperspektive vernünftigerweise definiert.«[41] Gesucht ist demnach ein philosophischer Ansatz, der diese Artikulation leisten kann und Perspektiven nicht der theoretischen Problem*lösung*, sondern vielmehr der praktischen Problem*bewältigung* aufzeigt.

Hierzu möchte ich abschließend John Dewey ins Spiel bringen, in dessen pragmatistischer Philosophie der Begriff *zweite Natur* zwar nicht systematisch verwendet wird, die sich aber der Sache nach genau jener in ihm ausgedrückten Spannung annimmt. Die philosophische Basis bildet Deweys Programm eines »empirische[n] Naturalismus oder naturalistische[n] Empirismus«[42], das sich ausdrücklich gegen jedwede dualistische Philosophie richtet, die auf der »Vorstellung der Trennung des Menschen und der Erfahrung von der Natur«[43] aufbaut. Eine Vorstellung, die (spätestens) angesichts neuerer biologischer Erkenntnisse nicht mehr tragfähig sei. Als Paradigma für das harmonische Zusammenspiel von Natur und Erfahrung verweist Dewey auf die Naturwissenschaften, die »Erfahrung als Ausgangs-

---

2015, Pragmatismus und Sozialethik, DOI: http://dx.doi.org/10.18156/eug-1-2015-art-3 (Zugriff am 18.02.2020), S. 12, 15.

[40] Vgl. ebd., S. 22.
[41] J. Kertscher, J. Müller, »Einleitung«, in: dies. (Hrsg.), *Praxis und ›zweite Natur‹. Begründungsfiguren normativer Wirklichkeit in der Diskussion*, Münster 2017, S. 11. Jan Müller konkretisiert diese Spannung in seinem Beitrag im genannten Sammelband im Lichte der Normativität menschlichen Denkens und Handelns; vgl J. Müller, »›Zweite Natur‹ und ›moderne Lebensform‹«, in: ebd., S. 151–164, hier S. 154.
[42] J. Dewey, *Erfahrung und Natur (Experience and Nature)*, übers. von M. Suhr, Frankfurt/M. (1. Aufl. 1925, 2. Aufl. 1929)1995.
[43] Ebd., S. 15.

punkt und als Methode, mit der Natur umzugehen, sowie als Ziel behandeln, in dem Natur als das, was sie ist, enthüllt wird.«[44] Damit erweise sich, dass, »wenn denn wissenschaftliche Forschung gerechtfertigt ist«, Erfahrung kein der Natur äußerlicher und sie verzerrender Schleier ist, sondern »daß sie in sie eindringt, in ihre Tiefen reicht«, dass es »Erfahrung sowohl *von* der Natur wie *in* der Natur gibt.«[45] An die Stelle der Idee einer Kluft zwischen *Natur* und *menschlicher Erfahrung*, tritt somit die Idee ihrer *Kontinuität*. Entscheidend aber ist, dass dies laut Dewey nicht bedeuten kann, die Eigenschaften, die für gewöhnlich dem einen zugeschrieben werden, in die des anderen aufzulösen. »Erfahrung naturalistisch anzusehen«, heiße gerade nicht,

»sie auf etwas Materialistisches zu reduzieren, sie aller idealen Bedeutsamkeit zu berauben. Wenn die Erfahrung wirklich ästhetische und moralische Eigenschaften aufweist, dann darf man annehmen, daß diese Eigenschaften tief in die Natur hineinreichen und etwas bezeugen, das ebenso wahrhaft zur Natur gehört wie die mechanische Struktur, die ihr in der Physik beigelegt wird.«[46]

Um die Idee grundlegender *Kontinuität* zwischen Natur und Erfahrung konsequent zu denken, darf demnach das, was wir als das spezifisch Menschliche ansehen, nicht aus der Natur ausgeklammert werden; vielmehr müssen umgekehrt dessen Qualitäten als natürlich begriffen werden. Diese These entwickelt Dewey im Zuge der Behandlung des klassischen Körper-Geist-Problems. Laut Dewey haben verschiedenste Theorien Lösungen angeboten, haben dabei jedoch das Problem selbst genährt, anstatt es als ›künstlich‹ zu entlarven[47]. Ursache dafür seien mehr oder weniger unbewusst vorausgesetzte metaphysische Annahmen, allen voran, »daß den natürlichen Ereignissen Qualität ganz allgemein abgesprochen wird«[48], Qualität also als etwas rein Subjektives, was allein im Bewusstsein sei, aufgefasst wird. Dem hält Dewey entgegen, dass »[d]ie Welt, in der wir unmittelbar leben, [... von Grund auf] eine qualitative Welt«[49] ist. Qualitäten bil-

---

[44] Ebd., S. 19.
[45] Ebd., S. 16, 18.
[46] Ebd., S. 19.
[47] Vgl. ebd., S. 240–244.
[48] Ebd., S. 244.
[49] J. Dewey, »Qualitatives Denken« (»Qualitative Thought« 1930), in: ders., *Philosophie und Zivilisation*, hrsg. und übers. von M. Suhr, Frankfurt/M. 2003, S. 94–116, hier S. 94.

den für ihn gerade die kontinuitätserhaltende Perspektive über alle Ereignisse innerhalb der Natur hinweg, die nichtsdestotrotz eine innere Differenzierung nicht nur zulässt, sondern vielmehr sogar fordert, um menschliche Erfahrung in ihrer spezifischen Bedeutung zu verstehen. So bedeute *Kontinuität* zwar, dass es »kein isoliertes Ereignis in der Natur gibt«[50], jedoch können bzw. müssen laut Dewey drei »Ebenen anwachsender Komplexität und Intimität der Interaktion zwischen natürlichen Ereignissen«[51] unterschieden werden: Erstens die physische Ebene, zweitens das organische Leben, und drittens der (menschliche) Geist. Dewey selbst versteht diesen interaktionistischen Theorieansatz als genuinen Beitrag zu einer »›Emergenztheorie‹ des Geistes«[52], insofern die Ebenen keine getrennten Seinsbereiche, sondern Eigenschaften von Interaktionsfeldern beschreiben, die durch neuartige Verbindung entstehen. So unterscheiden sich die lebende Pflanze und das unbelebte Eisenmolekül laut Dewey »nicht darin, daß die erstere etwas Zusätzliches zur physikalisch-chemischen Energie besitzt; [... sondern] in der *Art und Weise*, wie physikalisch-chemische Energien miteinander verknüpft sind und wirken«, nämlich im wörtlichen Sinne des Organisiert-Seins lebendiger Körper auf »den komplexen Gesamtverlauf oder ihre Gesamtgeschichte«[53]. Kommt mit orts- und empfindungsfähigen Lebewesen zunächst die Manifestation von Qualitäten als »Gefühle« hinzu, versteht Dewey schließlich unter »Geist eine zusätzliche Eigenschaft, die ein fühlendes Geschöpf erwirbt, wenn es jene organisierte Interaktion mit anderen lebenden Kreaturen erreicht, die Sprache, Kommunikation ist«[54], und darin seine Gefühle nicht nur *hat*, sondern auch *weiß*, dass es sie hat. Qualitäten des Fühlens werden bedeutsam, indem sie als »Zeichen für objektive Unterschiede in äußeren Dingen und für vergangene und zukünftige Episoden«[55] verwendet werden. Bedeutungen sind entsprechend »Bedeutungen *von*«[56], und zwar »*von* Situationen«[57], in denen Organismen auf solche Art und Weise mit Umweltbedingungen interagieren, dass sich Qualitäten durch ihre

---

[50] J. Dewey, *Erfahrung und Natur*, S. 260.
[51] Ebd., S. 252.
[52] Ebd., S. 260.
[53] Ebd., S. 245.
[54] Ebd., S. 249.
[55] Ebd.
[56] Ebd., S. 275.
[57] Ebd., S. 251, Hvh. HK.

Verwendung als Zeichen für Konsequenzen in Sinnzusammenhängen manifestieren. Entscheidend ist:

»Diese ›Objektivierung‹ ist weder eine wundersame Projektion aus dem Organismus oder der Seele heraus auf äußere Dinge noch eine illusorische Zuschreibung psychischer Entitäten an physische Dinge. Die Qualitäten waren niemals in dem Organismus; sie waren immer Qualitäten von Interaktionen, an denen sowohl außerorganische Dinge wie Organismen teilnehmen.«[58]

In dieser Einsicht liegt für Dewey schließlich auch die Lösung des Körper-Geist-Problems, genauer: seine ›Auflösung‹, insofern sich dessen Betrachtung als spekulatives Problem als künstlich enthüllt:

»In dem Bindestrich-Ausdruck Körper-Geist bezeichnet ›Körper‹ das fortgesetzte, konservierte, das registrierte und allmählich anwachsende Wirken der Faktoren, die mit dem Rest der Natur, der unbelebten wie der belebten, kontinuierlich verbunden sind; während ›Geist‹ die charakteristischen Eigenschaften und Konsequenzen bezeichnet, die Merkmale anzeigen, die erst dann erscheinen, wenn der ›Körper‹ in eine weitere und komplexere Situation von größerer wechselseitiger Abhängigkeit verwickelt wird.«[59]

Das ist gemeint, wenn Körper-Geist als »einheitliche Wirkungsganzheit«, als »Einheit in Aktion«[60], bezeichnet wird. Laut Dewey können wir dann »immer noch einige Funktionen [des Handelns] als primär physisch und andere als primär geistig ansehen«[61], jedoch müssen wir diese Unterschiede als Unterschiede *in praktischer Hinsicht* begreifen, anstatt sie jenseits des Handlungsvollzugs zu entgegengesetzten Prinzipien zu hypostasieren:

»Wir müssen zwischen einer Handlung, die reine Routine ist, und einer Handlung, die voller Leben steckt, weil sie zielstrebig und lustvoll ist, unterscheiden; zwischen der, die kalt und, wie wir bezeichnenderweise sagen, unmenschlich ist, und der, die warm und voller Mitgefühl ist; zwischen der, die einen Rückzug aus den Bedingungen der Gegenwart und ein Zurückschreiten darstellt, um Bedingungen der Vergangenheit zu konservieren, und der die sich den Realitäten stellt; zwischen der, die sich erweitert und entwickelt, weil sie das Neue und sich Wandelnde einschließt, und der, die

---

[58] Ebd., S. 249.
[59] Ebd., S. 272.
[60] J. Dewey, »Körper und Geist« (»Body and Mind«), in: ders., *Philosophie und Zivilisation*, hrsg. und übers. von M. Suhr, Frankfurt/M. (1928) 2003, S. 292–309, hier S. 295.
[61] Ebd.

nur auf das Gleichförmige und sich Wiederholende Anwendung findet [...]. Solange wir solche Unterscheidungen nicht treffen können, und zwar in einer Vielzahl von Schattierungen und Graden, werden wir nicht fähig sein, das Verhalten der Menschen zu verstehen, und deshalb auch nicht imstande sein, ihnen dabei zu helfen, ihr Leben zu führen.«[62]

Die »Frage der Integration von Geist-Körper« ist für Dewey also zwar künstlich in spekulativer Hinsicht, jedoch ist sie »die praktischste aller Fragen unserer Zivilisation, die wir stellen können.«[63] Und zwar im Sinne der Forderung, weder in rein mechanischen Handlungsroutinen und unreflektierten Verhaltensmustern zu verharren und damit einen, wie Dewey sagt, »seelen- und herzlosen Materialismus« zu leben, noch einen von aller Körperlichkeit und Bedingungen des Handelns losgelösten »unnatürlichen Idealismus.«[64] Die Aufgabe der Lebensführung liege gerade in der Verwirklichung »vernünftige[r] Praktiken und eine[r] in der Praxis verkörperten Vernunft«[65] im Sinne eines *Meisters* der »Wechselwirkungen zwischen Mensch und Natur.«[66]

Eine starre Gegenüberstellung von *erster* und *zweiter* Natur des Menschen im Sinne einer antithetischen Natur-Kultur-Dichotomie wird mit Dewey also insofern unterlaufen, als dass ihre Integration als eine stete Forderung an die menschliche Lebenspraxis selbst, genauer: als dynamischer Bildungsprozess, reformuliert wird. So lässt sich der Mensch laut Dewey weder mit isoliertem Blick auf seine Kultur *fest*stellen, noch »in eine geschlossene Reihe von ursprünglichen Instinkten«[67] auflösen, aus der seine Kultur schon ableitbar wäre. Kulturell erworbene Handlungsformen bzw. Gewohnheiten *[habits]* sind zwar in zeitlicher Hinsicht *sekundär* gegenüber angeborenen Trieben *[impulses]*, erweisen sich aber zugleich insofern als *primär*, als dass sie diesen im Rahmen organisierter Tätigkeit erst »Sinn« verleihen, sie dadurch formen und sich so gleichsam in den Körper einschreiben.[68] Dewey spricht deshalb von einer »ursprüng-

---

[62] Ebd., S. 298.
[63] Ebd., S. 297.
[64] Ebd., S. 298.
[65] Ebd., S. 292.
[66] J. Dewey, *Die menschliche Natur: Ihr Wesen und ihr Verhalten (Human Nature and Conduct)*, hrsg. von R. Horlacher und J. Oelkers, Zürich (1922) 2004, S. 14.
[67] Ebd., S. 98.
[68] Vgl. ebd., S. 70 f.

liche[n] Bildsamkeit«[69] *[original plasticity]* des Triebes als »Möglichkeit, die menschliche Natur zu ändern«[70], sie angesichts der sich stetig wandelnden, natürlichen und sozialen, Umweltbedingungen immerfort umzugestalten. Vor diesem Hintergrund begreift Dewey *Erziehung* bekanntlich als »constant reorganizing or reconstructing of experience«[71] auf Basis der Schulung einer reflektierten Haltung gegenüber Natur und Mitmenschen.[72] Eine Neuorganisation und Rekonstruktion von Erfahrung, die kein ›Jenseits‹ der Natur bildet, sondern tief in ihr schöpferisches Potential hineinweist, wie Dewey am Beispiel der Kunst offenlegt:

> In der schöpferischen Produktion ist die äußere und physische Welt mehr als bloßes Mittel oder externe Bedingung von Wahrnehmungen, Ideen und Emotionen; sie ist Stoff und Nahrung bewußter Tätigkeit und bringt damit die Tatsache zum Ausdruck, die auch, wer nur flüchtig hinschaut, verstehen kann, daß das Bewußtsein nicht ein getrennter Seinsbereich, sondern die offenbare Qualität des Daseins ist, wenn die Natur am freiesten und aktivsten ist.[73]

Mit Blick auf die Frage nach einem angemessenen Verständnis von *Natur* im 21. Jahrhundert lässt sich abschließend festhalten: »Sie bleibt ein Problem« (Hegel), solange wir uns selbst problematisch bleiben. Und das sind wir uns auch noch im 21. Jahrhundert und werden es wohl bleiben – gemäß unserem Selbstverständnis als offene Lebensform sinnhafter Welt- und Selbstbezüge.

Literatur

Theodor W. Adorno, Max Horkheimer, *Dialektik der Aufklärung. Philosophische Fragmente*, in: Theodor W. Adorno, *Gesammelte Schriften*, Bd. 3, Frankfurt/M. (1944) 1981.

Theodor W. Adorno, »Erziehung nach Auschwitz«, in: ders., *Erziehung zur Mündigkeit, Vorträge und Gespräche mit Hellmuth Becker 1959–1969*, hrsg. von G. Kadelbach, Frankfurt/M. (1966) 1970, S. 92–109.

---

[69] Ebd., S. 75.
[70] Ebd., S. 81.
[71] J. Dewey, *Democracy and Education*, in: ders., *Collected Works. The Middle Works, 1899–1924*, vol. 9, ed. by J. A. Boydston, Carbondale (1916) 2008, S. 82.
[72] Vgl. ebd., S. 338.
[73] J. Dewey, *Erfahrung und Natur*, S. 368.

Kurt Bayertz, Myriam Gerhard, Walter Jaeschke, »Einleitung«, in: dies. (Hrsg.), *Der Darwinismus-Streit*, Hamburg 2012, S. VII–XXX.

Hans Blumenberg, *Die Sorge geht über den Fluß*, Frankfurt/M. 1987.

Hans Blumenberg, *Beschreibung des Menschen. Aus dem Nachlaß*, hrsg. von M. Sommer, Frankfurt/M. 2014.

Gernot Böhme, »Naturerfahrung: über Natur reden und Natur sein«, in: M. Gebauer, U. Gebhard (Hrsg.), *Naturerfahrung. Wege zu einer Hermeneutik der Natur*, Zug 2005, S. 9–27.

Ernst Cassirer, *Versuch über den Menschen (An Essay on Man)*, übers. von R. Kaiser, Hamburg (1944) 2007.

John Dewey, *Democracy and Education*, in: ders., *Collected Works. The Middle Works, 1899–1924*, vol. 9, ed. by J. A. Boydston, Carbondale (1916) 2008.

John Dewey, *Erfahrung und Natur (Experience and Nature)*, übers. von M. Suhr, Frankfurt/M. (1. Aufl 1925, 2. Aufl. 1929) 1995.

John Dewey, »Körper und Geist« (»Body and Mind«), in: ders., *Philosophie und Zivilisation*, hrsg. und übers. von M. Suhr, Frankfurt/M. (1928) 2003, S. 292–309.

John Dewey, »Qualitatives Denken« (»Qualitative Thought«), in: ders., *Philosophie und Zivilisation*, hrsg. und übers. von M. Suhr, Frankfurt/M. (1930) 2003, S. 94–116.

John Dewey, *Die menschliche Natur: Ihr Wesen und ihr Verhalten (Human Nature and Conduct)*, hrsg. von R. Horlacher und J. Oelkers, Zürich (1922) 2004.

Sigmund Freud, »Eine Schwierigkeit der Psychoanalyse«, in: *Imago. Zeitschrift für Anwendung der Psychologie auf die Geisteswissenschaften* 5 (1)/1917, S. 1–7.

Michael Gebauer, Ulrich Gebhard, »Vorwort«, in: dies. (Hrsg.), *Naturerfahrung. Wege zu einer Hermeneutik der Natur*, Zug 2005, S. 7–8.

Arnold Gehlen, »Das Bild des Menschen im Lichte der modernen Anthropologie« (1952), in: ders., *Anthropologische Forschung*, Reinbek bei Hamburg 1965, S. 55–68.

Gerald Hartung, Thomas Kirchhoff, »Welche Natur brauchen wir? Anthropologische Dimensionen des Umgangs mit der Natur«, in: dies. (Hrsg.), *Welche Natur brauchen wir? Analyse einer anthropologischen Grundproblematik des 21. Jahrhunderts*, Freiburg/ München 2014, S. 11–32.

Christoph Hubig, »›Natur‹ und ›Kultur‹. Von Inbegriffen zu Reflexionsbegriffen«, in: *Zeitschrift für Kulturphilosophie* 5 (1)/2011, S. 97–119.

Jens Kertscher, »Die Unterscheidung zwischen Tatsachen und Werten im Lichte eines undogmatischen Naturalismus«, in: *Ethik und Gesellschaft* (1) / 2015: Pragmatismus und Sozialethik, DOI: http://dx.doi.org/10.18156/eug-1-2015-art-3.

Jens Kertscher, Jan Müller, »Einleitung«, in: dies. (Hrsg.), *Praxis und ›zweite Natur‹. Begründungsfiguren normativer Wirklichkeit in der Diskussion*, Münster 2017.

Heike Koenig, »Kultur als unendliche Aufgabe – Simmel, Cassirer und die Tragödie der Kultur«, in: G. Hartung, H. Koenig, T.-F. Steinbach (Hrsg.), *Der Philosoph Georg Simmel*, Freiburg/ München 2020, S. 259–294.

John McDowell, *Geist und Welt (Mind and World)*, aus dem Englischen von T. Blume, H. Bräuer und G. Klass, Frankfurt/M. (1994) 2001.

Jan Müller, »›Zweite Natur‹ und ›moderne Lebensform‹«, in: J. Kertscher / J. Müller (Hrsg.), *Praxis und ›zweite Natur‹. Begründungsfiguren normativer Wirklichkeit in der Diskussion*, Münster 2017, S. 151–164.

Georg Simmel, »Der Begriff und die Tragödie der Kultur«, in: ders., *Philosophische Kultur. Gesammelte Essais*, in: ders., *Gesamtausgabe*, Bd. 14, hrsg. von R. Kramme, O. Rammstedt. Frankfurt/M. (1911) 1996, S. 385–416.

Angaben zu den Autorinnen, Autoren und Herausgebern

Dr. Markus Bohlmann ist Studienrat im Hochschuldienst am philosophischen Seminar der Westfälischen Wilhelms-Universität in Münster. Zu seinen Forschungs- und Arbeitsschwerpunkten zählen die Didaktik der Philosophie, die empirische Bildungsforschung zu Schüler- und Schülerinnenvorstellungen, die Wissenschaftstheorie und der Deutsche Idealismus. Aktuelle Publikationen sind u. a. (a) *Der experimentelle Ansatz*, in: M. Peters und J. Peters (Hrsg.), Moderne Philosophiedidaktik – Basistexte, Hamburg 2019, S. 245–260; (b) *Wissenschaft im Modus 3 und die Semantic View auf Theorien in den neuen Feldern der Erziehungswissenschaft*, in: W. Meseth, J. Dinkelaker, S. Neumann, K. Rabenstein, O. Dörner, M. Hummrich, B. Kunze (Hrsg.), Empirie des Pädagogischen und Empirie der Erziehungswissenschaft, Bad Heilbrunn 2016, S. 177–184.

Dr. Jens Birkmeyer ist Oberstudienrat im Hochschuldienst am Germanistischen Institut der Westfälischen Wilhelms-Universität Münster. Seine Arbeits- und Forschungsschwerpunkte sind u. a. die Literatur des 20. Jahrhunderts (bes. W. Benjamin, F. Kafka, P. Weiss, R. Ausländer, E. Hilsenrath, A. Kluge), Literatur über den Holocaust, Bildungstheorie und Literaturdidaktik, ethische und ästhetische Diskurse des Deutschunterrichts, Kritischer Literaturunterricht sowie Metaphorik und Fragehaltung in Literaturgesprächen. Aktuelle Publikationen sind u. a. (a) *Im Bildraum des Kindes. Perzeption und Latenz bei Walter Benjamin*, in: A. Pompe, (Hrsg.), Bild und Latenz. Impulse für eine Didaktik der Bildlatenz, Paderborn 2019. S. 185–199; (b) *Im Auge des Anderen. Impulse aus Alexander Kluges Interviewpraxis für einen dialogischen Literaturunterricht*, in: C. Führer, J. Heins (Hrsg.), Autorschaft im Unterricht. Literaturdidaktische Facetten am Beispiel von Interviews, Baltmannsweiler 2018, S. 131–146.

Dr. Arne Dittmer ist Professor für Didaktik der Biologie an der Universität Regensburg. Seine Arbeits- und Forschungsschwerpunkte sind die Lehrerprofessionalisierung im Bereich der Dynamik des didaktischen Handelns, die fachintegrierte Förderung ethischer Bewertungskompetenz, das fachliche Verständnis und die Bedeutung der Biologie und der sprachsensible Biologieunterricht. Aktuelle Publikationen sind u. a. (a) gemeinsam mit U. Gebhard, *Biologie – Nachdenken über Welt- und Menschenbilder*, in: M. Harant, U. Küchler, P. Thomas (Hrsg.), Theorien! Horizonte für die Lehrerbildung. Tübingen 2020 (im Erscheinen); (b) gemeinsam mit J. Zabel, *Das Wesen der Biologie verstehen: Impulse für den wissenschaftspropädeutischen Biologieunterricht*, in J. Groß, M. Hammann, P. Schmiemann, J. Zabel (Hrsg.), Biologiedidaktische Forschung: Erträge für die Praxis, Berlin 2019, S. 93–110.

Dr. Klaus Draken, Studiendirektor, ist Lehrer für die Fächer Philosophie, Musik und Sozialwissenschaften am Gymnasium Bayreuther Straße in Wuppertal und Fachleiter am Zentrum für schulpraktische Lehrerbildung (ZfsL) Solingen/Wuppertal für Philosophie/Praktische Philosophie. Seine Arbeits- und Forschungsschwerpunkte in der Philosophiedidaktik liegen in den Bereichen des neosokratischen Gesprächs, der Methodik des Philosophieunterrichts und dem Verfassen von Schulbüchern. Aktuelle Publikationen sind u. a. (a) *Das Böse lauert überall Verschwörungstheorien und ihre unterrichtliche Behandlung*, in: K. Golus, M. Tiedemann (Hrsg.), Zum Bösen, Dresden 2020, S. 49–82; (b) gemeinsam mit J. Peters (Hrsg.) *Erkenntnistheorie konkret. Philosophieren mit Filmen und Texten*, Stuttgart 2020.

Dr. Uta Eser forscht und publiziert an der Schnittstelle von Wissenschaft, Ethik und Politik. Als Inhaberin eines Büros für Umweltethik unterstützt sie die Kommunikation über Werte und Normen im Naturschutz und in der transformativen Nachhaltigkeitsforschung. Aktuelle Publikationen sind u. a. (a) *Zwiesprache mit der Natur: Eudämonistische Naturschutzmotive und technische Naturzugänge*, in: Ch. Schell, M. Engelhard, H.-W. Frohn, L. Berger (Hrsg.), Neue Gentechniken und Naturschutz – eine Verhältnisbestimmung, Bundesamt für Naturschutz-Skripten 546, Bonn 2020, S. 89–94; (b) gemeinsam mit C. Bieling, T. Plieninger, *Towards a better understanding of values in sustainability transformations: ethical perspectives on landscape stewardship*, in: Ecosystems and People 16 (1), S. 188–196.

Dr. Klaus Feldmann ist akademischer Studienrat am Philosophischen Seminar der Bergischen Universität Wuppertal. Seine Arbeits- und Forschungsschwerpunkte liegen in den Bereichen Didaktik der Philosophie und Ethik, Bildungsphilosophie, Philosophieren mit Kindern und klassischer Pragmatismus (bes. Peirce, James und Dewey). Aktuelle Publikationen sind u.a. (a) *Philosophie als Fach und die universitäre Aus-Bildung ihrer Lehrenden,* in: R. Torkler (Hrsg.), Fachlichkeit und Fachdidaktik. Beiträge zur Lehrerausbildung im Fach Ethik/ Philosophie, Berlin 2020, S. 11–26; (b) *Peirces pragmatistischer Handlungsbegriff als Grundlage eines philosophiedidaktischen Konzepts des handelnden Lernens,* in: Ch. Thein (Hrsg.), Philosophische Bildung und Didaktik. Dimensionen, Vermittlungen, Perspektiven, Wiesbaden 2020, S. 199–133.

Dr. Ulrich Gebhard ist Professor für die Didaktik der Naturwissenschaften an der Fakultät für Erziehungswissenschaften der Universität Hamburg (im Ruhestand). Seine Arbeits- und Forschungsschwerpunkte liegen in den Bereichen der Bedeutung von Natur für die psychische Entwicklung von Kindern, des Zusammenhangs von Natur und Gesundheit, der Deutungsmuster von Kindern gegenüber Natur, der Sinne und der Erfahrung in schulischen Lernprozessen und der Bildungs- und Evaluationsforschung. Aktuelle Publikationen sind u.a. (a) gemeinsam mit A. Combe, *Erfahrung und Krise,* in: I. Bähr, U. Gebhard, C. Krieger, B. Lübke, M. Pfeiffer, T. Regenbrecht, A. Sabisch, W. Sting (Hrsg.), Irritation als Chance. Bildung fachdidaktisch denken, Wiesbaden 2018, S. 133–158; (b) gemeinsam mit K. Michalik, *Ist Ethik lehrbar?,* in: T. Pyhel, A. Bittner, A.-K. Klauer, V. Bischoff (Hrsg.), Umweltethik für Kinder – Impulse für die Nachhaltigkeitsbildung, München 2018, S. 79–92.

Dr. Armin Grunwald ist Professor für Technikphilosophie und Technikethik am Karlsruher Institut für Technologie (KIT), Leiter des Instituts für Technikfolgenabschätzung und Systemanalyse (ITAS) in Karlsruhe und Leiter des Büros für Technikfolgen-Abschätzung beim Deutschen Bundestag (TAB). Zu seinen Arbeitsschwerpunkten zählen die Theorie der Technikfolgenabschätzung, die Ethik der Technik, Digitale Transformation und Konzeptionen der Nachhaltigkeit. Aktuelle Publikationen sind u.a. (a) *Versteckte Normativität in der Technikfolgenabschätzung? Ein Essay »nach innen«,* in: L. Nierling, H. Torgersen (Hrsg.), Die neutrale Normativität der Technikfolgenabschätzung. Konzeptionelle Auseinandersetzung und praktischer Umgang, Baden-Baden 2020, S. 21–38; (b) *Technology Assessment in Practice and Theory*, Abingdon 2019.

Dr. Gerald Hartung ist Professor für Philosophie mit den Schwerpunkten Kulturphilosophie und Ästhetik an der Bergischen Universität Wuppertal. Seine Forschungsschwerpunkte liegen in den Bereichen der Kulturphilosophie, der Philosophischen Anthropologie, der Philosophiegeschichte des 19. und 20. Jahrhunderts, der Theorie der Philosophiegeschichtsschreibung sowie der Editionswissenschaft. Aktuelle Publikationen sind u. a. (a) (Hrsg.), *Grundriss der Geschichte der Philosophie, Die Philosophie des 19. Jahrhunderts 1/1, Philosophie im deutschsprachigen Raum 1800–1830*, Basel 2020; (b) gemeinsam mit J. Bohr (Hrsg.), *Forschungsgrundlagen Wilhelm Windelband*, Hamburg 2020.

Nils Höppner, M.Ed. ist Wissenschaftlicher Mitarbeiter im Bereich der Philosophiedidaktik und Bildungsphilosophie am Lehrstuhl von Prof. Dr. Christian Thein an der Westfälischen Wilhelms-Universität Münster. Seine Arbeits- und Forschungsschwerpunkte sind die Didaktik der Philosophie, die (analytische) Bildungsphilosophie, Platons und Hegels Bildungskonzepte, und der Pragmatismus. Aktuelle Publikationen sind u. a. (a) *Alle Didaktiker lügen? Zur Geschichtlichkeit und Geltung philosophiedidaktischer Reflexion*, in: R. Torkler (Hrsg.), Fachlichkeit und Fachdidaktik. Beiträge zur Lehrerausbildung im Fach Ethik/Philosophie, Berlin 2020, S. 121–139; (b) gemeinsam mit C. Thein, P. Richter (Hrsg.), *Philosophie in der Grundschule. Konzepte für Unterricht, Lehre und Forschung*, Leverkusen 2020 (im Erscheinen).

Heike Koenig M.Ed. ist wissenschaftliche Mitarbeiterin bei Prof. Dr. Gerald Hartung im Arbeitsbereich Kulturphilosophie und Ästhetik der Bergischen-Universität Wuppertal. Ihre Forschungs- und Arbeitsschwerpunkte liegen in den Bereichen der Kulturphilosophie, der philosophischen Anthropologie, klassischer Pragmatismus (John Dewey) und der Bildungsphilosophie. Aktuelle Publikationen sind u. a. (a) *Symbolische Formen als ›Zwischenreich‹: Zum Verhältnis von Mensch und Umwelt bei Ernst Cassirer*, in: O. Agard, G. Hartung, H. Koenig (Hrsg.), Die Lebensphilosophie zwischen Frankreich und Deutschland. Studien zur Geschichte und Aktualität der Lebensphilosophie, Baden-Baden 2018, S. 245–266; (b) *Kultur als unendliche Aufgabe: Simmel, Cassirer und die Tragödie der Kultur*, in: G. Hartung, H. Koenig, T. Steinbach (Hrsg.), Der Philosoph Georg Simmel, Freiburg/München 2020, S. 259–294.

Dr. Gregor Schiemann ist Professor für Theorie und Geschichte der Wissenschaften am Philosophischen Seminar der Bergischen Universität Wuppertal (im Ruhestand). Seine Arbeits- und Forschungsschwerpunkte sind u. a. die Wissenschaftsphilosophie, der Begriff der Moderne, die Pluralität des Naturbegriffes und seiner Verwendungskontexte sowie das Verhältnis von Wissenschaft und Lebenswelt. Aktuelle Publikationen sind u. a. (a) *Levels of the world. Limits and extensions of Nicolai Hartmann's and Werner Heisenberg's conceptions of levels*, in: HORIZON. Russian Studies in Phenomenology (1) 2019, S. 103–122; (b) *Old and New Mechanistic Ontologies*, in: B. Falkenburg, G. Schiemann (Hrsg.), Mechanistic Explanations in Physics and Beyond (European Studies in Philosophy of Science), Dordrecht 2019, S. 33–46.

Dr. Magnus Schlette ist Privatdozent am Philosophischen Seminar der Universität Heidelberg und Leiter des Arbeitsbereichs »Theologie und Naturwissenschaften« an der Forschungsstätte der Evangelischen Studiengemeinschaft (FEST) in Heidelberg. Zu seinen historischen Arbeitsschwerpunkten zählen u. a. die Philosophie des 18. bis 20. Jh. (v. a. Kant und Hegel), die Lebens- und Existenzphilosophie (v. a. Kierkegaard, Dilthey, Simmel), der Pragmatismus (v. a. Dewey, Mead und der Neopragmatismus), sowie die Philosophische Anthropologie und die Philosophische Hermeneutik. Seine systematischen Forschungsschwerpunkte sind u. a. die Philosophie der Freiheit, die Philosophie der Verkörperung und die Theorie der Geisteswissenschaften. Aktuelle Publikationen sind u. a. (a) *The Inward Sublime. Kant's Aesthetics and the Protestant Tradition*, in: M. Fuchs, A. Linkenbach, M. Mulsow e. a. (Hrsg), Religious Individualiziation. Historical Dimensions and Comparative Perspectives, Berlin 2019, S. 99–139; (b) (Hrsg.), *Ist Selbstverwirklichung institutionalisierbar? Axel Honneths Freiheitstheorie in der Diskussion*, Frankfurt am Main 2018.

Dr. Reinhard Schulz ist Professor am Philosophischen Seminar der Carl von Ossietzky Universität in Oldenburg (im Ruhestand). Seine

Arbeits- und Forschungsschwerpunkte liegen in den Bereichen der Hermeneutik, der Naturphilosophie, der Subjektivierungs- und Bildungsforschung sowie der Fach- und Hochschuldidaktik. Aktuelle Publikationen sind u.a. (a) *Zur Phänomenologie des Sehens*, in: S. Gottuck, I. Grünheid, P. Mecheril, J. Wolter (Hrsg.), Sehen lernen und verlernen: Perspektiven pädagogischer Professionalisierung, Wiesbaden 2019, S. 25–43; (b) *Bildungstheorie und Kompetenzentwicklung*, in: N. Jung, H. Molitor, A. Schilling (Hrsg.), Was Menschen bildet. Bildungskritische Orientierungen für gutes Leben, Opladen u.a., S. 39–52.

Dr. Christian Thein ist Professor für Philosophie mit den Schwerpunkten Fachdidaktik sowie Sozial- und Bildungsphilosophie am Philosophischen Seminar der Westfälischen Wilhelms-Universität Münster. Seine Forschungsschwerpunkte liegen in der Fachdidaktik Philosophie, Bildungsphilosophie und Sozialphilosophie, der Kritischen Theorie, der Philosophie der Neuzeit und Moderne (insb. Klassische Deutsche Philosophie und Rezeptionsgeschichte) sowie der Demokratietheorie und Demokratiebildung. Aktuelle Publikationen sind u.a. (a) *Verstehen und Urteilen im Philosophieunterricht*, 2. vollständig überarbeitete und erweiterte Neuauflage, Opladen u.a. (im Erscheinen); (b) »*Beschleunigte Bildung? – Aufriss zu einer kritischen Philosophie der Didaktik in der digitalen Gesellschaft.*« In: SEMINAR – Zeitschrift des Bundesarbeitskreises der Fach- und Seminarleiter 2020, Nr. 3, S. 1–15.